T0277139

El arte de vivir la muerte

ENSAYO|Berenice

ALEJANDRO G. J. PEÑA

El arte de vivir
la muerte

Berenice

© Alejandro G. J. Peña, 2024
© Editorial Almuzara, s.l., 2024

www.editorialberenice.com

Primera edición: septiembre de 2024

Colección Ensayo

Director editorial: Javier Ortega
Maquetación: Miguel Andréu

Editorial Almuzara
Parque Logístico de Córdoba. Ctra. Palma del Río, km 4
C/8, Nave L2, n° 3. 14005, Córdoba

Impresión: Romanyà Valls

ISBN: 978-84-11315-36-4
Depósito Legal: CO-1025-2024

Impreso en España/*Printed in Spain*

Para Alberto Ciria,
luminosísima amistad.

Haces todo por reforzar la conciencia de la muerte.
[...] Pero ¿qué ganas manteniendo siempre despierta
esta conciencia de la muerte?

¿Cobras acaso fuerzas? ¿Puedes proteger mejor
a *quienes se hallan en peligro*? ¿Infundes ánimo
a alguien pensando siempre en ello?

De nada sirve todo este enorme dispositivo que te
has montado. A nadie salva. Da una falsa apariencia
de fuerza, es un simple alardeo, del principio al fin
tan desvalido como cualquier otro.

Elias CANETTI, *El libro contra la muerte*
(Galaxia Gutenberg, 2017, p. 249)

Índice

PREÁMBULO

La furtiva muerte no está encerrada en la vida como el contenido en un continente, la joya en un cofre o el veneno en el frasco. ¡No! La vida está a la vez investida y penetrada por la muerte, envuelta por ella de cabo a rabo, empapada e impregnada por ella. El que el ser hable únicamente del ser y la vida de la vida es debido únicamente a una lectura superficial y demasiado literal. La vida nos habla de la muerte, no habla de otra cosa más que de la muerte. Es más: de cualquier cosa de que se trate, al menos en un sentido se está tratando de la muerte; hablar de cualquier cosa, por ejemplo de la esperanza, significa hablar obligatoriamente de la muerte; hablar del dolor es hablar, sin nombrarla, de la muerte; filosofar sobre el tiempo es, mediante el rodeo de la temporalidad y sin llamar a la muerte por su nombre, filosofar sobre la muerte; meditar sobre la apariencia, que es una mezcla de ser y de no-ser, es implícitamente meditar sobre la muerte...[1].

¿Por qué la muerte —diréis— y no la vida? ¿Por qué la vida —diré— y no la muerte? La muerte cubre con sus lóbregas mortajas la vida. Y la vida, en su afán por enterrarla en su propia «carestía vital», revela secretos de la muerte. En tal macabra obra teatral, cada

---

1   Vladimir JANKÉLÉVITCH, *La muerte*, Pre-Textos, 2002, p. 66.

vez con la apariencia de un espectáculo en el que la majestuosidad cósmica corre en paralelo con lo grotesco, sólo un actor yace tumbado: el ser humano, *grosso modo* sabedor del fragmento que clausura su peculiar sinfonía vital. La muerte permea en la vida, y con especial acento en la humana, razón por la cual Vladimir Jankélévitch escribió fundamente que, por más que se procure no hablar de la muerte, la realidad se encuentra en las antípodas. Siempre se habla de la muerte, «presencia omnipresente».

El rasgo poliédrico de la muerte es, y permítaseme el atrevimiento, bien consabido por los eruditos de cualquier materia que haya forjado la sapiencia humana. Concibo, pues, la muerte como una *esfera de esferas*. En su conjunto y *a sensu unico*, una esfera de envergadura más inabarcable que titánica que encarcela otras múltiples esferas, una esfera que engloba en sí otras esferas. Cada esfera es un conocimiento humano, una disciplina humana, un saber concreto, por ejemplo, el arte, la filosofía, la historia, la teología y la religión, la física y la química, la biología y la bioquímica, la demografía, la economía y el comercio, la comunicación, la sociología, la ciencia del derecho y la criminología, la medicina, la psicología y la psiquiatría, y un largo etcétera. Esferas que recogen focos de información, diversos niveles o planos a través de los cuales una muerte se manifiesta. Y, dado que la muerte es *esfera de esferas* en perpetuo movimiento, su órbita atraviesa absolutamente todo.

La pregunta y el problema por la muerte dejan al pensamiento humano en *jaque*. Afortunadamente, no en *jaque mate*. La muerte deambula por lares inexplorados, y ante lo desconocido sólo cabe el asombro y el aprendizaje. Jugar la arriesgada partida de ajedrez que es el cavilar la muerte, siquiera sea a la luz de cualesquiera de esas parcelas esféricas, en el fondo es afanarse en comprender, asimilar y encarar *algo* desconocido. Las personas escogen despreocuparse de saber acerca del fin de la vida. Emil Cioran, mensajero del *taedium vitae*, escribió una vez que «no se puede eludir la existencia con explicaciones, no se puede sino soportarla, amarla u odiarla, adorarla o temerla, en esa alternancia de felicidad y horror que expresa el ritmo mismo del ser, sus oscilaciones, sus disonancias, sus vehemencias amargas o alegres»[2]. Las explicaciones servirán para escanear la realidad, pero lo vivido pesa espantosamente más. Más y más que la palabra. La existencia se vivencia, la vida se vive, aunque suene redundante. Por eso la muerte ha de cavilarse con ecuanimidad. No hay terapia que cure en realidad al ser humano, ni de su paso por la vida ni de su huella al pasar. Entonces, diríase que la muerte es un estrangulamiento existencial, un dolor vívido y «vivido» en soledad que sobrepasa todo umbral, un dolor *semicompartido* con los seres cercanos de cada cual.

Visto así, en el escrutinio del monumental abanico de temáticas que uno escoge leer, investigar, pensar y escribir, la idea del *finis vitae* del *viviente* se torna *vital*, nunca mejor escrito. Desde tiempos pretéritos, en particular las Ciencias y las Humanidades se han hecho cargo de indagar con férreo esmero en las clandestinas *esferas de la muerte*. Pensadores de talla atemporal cavilaron el papel de la muerte en la vida, fuera animal o humana. Y otros tantos, como es el caso de Elias Canetti y la cita aparte que principia la presente obra, hasta se cuestionaron y vivieron en sus carnes la magnitud de ese pensamiento incandescente. Para colmo de males, uno *ilumina* esa muerte que con vana ilusión desea ver *apagada*. Sabido es que lejos de alejarnos de su penumbrosa silueta —por regla general, es la actitud que adopta la inmensa mayoría de seres humanos, esto es, el descuido intencionado de la muerte—, el ser humano se acerca con cautela a ésta y de ésta desea saber, aunque sea de reojo. Una curiosidad tan irresistible como imprescindible.

Unos años atrás, impartí dos breves ponencias en un congreso internacional sobre antropología de la muerte, bajo los auspicios del Instituto Nacional de Antropología e Historia (INAH) del

---

2   Emil Cioran, *Breviario de podredumbre*, Taurus, 1992, p. 65.

Gobierno de México. Al cabo de una de las intervenciones, un oyente me escribió algo que despertó en mí una sentencia en latín creída enterrada en el más recóndito de los olvidos. «¿Y lo más *vital* de la vida?», preguntó. Mensaje parco el mío: «*Nomen illi Mors*». Sin expectativa de autoridad, apenas apuré un instante en responder y sólo eso respondí. Como acérrimo defensor del adagio literario y del aforismo, vi conveniente brindar aquella lacónica contestación que en sí misma encerraba toda una declaración de intenciones. En honor a la verdad, la muerte es *algo* tan *vital* que en su ausencia la vida o bien no sería, sin más, o bien sería otra tan radicalmente distinta como imposible de imaginar. Con tal respuesta no quise sino recordar el carácter esencial de la muerte injustamente sepultado más a menudo de lo que merece y, a la vez, evidenciar esa suerte de *damnatio memoriae* que hoy soporta de una sociedad ensoberbecida.

En lo personal, confesaré que la muerte y sus esferas colindantes ocuparon los espacios que deseaba destinar al estudio de otras ramas del conocimiento, como la ornitología o la antropología del fútbol, por ejemplo. Pensarla sin descanso fue recorrer en soledad, siempre en soledad, un camino abrupto que conforme era transitado se hacía cada vez más interminable. Sin vacilar, me sentí muerto en vida. El dolor y la melancolía, compañeras del día a día, se fusionaron en una especie de púgil inclemente; las lecturas hicieron de mí un ser de alma nigérrima; los vómitos emocionales que vertía sobre el papel no serenaban las revueltas aguas estancadas en los pozos de mi existencia; los diálogos reveladores —eternamente agradecido, aplaudo cada uno— me rebasaron hasta verme vencido, arrodillado sin opción a levantarme; encontrarme incomprendido, sin rumbos que tomar, me envileció; observar el vacío sin precipitarme y percibirme roto ante la árida tempestad que es la muerte quebrantó mi ser. Así las cosas, flaco favor me hice. No obstante, sí confesaré que las obras, los capítulos, los párrafos y tribus de palabras eran visitantes que a mí acudían reclamando asilo en las estancias del corazón y, con los años, comprendí que eran estantiguas de huellas resistentes al correr del tiempo, servidores imborrables, y uno es capaz de apreciar y seguir, si así desea, la senda que marcan. Una valiosa lección me regaló J. D. Salinger:

> Entre otras cosas, verás que no eres el primero a quien la conducta humana ha confundido, asustado, y hasta asqueado. Te alegrará y te estimulará saber que no estás solo en ese sentido. Son muchos los hombres que han sufrido moral y espiritualmente del mismo modo que tú ahora. Felizmente, algunos de ellos han dejado constancia de su sufrimiento. Y de ellos aprenderás si lo deseas. Del mismo modo que alguien aprenderá algún día de ti si tienes algo que ofrecer. Se trata de un hermoso acuerdo de reciprocidad. No se trata de educación. Es historia. Es poesía[3].

Las palabras del escritor estadounidense me remontan a la época en que solía leer y escribir con los lujos que me ofrecía mi pandemónium, y son una exquisitez escandalosa y un lienzo de pinceladas formidables, y «formidable» en sus tres acepciones: como algo que infunde asombro a la par que miedo, algo sobremanera enorme, algo magnífico. El telón de fondo de esas letras es vivificar el recuerdo de quienes sirvieron de inspiración a un escritor, engalanando no sólo sus frontispicios, sino hasta las recámaras más ocultas. Los escritores del pasado dejaron huellas, estelas que marcaron caminos en tierras estériles y que con sus andares reforestaron y ahora lucen como vergeles y bosques de saberes que preservar. Y del mismo modo que estos escritores de otras personas aprendieron, uno aprende, a su vez, de aquellos que le precedieron. Entónese con solemnidad el «*Non omnis moriar*» de Horacio. Cada huella, por desdeñable que se busque estimar, es clave y valiosa para el curso de una persona y de la Humanidad; cada huella es el eslabón de una histórica cadena de orfebrería minuciosa y modélica; cada huella es algo ejemplar y

---

3   J. D. SALINGER, *El guardián entre el centeno*, Alianza, 2010, p. 250.

a cada huella ha de agradecérsele la aportación a la creación de un camino que, tarde o temprano, será trajinado por millares de arrieros. Así es la vida. Mis escritos —aclárese esto— alcanzan a ser lo que son gracias a los *otros* que, incluso a su manera más tenue y desapercibida, me cultivan y se incorporan a cuanto hoy soy. Estas huellas que se conjuran como un caldero de sabiduría del que beber me erigen en alguien harto más consecuente con las desavenencias de la vida. La muerte es, acaso, de los más crueles y dolorosos desencuentros a los que el ser humano se enfrenta. Estudiar la muerte, al fin y al cabo, es recuperar el pulso de la vida perdida entre tanto alboroto existencial. Razón por la cual siento esta obra como mi *torre del homenaje*, concebida por muchos más nombres que aquel que menciona la portada de esta obra, fruto arquitectónico de un mortal cuya vida académica e intelectual se encontrará por siempre en ciernes.

Málaga, 2 de noviembre de 2023.

PANORÁMICA DEL *FINIS VITAE*

Capítulo 1

LA PIEDRA DE TOQUE MÁS ÁSPERA.
LA *MEDITATIO MORTIS*

Los filósofos no siempre han pecado por exceso de despreocupación. Una especie de substancialismo ingenuamente realista les inclina a buscar la muerte en las profundidades de la vida, de la misma manera, por ejemplo, que los artistas macabros de la Edad Media imaginaban el esqueleto detrás de la apariencia carnal, el rostro gesticulante de la muerte detrás de los radiantes rostros de la vida y el rictus sardónico del difunto tras la sonrisa de la juventud. ¿La muerte está encerrada en el interior de la vida como ese horroroso cráneo dentro del rostro del que es la osamenta?[4].

La muerte, *mysterium tremendum et fascinans* de la existencia humana, es una *esfera* que a sí misma y según las épocas se define, se describe y se esboza, se cerca y agranda, se estira y arruga, se olvida y resurge, se medita y persuade. Es imprescindible citar la obra de Louis-Vincent Thomas, *Antropología de la muerte*, en el preámbulo de cualquier discurso sobre el *finis vitae*. Sin la cual, cercar la muerte en la actualidad sería un despropósito o, por me-

---

4   Jankélévitch, *La muerte*, *op. cit.*, p. 54.

jor decir, un propósito arduo e incompleto dadas las pesquisas del investigador francés.

> A partir de la segunda mitad del siglo XIX, comienza una crisis de la muerte [...]. La muerte, que carcome su propio concepto, va entonces a carcomer a los otros conceptos, a socavar los puntos de apoyo del intelecto, a subvertir las verdades, a condenar a la conciencia al nihilismo. Va a carcomer a la vida misma, a liberar y exasperar angustias a menudo privadas de protección. En este desastre del pensamiento, en esta impotencia de la razón frente a la muerte, la individualidad va a jugar sus últimas cartas: tratará de conocer la muerte, no ya por la vía intelectual, sino olfateándola como un animal a fin de penetrar en su guarida; tratará de rechazarla recurriendo a las fuerzas más brutales de la vida. Este enfrentamiento pánico, en un clima de angustia, de neurosis, de nihilismo, aparecerá como una verdadera crisis de la individualidad ante la muerte[5].

Una muerte devoradora y demoledora que el ser humano actual esquiva descarado y se afana en eliminarla de su imaginario personal. Nada sirve como recurso protector: ni aquello que en el *Fedón* platónico se denominó *meditatio mortis*, ni las promesas supraterrenales, ni los amagatorios como el mito y la cultura, ni, desde luego, el *ars bene moriendi* —una buena vida implica una buena muerte— que defendió Lucio Anneo Séneca. Meditar o pensar la muerte es una preparatoria para el fallecer de cada cual. Rescátense las palabras de Miguel de Unamuno: «Sólo se comprende la vida a la luz de la muerte. Prepararse a morir es vivir naturalmente»[6]. El ser humano conserva el anhelo de enmudecer las constantes arremetidas del pensamiento sobre el morir, y aparta (in)cómodamente a un lado la relevancia que entraña el pensar la muerte, quizá, por temor a su funesta *presen-*

---

5   Louis-Vincent Thomas, *Antropología de la muerte*, Fondo de Cultura Económica, 1983, p. 183.
6   Miguel de Unamuno, *Diario íntimo*, Alianza, 2002, p. 26.

cia. Tener la seguridad de saber que está ahí y que es una realidad inesquivable carcome la más bella idea de vida, como vaticinó Thomas. A fin de no perpetrar un grave descuido, surge como bálsamo para el individuo que cuya muerte se le presenta como «una verdadera crisis de la individualidad», pues, en boca de Gerd Haeffner,

> cuanto más se individualiza un ser, tantos más flancos de ataque ofrece a la destrucción. De ese modo la conciencia de la amenaza por parte de la muerte, conciencia que es propia del hombre, viene dada directamente con su autoconciencia individual. Y cuanto más formada está esta última más se agudiza también aquélla [...] cuanto más experimento mi vida como cargada de sentido, tanto más sentiré la muerte como la amenaza fundamental[7].

Es menester hacer referencia a los *Diccionario de filosofía* —casi como retornar a los rudimentos del lenguaje mismo—, obras cardinales en el marco de la filosofía de nuestro tiempo. Comiéncese por el diccionario al cuidado de Nicolás Abbagnano. Al comienzo de la reseña «Muerte», el pensador italiano advirtió que ésta «se puede considerar: *1)* como deceso, o sea como un hecho que tiene lugar en el orden de las cosas naturales; *2)* en su relación específica con la existencia humana»[8]. Prestando debida atención a sus palabras, Abbagnano reparó históricamente en cada uno de los modos de considerar la muerte: en el inicio de su definición destacó, primero, el plano físico-biológico de la muerte y, segundo, el plano biográfico-existencial. Por su parte, el diccionario elaborado por el filósofo barcelonés José Ferrater Mora realizó un somero recorrido histórico, a tener en cuenta, en torno a ésta:

---

7   Gerd HAEFFNER, *Antropología filosófica*, 241, Herder, 1986, p. 196.
8   Nicolás ABBAGNANO, *Diccionario de filosofía*, Fondo de Cultura Económica, 1963, p. 821.

Platón afirmó que la filosofía es una meditación de la muerte. Toda vida filosófica, escribió después Cicerón, es una *commentatio mortis*. Veinte siglos después Santayana dijo que «una buena manera de probar el calibre de una filosofía es preguntar lo que piensa acerca de la muerte». Según estas opiniones, una historia de las formas de la «meditación de la muerte» podría coincidir con una historia de la filosofía. Ahora bien, tales opiniones pueden entenderse en dos sentidos. En primer lugar, en el sentido de que la filosofía es o exclusiva o primariamente una reflexión acerca de la muerte. En segundo término, en el sentido de que la piedra de toque de numerosos sistemas filosóficos está constituida por el problema de la muerte. Sólo este segundo sentido parece plausible[9].

Así, porque *omnis vita philosophica mortis meditatio atque commentatio est*, en realidad, la pregunta por la muerte sobrevive, resiste al tiempo, como aquel inquebrantable bastión originario, y si bien se trasluce como el problema de considerables sistemas filosóficos así como de demás disciplinas desgajadas de las Humanidades, «el tema de la muerte constituye la piedra de toque de la Antropología filosófica por cuanto que una interpretación del hombre y la vida humana que escamotee el problema de la muerte es trivial y no merece ser considerada en serio»[10], apostillaron Jorge V. Arregui y Jacinto Choza. No causa sorpresa, pues, que, en consonancia con las mencionadas palabras de la anterior cita o con las aún más anteriores de George Santayana —que se concedió sacar a colación Ferrater Mora—, Martin Heidegger aseverara que «la piedra de toque más áspera, pero también más veraz para poner a prueba la seriedad y la fuerza de un filósofo a la hora de pensar, es comprobar si en el ser de lo ente experimenta

---

9 José FERRATER MORA, *Diccionario de Filosofía de Bolsillo*, Alianza, 1983, p. 535.
10 Jorge V. ARREGUI y Jacinto CHOZA, *Filosofía del hombre. Una antropología de la intimidad*, Rialp, 1991, pp. 481-482.

ya y a fondo la cercanía de la nada»[11], vale decir, de la muerte en cuanto que su poder *nadifica*. O, súmese a los ejemplos, que María Zambrano comentara que «la pregunta filosófica es la que entre todas el hombre se ha hecho a sí mismo, a solas consigo mismo: en un vacío sin sobresalto pero aún mayor»[12].

La resistencia del filósofo, erigirse como filósofo, radica en sentir o experimentar la vecindad de la Nada. La muerte, amparada a lo largo de la Historia por ese carácter enigmático, es la insólita desconocida que azota, mortifica los esquemas vitales del ser humano y, dígase así, otorga *calibre filosófico*. La muerte es un incesante recordar que tal como se aflora en la vida, en soledad y *arrojados* (*Geworfenheit*) en el eco heideggeriano latente en *Ser y Tiempo*, se marchitan paso a paso las ilusiones y apetencias por vivir hasta el desenlace en el que desaparecer y fundirse en el olvido, en la Nada, sería el destino ineludible que clausura la íntima obra existencial de cada cual.

Las sentencias de Heidegger o Santayana insinúan cómo mensurar la envergadura, precisamente, de un sistema filosófico o del pensar en sí de un filósofo, de su fuerza y su seriedad. Al desmenuzar la cita de Ferrater Mora se tropieza con el lance de considerar la Filosofía y la Antropología filosófica consecuentemente como *meditatio mortis* o *commentatio mortis* en su globalidad, un armarse hacia la inexorable senda del desaparecer y nada más. De acuerdo con Sócrates, la muerte es una vía entre la vida terrenal y la vida eterna, una enseñanza. Noble fue la voluntad de Platón en el *Fedón* sobre la anterior idea: «Los que filosofan andan moribundos»[13], le responde Simmias de Tebas a Sócrates en la tertulia que mantienen sobre la muerte; «los que de verdad

---

11 Martin HEIDEGGER, *Cuadernos negros (1931-1938). Reflexiones II-VI*, 209, Trotta, 2015, p. 211.
12 María ZAMBRANO, *Notas de un método*, Mondadori, 1989, p. 111.
13 PLATÓN, *Fedón*, 64b-c, en *Diálogos III. Fedón, Banquete, Fedro*, Gredos, 1988, p. 39.

filosofan, Simmias, se ejercitan en morir, y el estar muertos es para estos individuos mínimamente temible»[14], asiente Sócrates.

Siglos después y en sintonía con lo anterior, el escritor romano Apuleyo comentó que «el filósofo, si quiere no carecer de nada, resistir a todo y ser superior a lo que los hombres consideran duro de soportar, no debe hacer otra cosa que esforzarse siempre por separar el alma de su vínculo con el cuerpo, y por eso hay que considerar que la filosofía es la disposición a morir y la frecuentación de la muerte»[15]. Separar alma y cuerpo —dualismo antropológico— a fin de robustecerse. La labor de la filosofía, diría, no es tanto la frecuentación del pensar la muerte, sino de (aprender a) «vivirla». Ahora bien, según Guillermo Fraile, «este anhelo purificatorio se traduce en un desprecio de las cosas del mundo que llega hasta convertir la Filosofía en una *meditatio mortis*»[16], y así se refleja en el *Fedón*, donde el ideal de la Filosofía «consiste en una evasión del mundo ficticio sensible al mundo inteligible, donde se hallan las verdaderas realidades»[17]. —En el *Fedro*, sin embargo, se atenúa ligeramente el sentido ascético: búsqueda de la perfección espiritual y renuncia de lo mundanal—. Luego ese aprendizaje, ese ejercicio que se estrena usualmente con el incómodo y angustioso desafío o duelo al que reta la existencia, es abrazado por «la reflexión filosófico-humanística porque lo último que le compete al hombre es saber morir en un último acto de la personalidad libre»[18]. Asimismo, Arregui escribió cómo «la muerte, el conocimiento de la propia muerte, saca al hombre del letargo y el sopor, colocándolo frente de sí y obligándole a preguntarse por sí mismo. De este modo, la

---

14 *Ibid.*, 67c-68a, p. 46.
15 APULEYO, *Obra filosófica*, Libro II, §21, 250-251, Gredos, 2011, p. 165.
16 Guillermo FRAILE, *Historia de la Filosofía I. Grecia y Roma*, Biblioteca de Autores Cristianos, 2010, p. 320.
17 *Ibid.*, p. 321.
18 Jacinto CHOZA, *Antropologías positivas y antropología filosófica*, Cénlit, 1985, p. 117.

muerte llega a ser el nacimiento de la reflexión antropológica»[19]. Un asunto relevante, a la par que espinoso, que comprende no sólo al saber científico o al pensamiento filosófico, sino a la vida misma cotidiana, y así influye de forma crucial en el acontecer de la persona. No saber morir es tan peligroso como no saber vivir. Mas, ¿quién *sabe* morir?

La *meditatio mortis* socrática genera, en la cara oculta, un sentimiento de «absurdez» por el cual la vida carece de significado por ser, *de facto*, finita, limitada, caduca, y a su vez privada de una comprensión respecto de esa finitud, limitación y caducidad. El sopesar la muerte como el destino final de la existencia le otorga ese carácter enigmático y horroroso que conforma la visión trágica de la vida, una idea enfrentada a la que nos escolta e intentamos apresuradamente eludir. Rebosante de alusiones a grandes pensadores e ideas sobre la muerte y el morir es la obra *Muerte y mortalidad en la filosofía contemporánea*, del puño y letra de Bernard N. Schumacher, quien reforzó la idea acerca de la cara oculta de la *meditatio mortis*: «La meditación sobre la muerte se evita como una plaga, porque preferimos ocuparnos con cosas menos lúgubres y, podría añadirse, menos obscenas. La muerte hace temblar a quienes hablan de ella y les hace experimentar una incomodidad mezclada con miedo a su propia muerte o a la muerte de un ser querido»[20]. Lo lóbrego es sometido a la tiranía de la felicidad: ser feliz es una obligación, un derecho que reclamar una y otra vez, a cada instante. La muerte saca del confortable sopor al ser humano. La vida serena, a menudo, es una vida cegada que ahuyenta la reflexión. En cambio, la reflexión que nace de la vida serena suele ser, además, una «Guerra Fría» enmascarada. Los seres humanos

---

19 Jorge V. ARREGUI, «Sobre la muerte y el morir», *Scripta Theologica*, 22, núm. 1, 1990, pp. 113-114.
20 Bernard N. SCHUMACHER, *Muerte y mortalidad en la filosofía contemporánea*, Herder, 2018, p. 18.

que viven «absortos» en quehaceres nada entregados o proclives a la meditación habitan la superficialidad de su existencia.

Sólo vuelven a sí mismos cuando chocan con la realidad, es decir, cuando experimentan la frustración, el fracaso o la derrota. La desgracia, un accidente de tráfico, la muerte de los padres, de la esposa o de un hijo, la guerra, el genocidio, la violación de los derechos humanos, son acontecimientos que sacan cruelmente al hombre de la dispersión y le obligan a afrontar el problema del sentido fundamental de su existencia[21].

Las palabras de Joseph Gevaert son demoledoramente ciertas. La cruda realidad golpea colérica sin importan quién reciba la sacudida. Si Schumacher señaló el *temor y temblor* de la muerte que la vida apacible «evita como una plaga», Gevaert recordó algunos acontecimientos que franquean el feliz aislamiento narcotizado del ser humano, colocándolo en la realidad que, a buen seguro, aborrece y le repugna, pero en cualquier caso es auténticamente real. La muerte no sólo es visible en el deliberar filosófico y antropológico, sino en el hombre mismo; y no es la muerte abandonada a ultranza en el reguero, sino que, como afirmó Jankélévitch, «está hecha para nosotros por su proximidad. Es una experiencia que nadie busca, pero finalmente todo el mundo la hace un día u otro, mal que le pese»[22], pues resulta a todas luces obvio que «la muerte es la nihilización sin fase. Lo vivo se derrumba, desaparece, no es ya sino un cadáver. El problema de dejar de ser queda en sí como el más profundo misterio. Es impensable y es, en este sentido, escandaloso»[23]. La muerte se torna escándalo, un escándalo que encaja en el ser humano a la perfección.

---

21 Joseph GEVAERT, *El problema del hombre. Introducción a la antropología filosófica*, Sígueme, 2003, p. 15.
22 Vladimir JANKÉLÉVITCH, *Pensar la muerte*, Fondo de Cultura Económica, 2004, p. 15.
23 *Ibid.*, p. 34.

Dejar de existir supone una derrota, la pérdida de un ser amado supone una vergonzosa derrota. En consecuencia, y «con el fin de proteger la felicidad, el hombre occidental contemporáneo se las ha ingeniado para dejar de pensar sobre la muerte y, más particularmente, sobre su propia muerte»[24]. El ser humano es intolerante frente a la muerte del otro y frente a su propia muerte. No hay lucidez tanática en el pensamiento actual y sí un hiriente elogio al cansancio[25], sobre lo que reflexionó Byung-Chul Han. Al fin y al cabo, la muerte es un escándalo que despoja de felicidad al ser humano, en términos generales, claro, porque la felicidad se presenta como un estado sobremanera complejo. ¿Qué hace feliz al ser humano? Que la existencia se encuentre encadenada a la muerte, y el hombre encarcelado en una vida que no eligió vivir, resulta injustamente contradictorio. E infelicidad entraña reparar en ello. Es compleja la felicidad, tan críptica. ¿Existe un mundo en el que ser feliz consista sólo en ser feliz? Leo a Fernando Pessoa y en él hallo una energía sanadora:

> A veces, y mi sueño es triste,
> en mis deseos existe
> lejanamente un país
> donde ser feliz consiste
> solamente en ser feliz[26].

---

24 SCHUMACHER, *op. cit.*, p. 13.
25 Escribió Han que, en la «sociedad de dopaje», «el exceso del aumento del rendimiento provoca el infarto del alma. El cansancio de la sociedad de rendimiento es un cansancio a solas (*Alleinmüdigkeit*), que aísla y divide» [Byung-Chul HAN, *La sociedad del cansancio*, Herder, 2012, p. 72]. Causa en la persona un arrojamiento, una caída, un violento, sosegado y encubierto aminoramiento del *yo*. Ante (la consciencia de) la muerte, el *yo* enfrascado titubea. Y en su tambalearse se descuida la muerte y, al no desaparecer ésta, se produce una drástica aceleración del proceso de aminoramiento del individuo. El dopaje, en tal coyuntura, aumenta la ceguera que aspira a observar con pausa y detenimiento la muerte y, así, cavilarla.
26 Fernando PESSOA, *Antología poética*, Espasa-Calpe, 1989, p. 111.

CAPÍTULO 2

ACICATE DE LA EXISTENCIA HUMANA

Al llegar la noche, me acuesto con desasosiego, y ni aun allí puedo descansar y aun allí me llenan de espanto pesados y horrorosos sueños. El espíritu que reina en mi interior puede conmover profundamente mi ser; no obstante, a pesar de que tiene imperio sobre todas mis fuerzas, no puede hacerlas obrar en el exterior: por esto me he convencido de que vivir es una pesada carga, por esto deseo la muerte y aborrezco la vida[27].

En el *Fausto* de Johann W. von Goethe, el protagonista pacta con el diablo a causa de la insatisfacción que siente a horrores. Fausto dialoga con Mefistófeles y le confiesa que un desasosiego le anega y genera espantosos y horribles sueños que, a la larga, desembocan en la aversión y en una actitud de repugnancia frente a su vida. Aparente conformidad por la falta de escapatoria, no obstante, parece desprenderse de sus palabras. Pese a que, según Ludwig Wittgenstein, «la solución del problema de la vida está en la desaparición de este problema»[28], el *problema* no se desvanece

---

27 Johann W. von Goethe, *Fausto*, Espasa-Calpe, 2003, p. 56.
28 Ludwig Wittgenstein, *Tractatus Logico-Philosophicus*, 6521, Alianza, 1984, p. 203. Traducción del alemán: «Die Lösung des Problems des Lebens merkt

sin más, y más si Fausto se convence de ello. Leer con atención la inmediata anterior cita no hace sino recordar que la muerte es capaz de llegar a ser el deseado bálsamo que el ser humano rebusca durante su existencia, la razón de la vida. Han, en demostración de sus arrestos, aseguró que «la vida es la quintaesencia de la muerte. Paradójicamente es la muerte la que mantiene viva la vida. La vida que se afirma contra la muerte sería mortal. De la muerte emana una fuerza salutífera que preservaría la vida de petrificarse, de volverse inerte»[29]. Nada lejos de la realidad, sin la muerte, la vida se endurecería, se petrificaría, se haría inmóvil e inactiva. Ocurriría porque, entre otros factores y en opinión de Judith Butler, «dentro del vasto ámbito de la vida orgánica, la degeneración y la destrucción forman parte del proceso mismo de la vida, lo que significa que no toda degeneración puede detenerse sin detener, por así decirlo, los procesos de la vida propiamente dichos. Por irónico que pueda parecer, excluir la muerte en favor de la vida constituye la muerte de la vida»[30]. La muerte está obligada a ser parte esencial de la vida. Una solución convincente al problema de la vida residiría, pues, en la muerte y no en su desaparición. Si la muerte se cruzara de brazos y cesara su incomprendida labor, ¿no se desearía, al final de los finales, su resurgimiento?

La fatídica, pero acertada visión de José Saramago en la novela *Las intermitencias de la muerte* pone de relieve lo valioso que hay en la muerte y el papel vital de ésta en el curso de la vida, mal que pese el dolor que su *presencia* origina. «Señor, si no volvemos a morir, no tenemos futuro»[31], se reza con tino en la novela. Si no se muere, si no se desaparece de entre los seres vivos del mundo, si no se interrumpe la existencia humana, no

man am Verschwiden dieses Problems».

29 Byung-Chul HAN, *Caras de la muerte. Investigaciones filosóficas sobre la muerte*, Herder, 2020, p. 23.
30 Judith BUTLER, *Marcos de guerra. Las vidas lloradas*, Paidós, 2010, p. 37.
31 José SARAMAGO, *Las intermitencias de la muerte*, Alfaguara, 2005, p. 114.

hay futuro en el horizonte de la existencia. Sin el rol de verdugo de la muerte la Humanidad carecería de futuro, a la Humanidad le sería imposible vivir ni engendrar vida, pues los seres vivos viven de la vida tanto como de la muerte. El ser humano cuyo cerebro mecanicista le obstaculiza el pensar la muerte con regularidad se asombra ante pensamientos como los de Annie Dillard, propensos a desenmascarar la salvaje realidad del instante en que «empezamos a sentir el peso de la atmósfera y nos damos cuenta de que hay muerte en la cazuela»[32] o del tomar consciencia de que «comemos con voracidad y dormimos con la boca llena de sangre»[33]. De la muerte se vive y vivir conlleva la muerte. «Los términos son claros: si quieres vivir, tienes que morir»[34]. *Gracias a la muerte la vida vive.*

No obstante, por más que tal panorámica conduzca a la desolación, existe la perspectiva que observa la muerte como acicate de la vida —*memento vivere*—, como la razón por la cual uno brinda sentido y contenido a su existencia. Si desapareciera la muerte ¿qué sentido aguadaría el vivir? La vastedad de la respuesta a tal pregunta es abrumadora. Ferrater Mora desovilló la maraña sobre la hipotética idea de una existencia sin límite. «La muerte es un límite hasta tal punto insuperable y descomunal, que viene a significar la posibilidad de límite más colosal que pudiéramos imaginar. Estamos de cara a un final de los finales, un último final de todo»[35], insistió Cristóbal Holzapfel. La muerte configura terriblemente, la muerte agrede y es límite, limita y nos limita, la muerte derrumba toda esperanza; pero la inmortalidad desbroza el sentido íntimo y último de la vida humana. Repárese en la cita acerca de un mundo sin muerte, por tanto, una vida inmortal, que dice así:

32 Annie DILLARD, *Una temporada en Tinker Creek*, Errata Naturae, 2016, p. 136.
33 *Ibid.*, p. 254.
34 *Ibid.*, p. 263.
35 Cristóbal HOLZAPFEL, *De cara al límite*, Metales pesados, 2012, p. 13.

Habría siempre tiempo para llevar a cabo cualquier proyecto, para desdecirse de cualquier intento, hasta para borrar, con la acumulación de hechos en el tiempo, lo que acabarían por ser las huellas levísimas, casi imperceptibles, del pasado. Los hechos de la vida acabarían por no significar nada para ella. La vida resultaría, pues, prácticamente irreversible y, por ello, carente de sentido —justamente porque podría tener todos los sentidos que quisiere[36].

Qué cobraría importancia sin la muerte. A diario se acrecienta la estadística que refleja el número de personas que jamás ven el momento idóneo en el cual querer morir. Y ese sentir es cristalino y, a buen seguro, compartido con un sinnúmero de personas. No desear fallecer, pero tampoco desear vivir por siempre es, como poco, inviable; es, a todas luces, paradójico. Michael Hauskeller a sí mismo se lanzó la paradoja: «¿Cómo podemos, al mismo tiempo, no querer morir *y* no querer vivir para siempre? Obviamente, si no muere vivirá para siempre y la única manera de evitar vivir para siempre es morir»[37]. El ser humano, a mi juicio y en puridad, no desea la inmortalidad más que no fallecer. No se desea la inmortalidad, se desea no morir. No es lo mismo. Resulta visiblemente casi imposible hallar un momento apropiado para querer morir y, a pesar de ello, no se desea una vida inmortal —máxime si el envoltorio corporal del *yo* envejece con el tiempo y su salud, vitalidad y juventud siguen el curso temporal y se presentan sin armas ante el desgaste, como narra el mito griego de Eos (Aurora en la mitología latina) y

---

36 José FERRATER MORA, *El ser y la muerte. Bosquejo de filosofía integracionista*, Planeta, 1979, pp. 138-139.
37 Michael HAUSKELLER, *Better Humans? Understanding the Enhancement Project*, Acumen, 2013, p. 90. Traducción propia del inglés: «How can we at the same time not want to die *and* not want to live forever? Obviously, if you do not die you will live forever and the only way to avoid living forever is to die».

Titono[38]—. Remárquese la sorpresiva y directa afirmación en la que Arregui desafía al lector a encararse con su propia muerte y no únicamente a cuestionarse si hay morbo en ésta y si es, de entrada, un acicate para la vida.

> Tener presente la propia muerte no sólo puede suponer un fuerte estímulo para vivir con intensidad la propia vida, sino que, enfrentadas a ella, las cosas y los sucesos adquieren su verdadero valor. [...] Considerar la propia muerte es, por tanto, el modo de comprender y valorar correctamente la propia biografía. Por eso, en ocasiones, es interesante pasar a la propia vida el test de la muerte[39].

---

38 «Así también a Titono lo raptó Aurora la de áureas flores, a él que, de vuestro linaje, era semejante a los inmortales. Se puso en camino para suplicar al Cronión, amontonador de nubarrones, que fuera inmortal y viviera por siempre. Zeus asintió con la cabeza y cumplió su deseo. ¡Inconsciente de ella! No se le vino a las mientes a la augusta Aurora pedir la juventud y que raspara de él la funesta vejez. Así que mientras lo poseía la muy amada juventud, gozándose con la Aurora, la de áureas flores, la que nace mañanera, vivía cabe las corrientes de Océano en los confines de la tierra. Pero cuando los primeros cabellos canos caían de la hermosa cabeza y del noble mentón, se apartó de su lecho la augusta Aurora. Aún lo cuidaba teniéndolo en sus habitaciones, con alimentos y ambrosía, y le regalaba hermosos vestidos. Pero cuando empezó a abrumarle por completo la odiosa vejez y ni siquiera podía mover ni levantar sus miembros, ésta fue la decisión que en su ánimo le pareció la mejor: lo instaló en un dormitorio y cerró las espléndidas puertas. Cierto es que su voz fluye sin cesar, mas nada queda del vigor que antes había en sus flexibles miembros» [A Afrodita, §215-240, en Himnos homéricos. La "Batracomiomaquia", Gredos, 1978, pp. 195-196]. Según aclara Jean-Pierre Vernant, algunas divinidades, «a fin de satisfacer su pasión amorosa por algún mortal, lo llevaron junto a su lado al más allá, haciendo desaparecer con vida a su cuerpo de la faz de la tierra» [Jean-Pierre VERNANT, El individuo, la muerte y el amor en la Antigua Grecia, Paidós, 2011, p. 142], es decir, cabría decir que «raptaron» a algunos hombres, por amor los hicieron presos, como Titono, de su infortunio. Tal apresamiento parecer ser la tesitura de quienes padecen el denominado Síndrome de Titono: por causa de un amor cegador, se preserva la vida de un ser amado que, con el paso del tiempo, se atenúa dramáticamente y adquiere una condición desfavorable, siendo cada vez menos autónoma.

39 Jorge V. ARREGUI, El horror de morir. El valor de la muerte en la vida humana, Tibidabo, 1992, p. 48.

Concluye el párrafo con una pregunta oculta que al improviso supone un crudo reto: lo que con normalidad se lleva a cabo en el día a día, ¿se continuaría llevando a cabo si uno fuera máximamente consciente de su propia muerte?, en rigor, ¿reside en la muerte el papel reformador de nuestras vidas? ¿Vale la pena «pasar a la propia vida el test de la muerte»?, ¿qué se aspira a perseguir con ello? Ser consciente del propio morir, a menudo, atemoriza lo suficiente como para esforzarse en dejar de pensar (en) la muerte y la mortalidad, pero pensar en la propia extinción aviva la llama de la responsabilidad por la propia existencia. Pensar la muerte es actuar y entraña una actitud activa frente a ésta. Pensar la muerte es saberse mortal. Y saber de la mortalidad inherente a la vida abastece al ser humano del poder y, hasta cierto alcance, del deber de *hacer algo* con su historia, su existencia. Wittgenstein asumió que «la muerte no es ningún acontecimiento de la vida. La muerte no se vive»[40], y diríase *stricto sensu* que de razón no carecía, con todo, sí que atesora el ser humano una especie de consciencia tanática configuradora: saber del destino final que aguarda al hombre basta para que, aunque no acontezca ni se vivencie, sí influya la muerte en la existencia humana. En efecto, no es conveniente tachar la muerte como la catástrofe que acontece en la vida desde fuera, pues la relación que existe entre muerte y vida humana no es totalmente exterior al ser humano —éste posee consciencia de su mortalidad—, pero tampoco es absolutamente un fenómeno interior.

No obstante, como posible contrapunto a los citados pensadores, y así lo remarca Ferrater Mora, es de recibo acentuar que la función de la filosofía en su totalidad quizá no sea pensar la muerte y todavía menos revelar el sentido de ésta, pues, por el contrario, «lo acrecienta ofreciéndonoslo en toda su magnitud»[41],

---

40 WITTGENSTEIN, *op. cit.*, 6.4311, p. 199. Traducción del alemán: «Der Tod ist kein Ereignis des Lebens. Den Tod erlebt man nicht».
41 ARREGUI, «Sobre la muerte y el morir», *op. cit.*, p. 114.

como arguyó Arregui, llegando a ser el acicate de la vida, la razón por la cual se valora la propia existencia. Desprenderse con facilidad del pensamiento insistente del óbito y sus aledaños no sólo es arduamente complejo, sino, y dígase sin rodeos, francamente improbable, por no decir imposible. En realidad, la muerte valoriza la vida y le otorga el significado que es merecido. La muerte es salvadora de la atroz condena del *tedio mortal* que supondría una existencia sin fin. Como algunos bosques o jardines en primavera, hermosos, pero caducos, para que la vida resplandezca no debe ser de hoja perenne. Razón de más para resguardar la idea que coloca a la muerte como «el máximo acicate para vivir con intensidad»[42], pues es «el secreto de la vida, su sentido y su culminación. [...] su secreto hecho patente y manifiesto. La muerte es el desvelamiento de la entraña de la vida. Una vida, cabe decir, vale lo que vale la muerte»[43]. Palabras que cobran protagonismo en la obra *Cinco meditaciones sobre la muerte* de François Cheng, quien reconoce cómo «una intuición nos dice también que es nuestra conciencia de la muerte la que nos hace ver la vida como un bien absoluto, y el acontecimiento de la vida como una aventura única que nada podría reemplazar»[44], porque «para que la vida sea vida que implica crecimiento y renovación, la muerte es un constituyente inevitable, por no decir necesario. [...] la perspectiva de la muerte es lo que hace único cada instante y todos los instantes. La muerte contribuye a la unicidad de la vida»[45]. O, por añadidura, en la obra de Jean Grondin:

> La vida no tiene sentido sino porque yo he nacido, por lo tanto, porque mi nacimiento está «detrás» de mí y porque mi vida «va» o «se va» a alguna parte. El término de ese recorrido

---

42   ARREGUI, *El horror de morir, op. cit.*, p. 13.
43   Jorge V. ARREGUI, «La muerte como acción vital», *Revista de Medicina de la Universidad de Navarra*, 30, núm. 3, 1986, p. 193.
44   François CHENG, *Cinco meditaciones sobre la muerte*, Siruela, 2015, p. 16.
45   François CHENG, *Cinco meditaciones sobre la belleza*, Siruela, 2007, p. 36.

es, evidentemente, la muerte [...] La fórmula es paradójica, y esa paradoja es la que tenemos que vivir; pero el sentido de la vida, en el sentido más irrisoriamente direccional del término, es la muerte. Toda interrogación sobre el sentido de la vida presupone este horizonte terminal[46].

Reconózcase que «incorporar la muerte a nuestra visión es recibir la vida como un don de una generosidad sin precio»[47]. En lo que respecta al pensamiento concienzudo sobre ésta, «la reflexión sobre el término de la existencia no trivializa el vivir, más bien le otorga su máximo dramatismo»[48], dicho con mayor énfasis, la reflexión del óbito concede emoción vital. La afamada frase que José Ortega y Gasset escribió en su obra *Unas lecciones de metafísica* quizá resulte ser más armoniosa con el pensamiento formulado, a saber: «precisamente porque la vida es siempre en su raíz desorientación, perplejidad, no saber qué hacer, es también siempre esfuerzo por orientarse, por saber lo que son las cosas y el hombre entre ellas»[49]. Justamente porque la muerte es siempre enigmática, trivial y, en ciertos sentidos, incierta, es siempre razón para el deleite de la vida. En un sentido poético, permite exprimir a la vida su jugo.

---

46 Jean GRONDIN, *Del sentido de la vida. Un ensayo filosófico*, Herder, 2005, p. 37.
47 CHENG, *Cinco meditaciones sobre la muerte, op. cit.*, p. 28.
48 ARREGUI, *El horror de morir, op. cit.*, p. 20.
49 José ORTEGA Y GASSET, *Unas lecciones de metafísica*, Alianza, 1996, p. 123.

CAPÍTULO 3

EL HORROR QUE SEDIMENTA LA MUERTE

El miedo a la muerte es para muchas personas causa de perplejidad. ¿De dónde procede ese miedo, puesto que ante sí tienen el porvenir?[50].

Allan Kardec, el gran pregonero francés del espiritismo, descuidó un minúsculo detalle: el miedo a la muerte es causa de perplejidad porque, precisamente, en el horizonte humano hay un porvenir que es desconocido; y lo desconocido aterra al tiempo que es ignorado. Visto así, son varias las causas por las que el óbito prorroga su estar en primera línea de tiro en la vida de cada cual. La muerte, culpa suya, sedimenta horror en los seres humanos. Enúnciense tres razones de ese horror:

La primera razón pone su foco en la incertidumbre que rodea a la muerte, lo que de incierto ésta tiene, es decir, en el desconocimiento del *cuándo se muere*[51]. Pocos se pronunciaron con igual

---

50   Allan KARDEC, *El libro de los espíritus*, Kier, 1970, p. 240.

51   Esta afirmación origina críticas, pues podría sostenerse que a quien lo sentencian o quien opta por el suicidio sabe el momento (exacto) de su muerte, sabe *cuándo* morirá. No obstante, la realidad es todavía más leonina: se ignora el *cuándo* se muere desde el momento en que se nace, como en el momento en

soltura que Francisco de Quevedo: «Oído habrás decir muchas veces que no hay cosa más cierta que la muerte, ni más incierta que el cuándo»[52]. Jean-Paul Sartre, en la línea de lo escrito, ratificó en *El ser y la nada* que la muerte no ha de ser considerada como la extrema posibilidad, pues describir la muerte como mi muerte es posible si se parte de lo particular, de lo individual, y además su «inmisericorde ataque» es externo y fortuito. Expuso el ejemplo del condenado a pena de muerte que, momentos antes de su ejecución, fallece de gripe: «Se nos debiera comparar a un condenado a muerte que se prepara valerosamente para el último suplicio, que pone todos sus cuidados en hacer buen papel en el cadalso y que, entre tanto, es arrebatado por una epidemia de gripe española. Es lo que ha comprendido la sabiduría cristiana, que recomienda prepararse a morir como si la muerte pudiera sobrevenir *a cualquier hora*»[53]. Por tal absurda razón, «lo propio de la muerte es que puede siempre sorprender antes del término para aquellos que la esperan para tal o cual fecha»[54]. Si bien puede morir ejecutado, como creería que sería, puede antes o bien ser asesinado por su compañero de celda o bien morir por contraer la enfermedad de la gripe. Jacques Derrida reforzó la idea sartreana:

---

que se sentencia a pena capital o uno se asoma al balcón de un edificio con la firme intención de abalanzarse. Sartre lo ejemplificó sirviendo el ejemplo de un condenado a pena de muerte que en vísperas de su ejecución enferma y fallece finalmente de gripe española. Desde luego, no era la muerte que se presuponía. Un ejemplo que me impactó sobremanera acerca de lo incierto del cuándo se muere se encuentra en el periódico local La Opinión de Málaga, en su artículo «Muere en Málaga una mujer al caerle una joven que se tiró desde un octavo»: un intento de suicidio desesperado por parte de una joven que, precipitándose por el balcón desde un octavo piso, no logró acabar con su vida, sino con la de una transeúnte (de 89 años) que paseaba por la calle. Muy posiblemente tanto la joven como el condenado a pena de muerte «sabían» del trágico desenlace que les deparaba, sin embargo, he ahí el peculiar carácter incierto de la venida de la muerte, del no saber *cuándo* llega la hora final.

52   Francisco DE QUEVEDO, *La cuna y la sepultura*, en *Obras completas*, Aguilar, 1932, p. 909.
53   Jean-Paul SARTRE, *El ser y la nada*, Losada, 1993, p. 652.
54   *Ibid.*, p. 655.

El mortal que soy sabe que está condenado a morir, pero incluso si está enfermo, si es incurable, incluso si está agonizando, el mortal que soy no sabe en qué momento, en qué fecha, a qué hora exacta va a morir. No lo sabe, no lo sé ni lo sabré nunca de antemano. Y nadie lo sabrá de antemano. Esta indeterminación es una característica esencial de mi relación con la muerte[55].

Es seguro que no se sabe, con seguridad, cuándo se muere. Con el viento de cola, el poeta Miguel Hernández poetizó en su *Elegía primera*, dedicada a Federico García Lorca, la venida inesperada de la muerte:

> ¡Qué sencilla es la muerte: qué sencilla,
> pero qué injustamente arrebatada!
> No sabe andar despacio, y acuchilla
> cuando menos se espera su turbia acuchillada[56].

No deja de ser la muerte fruto del azar, mas, ¿es verdaderamente así?, ¿se encuentra la muerte absolutamente fuera de mis posibilidades? Si la naturaleza humana, según Sartre, es decidir sobre sí, elegir y elegirse, la muerte no está en mis proyectos porque resulta irrealizable. La finitud es el modo de ser humano. Aunque alguien resultara ser inmortal, jamás dejaría de ser finito. «Somos elección, y el ser es, para nosotros, elegirnos. [...] no soy *todo a la vez*. En este sentido, mi finitud es condición de mi libertad, pues no hay libertad sin elección»[57]. Uno «muere» al elegir, se cierra puertas que jamás abrirá de nuevo. En tal párrafo la mortalidad y la condición mortal humana no tienen cabida, en tal párrafo la finitud no guarda relación con ser mortal. La existencia humana es elección y elegir, así pues, es aniquilar posibilidades. Se repite *ad infinitum* esta posibilidad de morir

55   Jacques Derrida, *La pena de muerte. Volumen 1*, La Oficina, 2017, p. 188.
56   Miguel Hernández, *Viento del pueblo*, en *Obra poética completa*, Zero, 1976, p. 293.
57   Sartre, *op. cit.*, pp. 415-416.

que amilana en exceso, que infunde horror por estar permanentemente presente.

La segunda razón revela, justamente, que el horror ante la muerte puede derivar del horror ante la propia desaparición, causa por lo común de todo discurrir existencialista. «Yo también tiemblo de angustia ante la muerte, ante la evidencia de que desapareceré, ante el concepto de un cese abrupto de mi existencia. [...] Toda la gloria del hombre destinada a pudrirse en las profundidades de la tierra»[58]. La desaparición del *yo*, de uno mismo, acongoja, causa horror, preocupación, inquietud. El proceso madurativo de la consciencia de la mortalidad implica la emergencia gradual del horror, y es condición suficiente para la aparición nefasta de la amargura. Rezuma repugnancia saber que se es mortal y conocer la propia muerte futura. Que la muerte arrase con el *yo*, sin más, sin razón convincente, es ser humillantemente derrotado. Tales circunstancias captan la atención del horror. El hombre medio adulto, aunque a diario ponga empeño en olvidar la mortalidad cosida a su piel, despliega su proyecto vital siendo consciente de la muerte, de su muerte y su mortalidad, y hasta a ésta se encamina. Irvin Yalom, en lo que concierne a lo inmediato anterior, comentó que «el temor a la muerte crea problemas que inicialmente no parecen tener relación directa con la mortalidad. La muerte llega lejos, y su impacto suele esconderse. Algunas personas pueden quedar totalmente paralizadas por el temor a morir, por eso, a veces, ese miedo se enmascara y expresa en síntomas que parecen no tener nada que ver con la propia mortalidad»[59]. Asimismo, diríase que «los adultos atormentados por la ansiedad ante la muerte no son especímenes raros que han contraído alguna enfermedad desconocida, sino hombres y mujeres cuya familia y

---

58 Carlos BLANCO, *Logos y Sofos, diálogo sobre la ciencia y el arte*, Dauro, 2020, pp. 283-284.
59 Irvin YALOM, *Mirar al sol. La superación del miedo a la muerte*, Emecé, 2008, p. 17.

cultura no les tejieron la ropa de abrigo adecuada para soportar el frío de la mortalidad»[60]. Tal vez, se apague ese pensamiento «incandescente» por culpa del cerebro mecanicista humano y del tabú que envuelve todo lo concerniente a la muerte. Si no se piensa, no existe, ¿verdad?

Se cree con moderada ceguera que la muerte es una bestial trituradora de vida que infunde un horror sin parangón, y que por eso uno se imagina inmortal, a salvo de las mandíbulas de la muerte. «Parémonos en esto del inmortal anhelo de inmortalidad [...] Intenta, lector, imaginarte en plena vela cuál sea el estado de tu alma en el profundo sueño; trata de llenar tu conciencia con la representación de la no conciencia, y lo verás. Causa congojosísimo vértigo el empeñarse en comprenderlo. No podemos concebirnos como no existiendo»[61]. Resulta a todas luces aterrador reparar en ello. Impensable es concebirse *muerto*, concebirse «como no existiendo», pensar en la no-consciencia. El vértigo es espantoso. Sobre esta idea discernió Unamuno, pero también Julián Marías en la obra que lleva por título el nombre del escritor y filósofo bilbaíno:

> Necesitamos adivinar imaginativamente la muerte. En cierto modo, convivir con el que muere; pero esto, si bien se mira, tomándolo con todo su rigor, es imposible: es una contradicción. Solo es posible mientras aún no ha muerto; cuando llega la muerte, allí se detiene la convivencia del testigo, y solo queda la gran presencia muda de ella. Esto da la absoluta soledad de la muerte, que tiene que morir cada cual sin compañía, y es la raíz de la más honda desesperación al ver morir a una persona que se quiere como propia. Esta es la verdadera impotencia, no el no poder salvar, sino no poder estar con el que muere: es el abismo[62].

60 *Ibid.*, p. 104.
61 Miguel DE UNAMUNO, *Del sentimiento trágico de la vida en los hombres y en los pueblos*, Alianza, 1995, pp. 52-53.
62 Julián MARÍAS, *Miguel de Unamuno*, en *Obras de Julián Marías V*, Revista de Occidente, 1969, p. 63.

Quedarse solo respecto del fallecido es siempre producido por la muerte del *otro*. No obstante, ese terror no se sitúa próximo a la muerte y su papel aniquilador y sí al imaginarse *estar muerto* o a *perder la vida*, al imaginarse siendo un cuerpo yerto, un cadáver. Según el filósofo Immanuel Kant:

> El temor a la muerte, natural a todos los hombres, incluso a los más desgraciados o al más sabio, no es, pues, un pavor de morir, sino, como dice Montaigne justamente, de la idea de *estar muerto*, que el candidato a la muerte cree tendrá aún después de ella, figurándose el cadáver, a pesar de que éste ya no es *él*, como él mismo metido en el tenebroso sepulcro o en cualquier otro sitio análogo. Esta ilusión es irreprimible, pues radica en la naturaleza del pensar, que es un hablar a sí mismo y de sí mismo. El pensamiento: *no soy*, no puede *existir*; pues si no soy, tampoco puedo ser consciente de que no soy[63].

Imaginarnos muertos, *siendo* cadáveres, engendra pánico justamente por des-aparecer de entre lo que, de hecho, existe. No es pavor a morir, sino a la idea de *estar muerto*. Como el espectáculo que representa mi propia muerte, mi muerte visionada en tercera persona. La muerte, mi muerte, pensarme muerto, pensarme desfallecido o muriente «es imaginarme como el moribundo que seré para quienes asistan al morir. [...] para mí es además una anticipación interiorizada, la más aterradora, la del moribundo que seré para quienes asistan a mi muerte, quienes la asistan»[64], sentencia Paul Ricœur. Es «la muerte del teatro», la muerte presenciada desde la comodidad de las gradas, en tercera persona, cual espectador, la muerte que a uno no le toca, sino que la «presencia» en la lejanía. Es la muerte televisada, ésta que, a través de las pantallas de los dispositivos, se visiona con rara morbosidad. Sigmund Freud plasmó sobre papel estas palabras:

---

63 Immanuel KANT, *Antropología en sentido pragmático*, Alianza, 1991, p. 70.
64 Paul RICŒUR, *Vivo hasta la muerte*, Fondo de Cultura Económica, 2008, p. 37.

«La muerte propia no se puede concebir; tan pronto intentamos hacerlo podemos notar que en verdad sobrevivimos como observadores. [...] En el fondo, nadie cree en su propia muerte, o, lo que viene a ser lo mismo, en el inconciente cada uno de nosotros está convencido de su inmortalidad»[65]. La muerte propia es inconcebible. Uno no es víctima, sino testigo; uno no es partícipe, sino observador. A tenor de lo anterior, continúa el médico neurólogo, «frente al muerto mismo mantenemos una conducta particular, casi de admiración, como si hubiera llevado a cabo algo muy difícil»[66].

La tercera razón precisa que la trivialidad de la muerte es un asunto cotidiano a silenciar cueste lo que cueste:

> Horror ante su trivialidad. [...] La desaparición del ser humano exigiría como causa proporcional un cataclismo cósmico, algo así como el reconcentramiento de todas las fuerzas de la naturaleza, y debería suponer la detención de toda la vida planetaria. Y sin embargo, nada de eso ocurre. Todo sigue igual, como si nada hubiera ocurrido. Si antes se ha dicho que la muerte era horrorosa por cuanto que suponía la pérdida de la individualidad, ahora cabría decir que lo más horroroso de todo es que no causa horror, que es siempre trivial. ¡Si al menos el mundo se detuviera![67].

O, como dijo Markus Gabriel, los seres humanos «nos imaginamos que toda la abigarrada realidad desaparecería con nosotros, como si cada muerte fuera un verdadero apocalipsis, en el que todo está en juego. Pero lo cierto es que no somos tan importantes»[68]. Desconcierta saber que, en verdad, la muerte no sea una calamidad cósmica que atañe al universo entero y sí

---

65 Sigmund FREUD, *Obras completas. Volumen 14*, Amorrortu, 1992, p. 290.
66 *Ibid.*, p. 291.
67 ARREGUI, *El horror de morir, op. cit.*, pp. 22-24.
68 Markus GABRIEL, *Yo no soy mi cerebro. Filosofía de la mente para el siglo XXI*, Pasado & Presente, 2016, p. 166.

un punto final minúsculo y casi cómico[69] que a pocos atañe. La existencia humana, entonces, lejos de ser un regalo, sería como una monstruosa deuda cuyo pago final es sucumbir, sin más. La muerte, «observando una cara de la moneda», dista más de ser un problema para concebir el vivir del hombre que un «trampolín», valga la palabra, que impulse y le otorgue a ese vivir su máxima emoción. Metafóricamente hablando, la muerte como un cristal tintado de negro a través del cual se observa. Así, con la acechante muerte sellando el horizonte de cada ser, Arthur Schopenhauer mantuvo sellada su idea al respecto: nada de apreciarla como un privilegio, «pues la vida se hace pasar por un regalo, cuando está a la vista que cualquiera que hubiera podido ver y examinar el regalo por adelantado se habría guardado de él [...] Pues la existencia humana, lejos de tener el carácter de un *regalo*, tiene el de una | *deuda* contraída»[70]. No obstante, y a expensas del pesimismo que la aprecia con cierto aire maligno causa de la sombra que proyecta la finitud del hombre, arrebatar a la vida su categoría de «*regalo*» deseado es poco convincente. Vivir, sólo se vive una vez, se dirá, jamás hay una segunda ocasión; tan sólo una única oportunidad. A buen seguro, si se les preguntara a las personas si preferirían morir a vivir, claro, dirían que vivir. No obstante, —y pongo aquí voz a Chantal Maillard— «que la vida quiera ser vivida no significa que sea un bien. Ingerimos gustosamente lo que más nos daña»[71].

Es consabido que Schopenhauer entendió la muerte como «la dolorosa desatadura del nudo que con placer ató la concepción, y la violenta destrucción, impuesta desde fuera, del error

---

69 Una simple «S» diferencia la *muerte cósmica* de la *muerte cómica*, o sea, de la muerte que debería reverberar con solemne seriedad en cada rincón de la totalidad del cosmos y la muerte que, en esencia, resulta ser un residuo marginal de una existencia nimia.
70 Arthur SCHOPENHAUER, *El mundo como voluntad y representación II*, §46, 665 y 666, Trotta, 2005, p. 635.
71 Chantal MAILLARD, *La compasión difícil*, Galaxia Gutenberg, 2019, p. 48.

fundamental de nuestro ser: es el gran desengaño»[72]. Con seguridad, el pensador alemán acudiría al término «desengaño» de la forma que le es propia: desde el pesimismo filosófico que impera en sus escritos. Sin embargo, al subrayar la primera acepción del término en el *Diccionario de la lengua española* (DLE) se encuentra un aspecto relevante, merecedor de mención, al vislumbrarse algo más el valor de la muerte en la vida humana: el tinte claro e iluminador que posee la muerte es mucho mayor que el papel oscuro de la osamenta filosófica que la rodea. Vale decir, la muerte como haz de luz que alumbra y revela el engaño, que favorece la vida y que propicia el cavilar la (propia) existencia. Aseguró Schopenhauer que «es el conocimiento de la muerte, y con él la consideración del sufrimiento y la necesidad de la vida, lo que proporciona el más fuerte impulso a la reflexión filosófica y a la | interpretación metafísica del mundo»[73]. Razón por la que acudir al adagio en latín «*Media vita sumus in morte*»[74], aludida por el pensador alemán y anotada en *Der handschriftliche Nachlaß*. No yerran sus palabras. La muerte juega un papel inspirador, condiciona la vida humana, desovilla la complejidad del engaño y posee la capacidad de arrojar luz a la oscuridad que, en ocasiones, hasta ésta misma proyecta. Es razonable concebir la muerte como puente hacia la cavilación filosófica y como ardid para esquivar el horror de morir.

A propósito de lo anterior, Georg Simmel, erudito de la filosofía de Schopenhauer, sostuvo que «la muerte es desde el comienzo un momento configurador del continuo transcurso vital. Sin la existencia de la muerte, incluso más allá de su visibilidad sin mezcla en el momento de la muerte, la vida sería inimaginable-

---

72 SCHOPENHAUER, *El mundo como voluntad y representación II*, op. cit., §41, 581, p. 560. Sobre esta cita se hace necesario destacar el término «desengaño»: carencia de las esperanzas que se conservaban con respecto a la vida, conocimiento que nos saca del engaño.
73 *Ibid.*, §17, 176 y 177, p. 199.
74 Arthur SCHOPENHAUER, *Parábolas y aforismos*, Alianza, 2018, p. 44.

mente otra»[75]. Un juicio palmario: la muerte como fenómeno modelador de la existencia humana. Prosiguiendo la cita de tonalidades esperanzadoras en tanto que eliminadoras de horrores, es tal la repercusión al indagar sobre este fenómeno que no puede ni debe descuidarse o no ser pensado. La muerte condiciona la travesía vital de cada ser humano, la relación íntima que cualquiera tiene consigo y con los *otros*. Cabría decir, entonces, que la muerte actúa sobre el hombre, hay algo en ésta que es *activo* y que, además, *activa*. La muerte condiciona el «transcurso vital» de los seres humanos, su «proyecto vital», la relación íntima que cualquiera tiene consigo y con los *otros*. La muerte, en suma, *actúa* y *activa*. Al hombre no le basta con ser mortal, no le es suficiente saber de su mortalidad, sino que ha de volverse mortal. Según Maurice Blanchot,

> esa es su vocación humana. En el horizonte humano, la muerte no es lo que está dado, es lo que hay que hacer: una tarea, aquello de lo que nos apoderamos activamente, lo que se hace fuente de nuestra actividad y nuestro dominio. El hombre muere, y eso no es nada, pero el hombre *es* a partir de su muerte, se une fuertemente a su muerte mediante un vínculo del cual es juez, hace su muerte, se hace mortal y así adquiere el poder de hacer y da a aquello que hace sentido y verdad[76].

Ese poseer la muerte es humano. El hombre *es* en la medida en que *es* mortal, «*es* a partir de su muerte». La muerte, en la línea de lo citado, otorga un poder hacedor de sentido y de verdad, fuente de la actividad humana. Sin embargo, justo porque alberga el poder de condicionar la actitud del hombre ante la vida, es capaz de gobernar la existencia humana y no ser el hombre «juez». A través de la muerte el hombre se descubre mortal, se observa el

---

75 Georg SIMMEL, *El individuo y la libertad: ensayos de crítica de la cultura*, Península, 2001, p. 92.
76 Maurice BLANCHOT, *El espacio literario*, Editora Nacional, 2002, p. 84.

extraño ser que es, destinado justamente a fallecer. Vislumbra en él un principio transformador, un inhóspito acompañante, en el proyecto vital denominado *yo*. La muerte, la mortalidad, el morir y la inmortalidad, por ende, se presentan como incógnitas, enigmas arcanos que, a día de hoy, relucen con fulgor. La filosofía, se dijo, pone de relieve el problema de y la pregunta por la muerte. Con todo, el conocimiento sobre la muerte atesorado es la razón por la que los humanos somos seres introspectivos desde la óptica filosófica. Si no fuéramos un ser que *es*, que se descubre y se observa, que se piensa y se proyecta en el tiempo, si no tuviéramos consciencia de que *somos*, no sufriríamos, quizá, el sobrepeso atronador de la mortalidad tal y como lo poetizó William Blake:

> Porque yo era feliz sobre la tierra,
> Y sonreía entre las nieves del invierno,
> Me vistieron con las ropas de la muerte,
> Me enseñaron a cantar las notas del dolor[77].

77 William BLAKE, *Antología bilingüe*, Alianza, 2009, p. 85. Traducción del inglés: «Because I was happy upon the heath, / And smil'd among the winter's snow, / They clothed me in the clothes of death, / And taught me to sing the notes of woe».

CAPÍTULO 4

EL DOLOR DE UN DON

¿Cuántas veces habría que vivir para entender a la muerte?[78].

Lanzó al aire el literato Canetti la interrogación. Adivinar si el ser humano sería capaz de entender la muerte es una incómoda incógnita. La Historia de la Humanidad ha enseñado en abundancia que nuestra especie es incapaz de entender por completo la muerte como entiende, por ejemplo, el agua o, si se me apura, el amor. Hasta la fecha, tanto la muerte como la mortalidad escapan al control humano. Y tal vanidoso esfuerzo por entender la auténtica realidad de la muerte horroriza a hombres y mujeres, a jóvenes y ancianos, a occidentales y orientales, da igual, pues resulta similar al intento de captar la identidad no desnaturalizada de una pintura impresionista. La *magia* reside ahí, en que por más vidas que uno viviera jamás entendería la muerte y la mortalidad. He ahí el porqué de la pregunta del mayor de los hermanos Canetti.

La mortalidad es «lo propio» del hombre, lo específicamente nuestro, lo intrínseca e íntimamente humano, una draconiana condición cosida a la piel, un saber arcano del que se atesora

---

78 Elias CANETTI, *El libro contra la muerte*, Galaxia Gutenberg, 2017, p. 215.

no poca información, pero sí insuficiente como para paliar el horror y el sufrimiento que porta bajo el brazo. —¿Acaso entender plenamente la muerte haría cesar el impetuoso caudal del horror?—. Numerosas esferas del conocimiento han meditado la muerte, procurando profundizar a fin de alcanzar un mayor grado de perspectiva, de percepción, atomizándola con la meta puesta en comprenderla, llevándole a cabo una vivisección, realizándole un estudio de las poliédricas caras líquidas que gota a gota revela. La *hora suprema* es escrita cada vez como un vía crucis que el ser humano, pesaroso por tal «castigo», ha de «vivir». Y aunque algunas obras se ocupan de la muerte con cierto optimismo o con el convencimiento de sentirla un regalo, arduamente complicado le resulta al mortal observar la muerte y la mortalidad como un azaroso don. En la literatura universal se encuentran varios claros ejemplos, y uno de los más populares es el de J. R. R. Tolkien. En su mirífica obra, la muerte cobra una trascendental relevancia, ésta se presenta como el don más preciado de la naturaleza humana.

> Uno y el mismo es este don de la libertad concedido a los hijos de los Hombres: que sólo estén vivos en el mundo un breve lapso, y que no estén atados a él, y que partan pronto; a dónde, los Elfos no lo saben. Mientras que los Elfos permanecerán en el mundo hasta el fin de los días, y su amor por la Tierra y por todo es así más singular y profundo, y más desconsolado a medida que los años se alargan. Porque los Elfos no mueren hasta que no muere el mundo, a no ser que los maten o los consuma la pena[79].

Valiéndose inteligentemente de la libertad que ofrenda la literatura, realizó la mortalidad como desolación, pero también como obsequio liberador. El *Silmarillion* relata la creación de Eä y el origen de algunas razas de Arda —entre las cuales se encuentran los Elfos, los Hombres y los Enanos—, y sirve como marco de

---

79   J. R. R. Tolkien, *El Silmarillion*, Minotauro, 2002, p. 44.

referencia para *El hobbit* y *El señor de los anillos*. En tal protagónica obra, escribió Tolkien cómo Ilúvatar les legó a los Hombres el don de la mortalidad. Mientras que los humanos recibieron el don de ser mortales, a los Elfos se les concedió el don de la inmortalidad, eso sí, una ofrenda que desaparecía, por ejemplo, al sufrir una herida mortal —razón por la cual procuraban no librar guerras pese a ser magníficos guerreros— o morir de tristeza al albergar su corazón una profunda melancolía causada por la pérdida de un ser amado. En la literatura de Tolkien, el hermoso don de la inmortalidad se malograba si, por ejemplo, el dolor y el sufrimiento eran vitalicios. Si tales males les sobrevenían a los elfos, la muerte, entonces, pasaba a ser vista como un don especial e incomprendido.

Mal que pese, sentir que es la muerte un don, tal y como lo creyó Tolkien con especial tensión, no vale para evitar el dolor y el sufrimiento que entraña ser poseedor de una profunda consciencia tanática, ni es causa de consuelo, sólo faltaría. Dolor y vida mantienen una fuerza magnética imperiosa y, por ello, resultan inseparables. Vivir es hacerse cargo del dolor, es sentir dolor con la normalidad con que uno respira, se alimenta, se entretiene. La vida es dolor; vivir es caer enfermo de dolor. Y el dolor se da en la naturaleza inorgánica como en la orgánica, pero en el hombre se da de forma un tanto peculiar. El deseo de vivir refleja la fortaleza de la voluntad, pero todo deseo implica una oculta insatisfacción, como reconoció Schopenhauer. Una vez satisfecho el deseo se genera una nueva necesidad. Ello conduce al hastío y éste al dolor, a la desesperación. La vida es una escuela de tormentos. No es tarea sencilla asumir el dolor y el sufrimiento, medido por grados e intrínseco a la vida y a sus procesos, pero el ser humano no se echa a temblar juzgándose amenazado de, por ejemplo, un dolor espontáneo. Tan pronto como éste brota, se marchita. El dolor físico, que no el dolor causado por ser sabedor de la muerte y la mortalidad, es una nota chirriante que reclama atención inmediata. Ante éste, el pensamiento se estremece y nada se ciñe al ejercicio del pensar. En términos generales, C. S. Lewis, cercana amistad de Tolkien y creador de *Las crónicas de Narnia*, escribió que «el dolor no es sólo un mal inmediatamente reconocible, sino una ignominia imposible de ignorar. [...] reclama insistentemente nuestra atención»[80]. Rezuman verdad sus palabras. «Al fin todo sufrimiento es sólo sensación, no subsiste sino mientras lo sentimos»[81], señaló, además, Freud, padre del psicoanálisis. El dolor es una ignominia —léase como peligro o requerimiento sabido por todo el mundo—, el dolor por ser sabedor de la muerte y de la condición de mortal de cada cual es una ignominia incandescente, constante, un dolor que surge en cualquier momento y cuya cura se ignora.

Viene, así, a añadirse un nada halagüeño «don del dolor»: el recuerdo que porta éste bajo el brazo. Obligado es citar literalmente a Anne Boyer: «Todo cuerpo sintiente es un recordatorio de que mañana no es hoy. Quizá sufrir el dolor sirva para algo, o sirva para algo más que nada: la educación del dolor es una educación en *todo* y un recordatorio del *todo de la nada*»[82]. El ser humano es un ser-que-*siente*. Escribir «mañana no es hoy» es *recordar* la ignominia, la inminencia del dolor, que reclama atención en el momento; y es escribir que, en el fondo, sentir hoy y no mañana es estar vivo, es vivir, es la vida. El dolor por la propia muerte es un dolor *no-recordado*. —¿Está en la naturaleza humana recordar aquello que jamás sucedió ni sucederá?—. Uno se imagina su muerte futura con dolor. Hay resquemor por morir, es algo inexcusable e inesperable del ser humano. La muerte es visionada desde el mal, claramente es más sencillo. No obstante, reparar en esto más bien suma y no resta valor a la vida.

---

80 C. S. Lewis, *El problema del dolor*, Rialp, 1994, p. 97.
81 Sigmund Freud, *Obras completas. Volumen 21*, Amorrortu, 1992, p. 77.
82 Anne Boyer, *Desmorir: una reflexión sobre la enfermedad en un mundo capitalista*, Sexto Piso, 2021, p. 205.

La muerte, como la tierra, es la quintaesencia de la condición humana, es decir, del conjunto de condiciones fácticas bajo las que nos es dado vivir. Del mismo modo que la vida humana es una vida terrena —que *de hecho* tiene lugar sobre el planeta tierra—, es una vida mortal. La mortalidad es, sin duda, uno de los modos de ser de la existencia humana[83].

En razón de lo enunciado y lo citado, el problema de la muerte ha de ser la piedra de toque de innumerables esqueletos filosóficos. Ha de corroborarse, así pues, si es o no irremediable pensar la muerte, si ha de probarse su *calibre filosófico* y si el conocimiento actual que se posee alcanza a abarcar y a envolver el fenómeno de la muerte en sí. En principio, la reacción humana más natural consiste en alejar la muerte, tildándola de radicalmente opuesta a la vida, injuriando a la filosofía como cómplice de nuestro malestar, mas no es así en realidad. Grandes filósofos, como los archiconocidos Lucrecio y Séneca, pensaron el morir como una ley natural que, aunque severa, era en el fondo buena, y «es cierto que en el fondo morirse es bueno, que si no fuera por la muerte la vida se nos convertiría en un tedio oceánico, en un aburrimiento *mortal*»[84] en cuanto que es una posibilidad verosímil vivir el aburrimiento como un castigo. Pensar la muerte genera tanto dolor como desengaño. Escribir o pronunciar públicamente «La muerte no resta valor a la existencia humana» es entrar en una cíclica discusión sin salida, abrir una prodigiosa caja de fantasmas en la noche. Se procura aceptar la muerte y tomarla como el acicate de la vida. Sin embargo, ¿cabe la posibilidad de que sea la muerte un mal?

83   Arregui y Choza, *Filosofía del hombre, op. cit.*, p. 482.
84   Arregui, *El horror de morir, op. cit.*, p. 206.

CAPÍTULO 5

LA SENECTUD O LA RESISTENCIA
A PISAR LA TUMBA

> Débil mortal, no te asuste
> Mi oscuridad ni mi nombre;
> En mi seno encuentra el hombre
> Un término a su pesar.
> Yo compasiva le ofrezco
> Lejos del mundo un asilo,
> Donde a mi sombra tranquilo
> Para siempre duerma en paz[85].

El poema del escritor romántico José de Espronceda, pieza notable de *El diablo mundo*, brilla por sí mismo al lograr transmitir con genialidad la idea de una muerte pacificadora y serena. En principio, la muerte, dijo, ofrenda paz al hombre. Ésta, excelentemente bien descrita como magnánima no en el fragmento citado, sino en la totalidad del poema, brinda descanso al ser humano que en su sombra se cobije, es decir, que fallezca. Así aspiró Espronceda a sosegar el miedo a la muerte: pesaroso, el hombre ha de abrazar la muerte y encarar ese trágico «lejos del mundo un

---

85   José de Espronceda, *Obras completas*, Atlas, 1954, pp. 92-93.

asilo» para al fin dormir sereno y en paz, consigo mismo y con el mundo. La visión tanática esproncediana de los versos anteriores parece ser plácida y positiva. Mas observar la muerte como final de las fatigas es, en cualquier caso, sólo un descanso, no es por ello ni «plácida» ni «positiva». Morir, entonces, no entrañaría un gran pesar que temer a diario. Ahora bien, se revela con singular claridad la compasión que la muerte manifiesta: es «compasiva» y le brinda «un asilo» —según la primera acepción del Diccionario de la Lengua Española (DLE) así lo interpreto, esto es, «asilo» como «lugar privilegiado de refugio para los perseguidos»— al mortal con el cual poner «un término a su pesar». Pareciera que presta un favor impagable al hombre. ¿Es la muerte «compasiva»?

La compasión —cum pathos, sentimiento de pena, ternura o identificación por el mal ajeno— cabría decir que es positiva. Identificarte con el otro al ser sabedor de los males que le acompañan puede valer para brindar apoyo. Sin embargo, sentir tristeza por el otro no es bueno en sí mismo, como no lo es tampoco conocer los males ajenos, que son, a menudo, motivo de tristeza —aunque para el sádico, por ejemplo, sea causa de placer—. La compasión se acerca con cautela a la empatía. Compadecerse es referirse al hecho de sentir el dolor ajeno del otro y condolerse, acompañar el sentimiento del otro; y empatizar es referirse al hecho de sentir el dolor ajeno dentro de sí mismo, es decir, que a uno le duela en uno mismo el dolor del otro. La compasión es ponerse en el lugar del otro y la empatía es poner al otro dentro de uno. Sería alentador encontrar, pues, en el seno de la muerte un resquicio de compasión si es valorada la vida como un mal.

Con harta frecuencia, la muerte aterroriza al hombre no tanto por el dolor de su mortalidad como por el dolor de la pérdida que éste habrá de soportar en calidad de superviviente. Uno se compadece del dolor y las circunstancias lastimeras de los otros. Éste visualiza la muerte como algo negativo: aquello que pone término a la resistencia del ser humano en la vida. ¿Vivir es resistir? —Hágase el lector la pregunta—. ¿Acaso es esto positivo?,

¿y positivo porque se resiste a y forcejea con lo negativo? Si la muerte es la negación de esa resistencia, en contraposición y según el folklore popular y no tan popular, ¿es la vida, *eo ipso*, algo positivo?, ¿es, sin embargo, asimilable ese forcejeo con lo positivo? Dos nociones de vida se presentan entonces: la noción de vida según la cual «vivir es vivir» y en la que la muerte se abalanza como *desde fuera*, como algo extrínseco a la vida del hombre que sesga su resistir; y la noción de vida según la cual no habría vivir libre de forcejeo y sí una continua resistencia a la muerte y, por lógica, la muerte sería inherente a la vida del hombre. La senectud, la vejez, entonces, es vista como la mayor de las resistencias al último cerrar de ojos.

> El fin de la vida constituye una época amarga: todo disgusta, porque uno no es digno de nada, no sirve para nada y es una carga para todos; un único paso nos separa de nuestra última morada: ¿de qué serviría soñar sobre una playa desierta?, ¿qué amables sombras se divisarían en el porvenir? Vayan en horamala las nubes que vuelan ahora sobre mi cabeza[86].

En su autobiografía, *Memorias de ultratumba*, François-René de Chateaubriand, quien ejerció una poderosa influencia en la literatura del siglo XIX, envió a la senectud de vuelta a la ociosidad. Es sincera su ojeada retrospectiva acerca de su persona. Váyase en «hora mala» esa resistencia, diría el diplomático y escritor francés, llegada la senectud. El casi coetáneo Kant mencionó esta resistencia a la muerte. Reflejada en la edad del hombre. Éste es tanto más resistente a la muerte cuanto más longevo resulta ser, cuanto más le resiste la carrera maratoniana al tiempo. Cómo a través del tiempo el hombre se resiste a morir y cómo esta resistencia se plasma en la edad; cómo la edad avanzada, la senectud o la vejez, lidian, casi cara a cara, con la muerte, que no es sino la

---

86 CHATEAUBRIAND, *Memorias de ultratumba*, Alianza, 2018, p. 589.

última e irreparable derrota del existir[87]. Tal *filosofía de la vida* —que no el movimiento filosófico de la *Lebensphilosophie* nacida en la Alemania del siglo XIX como reacción al post-kantismo— resplandece por su hermosura y por la lógica que encierra. Vivir es resistir, resistir a la muerte, no obstante, siendo inquebrantablemente mortales.

> La edad quiere ser tenida en cuenta por algo meritorio, [...] porque el hombre, que, cuando ninguna deshonra lo ha manchado, ha podido conservarse tanto tiempo, es decir, ha podido eludir tanto tiempo a la mortalidad, ese juicio más humillante que pueda lanzarse sobre un ser razonable ("polvo eres y al polvo serás tornado"), y en cierto modo ha podido conquistar la inmortalidad, porque, digo, un hombre tal, se ha mantenido tanto tiempo en vida y exhibido como ejemplo[88].

La vida aquí retratada es entendida como un algo positivo, bueno en sí mismo, meritorio y digno de exhibición. Y la muerte, que es fin de la vida, como un algo negativo que vencer o, al menos, a lo que resistirse. La senectud es la presumible victoria sobre la muerte, es el tiempo ganado a la muerte, es la «heroica» resistencia a la muerte. Se desea, en palabras de Kant, «vivir mucho tiempo y con salud»[89]; lo contrario, por consiguiente, vivir poco tiempo y sin salud, es ante todo indeseado.

---

87 Al respecto, Heidegger comentó, citando *Der Ackermann aus Böhmen* (1917), que «la muerte es una manera de ser de la que el Dasein se hace cargo tan pronto como él es. "Apenas un hombre viene a la vida ya es bastante viejo como para morir"» [Martin HEIDEGGER, *Ser y tiempo*, §48, 245, Trotta, 2016, p. 262]. En esta idea coincide con Séneca, quien se sincera: «¿A quién me nombrarás que conceda algún valor al tiempo, que ponga precio al día, que comprenda que va muriendo cada momento? Realmente nos engañamos en esto: que consideramos lejana la muerte, siendo así que gran parte de ella ya ha pasado. Todo cuanto de nuestra vida queda atrás, la muerte lo posee» [SÉNECA, *Epístolas morales a Lucilio I*, libro I, epístola 2, §2, Gredos, 1986, p. 92].

88 Immanuel KANT, *El conflicto de las Facultades*, Losada, 2004, pp. 134-135.

89 *Ibid.*, p. 134.

Han repasó con brevedad, en *Muerte y alteridad*, lo bello en Kant y citó intercaladamente a Theodor Adorno para esclarecer el pensamiento kantiano, que catalogó la muerte como un «objeto feo». El pensador surcoreano, en su labor por desarrollar su pensamiento personal sobre la muerte, mencionó cómo el filósofo y científico prusiano asocia la muerte con lo feo. Y, así, consecuentemente, lo feo con lo malo. El camino que recorrió Han por la filosofía kantiana comienza en el tormento que supone la muerte por ser lo radicalmente distinto y dispar a la razón.

> El arte bello muestra precisamente su excelencia en que describe como bellas, cosas que en la naturaleza serían feas o desagradables. Las furias, enfermedades, devastaciones de la guerra, etc., pueden ser descritas como males muy bellamente, y hasta representadas en cuadros: sólo una, clase de fealdad no puede ser representada conforme a la naturaleza sin echar por tierra toda satisfacción estética, por lo tanto, toda belleza artística, y es, a saber, la que despierta *asco* [...] ha excluido de sus creaciones la representación inmediata de objetos feos, y por eso permite representar, verbigracia, la muerte (en un ángel bello), el espíritu de la guerra (en Marte), mediante una alegoría o atributo que produce un efecto agradable[90].

La muerte, pues, como una de esas «cosas que en la naturaleza serían feas o desagradables» que, si bien cabe plasmarla como algo revelador e inusitadamente bello, «despierta *asco*». Sin embargo, se recibe tan elocuente expresión con cierto resquemor. Han arguyó, a juicio mío algo que el propio Kant reconoció, que «la muerte en cuanto tal no es ni bella ni fea. [...] Lo único que se puede juzgar como feo es un muerto o una muerte representada de cierta manera. Pero en sí mismo el muerto no es feo»[91]. La razón, como eco salvífico, resolvería el problema de la muerte

---

90 Immanuel KANT, *Crítica del juicio*, §48, Espasa-Calpe, 1989, p. 218.
91 Byung-Chul HAN, *Muerte y alteridad*, Herder, 2018, p. 29.

«fea» kantiana. La muerte sería «fea», pero el resplandor de la razón o la luz que irradia la razón la haría lucir hermosa. Ilumina Han esta idea anterior: «Aquí no se espera la inmortalidad, pero la razón enmarca la muerte, que en su desnudez sería "fea", en un resplandor moral, concretamente en un *resplandor de la razón*»[92]. Además, según la interpretación del filósofo de Seúl, la creación poética, el cariz de la poesía, revestiría la muerte embelleciéndola, pues «sería capaz de revestir de una bella "apariencia" la muerte, que en sí misma es "fea". Ella "crea" la "apariencia" "como le place". De este modo genera una sensación de libertad y poder. Aquí opera el trabajo para sobreponerse al duelo»[93].

Kant, por su parte, afirmó que un tipo en concreto de fealdad es inasequible a la representación: lo asqueroso, lo causante del *asco*, pues *mata*, valga la palabra, la complacencia estética. Lo asqueroso habla de la muerte, por eso el sujeto no puede contenerse ante el *asco* ni ante la muerte. Aclaró, por otro lado, Han que «lo asqueroso como lo *completamente distinto* hablaría un lenguaje de la muerte. Esta sensación de asco, en la que el sujeto no es capaz de *contenerse*, es afín a aquella sensación de "desvanecimiento", que es parecido a la muerte»[94]. El *asco*, entonces, al ensuciar el placer estético, genera una reacción *incontenible*, ésta es la razón por la que se encuentra en estrecha relación con el desvanecimiento[95], que a su vez se acerca por semejanza a la muerte. Respecto a lo anterior, Cioran alertó que «en lo más profundo de nuestros desfallecimientos, percibimos de repente la esencia de la muerte»[96].

Kant expuso el ejemplo de la libertad y del recién nacido: «El niño que acaba de desprenderse del seno materno parece entrar

---

92 *Ibid.*, p. 30.
93 *Ibid.*, p. 31.
94 *Ibid.*, p. 32.
95 Aclárese que el «desvanecimiento» al que alude Kant también ha sido traducido al español como «desmayo» por el filósofo José Gaos.
96 Emil CIORAN, *Silogismos de la amargura*, Tusquets, 1997, p. 66.

en el mundo gritando, a diferencia de todos los demás animales, meramente a causa de considerar su incapacidad para servirse de sus miembros como una violencia, con lo que al punto denuncia su aspiración a la libertad»[97]. Al dar una mujer a luz, el recién nacido grita y llora, por lo común a diferencia del animal, según los autores. En el pensamiento kantiano el llanto es símbolo libertador, seña que reclama libertad, pero no una libertad indeseada, sino la falta de libertad. La libertad es deseo connatural en los seres humanos. Así pues, las lágrimas son la expresión de la amargura por la injusticia. El valeroso hidalgo Don Quijote le dijo bien y con hidalga actitud a Sancho: «La libertad, Sancho, es uno de los más preciosos dones que a los hombres dieron los cielos; con ella no pueden igualarse los tesoros que encierra la tierra ni el mar encubre; por la libertad así como por la honra se puede y debe aventurar la vida, y, por el contrario, el cautiverio es el mayor mal que puede venir a los hombres»[98]. Las lágrimas del recién nacido son lágrimas cautivas. Si la libertad es innata y por ésta se «debe aventurar la vida», palabra de Miguel de Cervantes, el parto sería el inicio de la revolución contra el *no-poder*, una rebelión contra la muerte que es, a su vez, cautiverio. Según infirió Han de la lectura de la obra kantiana, «el parto sería ya el comienzo de la revolución contra la *imposibilidad de poder*, que sería otro nombre para la muerte»[99]. La cita anterior, sin sombra de duda, bien podría encajar en la filosofía heideggeriana del ser-para-la-muerte.

Estas consideraciones anteriores conducen a varios interrogantes. ¿Cabe pensar, entonces, que la muerte es *sentida* en la vida humana y por ello el alumbramiento es el principio de la «revolución contra la *imposibilidad de poder*» que es la muerte?

---

97 Kant, *Antropología en sentido pragmático, op. cit.*, pp. 207-208.
98 Miguel de Cervantes, *Don Quijote de la Mancha*, Real Academia Española y ASALE, 2005, pp. 984-985.
99 Han, *Muerte y alteridad, op. cit.*, p. 40.

¿Cabe argüir que la muerte de uno es *algo* que ese uno deba combatir en su existencia, mientras el individuo está vivo? ¿Hay una inanidad de la muerte? Kant escribió, no obstante, que «el morir no puede experimentarlo ningún ser humano en sí mismo (pues para hacer una experiencia es necesaria la vida), sino sólo percibirlo en los demás»[100]. Siempre muere el *otro*, siempre los *otros*, y la muerte de este *otro* no es, desde luego, una experiencia válida del morir para el superviviente. ¿Cómo, por tanto, influye en el hombre la muerte? El duelo es, a efectos prácticos, una clara prueba del sano papel reformador de la muerte en la existencia. Dícese del duelo que es

> una reacción sana ante la pérdida de una persona querida, y se manifiesta con sintomatología tanto a nivel cognitivo, físico, conductual y espiritual. La persona tiene que adaptarse, aprender a convivir con la ausencia de la persona fallecida lo que resulta un proceso verdaderamente doloroso y que necesita de una predisposición por parte de la persona para poder continuar añadiendo experiencias vitales a su vida[101].

El término «sano» es clave para la correcta comprensión del papel reformador de la muerte y las vastas dimensiones que lo conforman. El duelo es un acontecimiento obligatorio en la vida humana, algo que sí o sí se ha de conocer, y es menester procurar que no sea dañino para la salud. Por tal razón se llevan a cabo incesantes esfuerzos en solidificar las bases de una pedagogía de la muerte[102], sobre todo, dirigida a las edades tempranas. Educar

---

100 KANT, *Antropología en sentido pragmático, op. cit.*, p. 70.
101 Ana Cristina RUIZ y María de las Olas PALMA, *Resiliencia en procesos de duelo. Claves de intervención social tras la pérdida de un ser querido*, Gedisa, 2021, p. 33.
102 Véase Pablo RODRÍGUEZ HERRERO, Agustín DE LA HERRÁN GASCÓN y Mar CORTINA SELVA, *Educar y vivir teniendo en cuenta la muerte. Reflexiones y propuestas*, Pirámide, 2015; Agustín DE LA HERRÁN GASCÓN, *Pedagogía radical e inclusiva y educación para la muerte*, FahrenHouse, 2015; o, también,

tomando en consideración la *presencia* de la muerte, integrándola en la vida con miras a aprender de ésta, pero sin arrinconarla ni edulcorarla absurdamente hasta rozar la burda mentira. Dicho esto, según Thomas, el duelo «ayuda a madurar a las personas, que estimula sus facultades creadoras, pero nada es más perjudicial que un duelo frustrado o que no encuentra el modo de expresarse adecuadamente»[103]. En la óptica kantiana, la superación del duelo, que consiste en combatir la naturaleza en general, es una «gimnasia ética» que promete salud y más vida. En esa «gimnasia ética», la cual ante todo ha de robustecer al corazón, se siente una mescolanza de alegría, paz y valentía. Sin embargo, dicho júbilo «está aquejado de una peculiar rigidez [...] Más bien el júbilo forzado deja entrever el duelo reprimido o el resentimiento oculto»[104]. La filosofía práctica, así como, según Kant, el poder de la razón, su autonomía y su libertad, da pie a una larga y sana vida. Hállese un arte, el arte de prorrogar la hora del juicio final, de aflojar las riendas de la existencia, de sumar tiempo de vida. La superación del duelo coopera para favorecer ese arte. Para Kant, el alma ansía tanto su existencia infinita como el hecho de *ser lo infinito*. Es menester anunciar que se busca incansablemente a través de la moral disipar el mal que es la muerte cuando se proyecta en el horizonte humano, y en el ser humano se da una justa medieval: la razón es un caballero poderoso que se bate con el instinto natural. El pensador de Königsberg, y subrayo la pertinencia de sus palabras, escribió:

> A un enfermo que en un hospital sufre y pasa miserias durante años en su cama, a menudo le oiréis desear que la muerte lo libre cuanto antes de este tormento; no lo creáis; no lo dice en serio. Su razón en realidad se lo dice, pero el instinto natural quiere

Agustín DE LA HERRÁN y Mar CORTINA SELVA, *La muerte y su didáctica. Manual para educación infantil, primaria y secundaria*, Universitas, 2006.
103 Louis-Vincent THOMAS, *La muerte. Una lectura cultural*, Paidós, 1991, p. 138.
104 HAN, *Muerte y alteridad, op. cit.*, p. 61.

otra cosa. Si bien le hace señas a la muerte como a su libertador (*Jovi liberatori*), siempre vuelve a pedirle una pequeña prórroga y siempre tiene algún pretexto para diferir (*procrastinatio*) su decreto perentorio[105].

Según lo citado, el instinto natural siempre reclama vida y no muerte; la razón le «engaña», le confunde agitando los designios del instinto natural. Jamás se halla el momento justo y apropiado en que morir, siempre se ruega más tiempo de vida, un instante más, aunque, a veces, ésta comporte un tormento inhumano. Un único pretexto es válido para la postergación del morir, que, como un mal que es considerado, sea como fuere habrá de ser evitado. No obstante, ¿mi muerte me supone un mal?, ¿la muerte de uno a uno le supone un mal?

---

105 KANT, *El conflicto de las Facultades*, *op. cit.*, p. 134.

CAPÍTULO 6

¿INANIDAD DE LA MUERTE? SÉNECA Y EPICURO

> Tenéis miedo de todo, como mortales que sois, y, sin embargo, ambicionáis todas las cosas, como si fuerais inmortales. Oirás a la mayor parte de los hombres, que dicen: «A partir de mis cincuenta años me retiraré a descansar, y cuando cumpla los sesenta abandonaré todas mis ocupaciones». ¿Y quién te garantiza, a fin de cuentas, que has de vivir una vida tan larga?[106]

Remóntese el discurso al pasado, a los años en que Séneca respiraba. El postergo de los sueños y deseos, la tendencia natural de mirar al futuro, la creencia en que siempre despertará uno del sopor nocturno, la confianza absoluta y ciega en una muerte remota y afincada en el horizonte personal de cada cual, etcétera, son pensamientos a todas luces cautivadores, pero cautivadores no sólo porque equivalen a un sosegado alivio, sino, además, porque cautivan —en tanto que aprisionan— a las personas. ¿Quién garantiza que uno viva más allá del día que acontecerá mañana? En sus *Epístolas morales a Lucilio*, la célebre composición de 124 cartas destinadas al entonces procurador romano Lucilio, el pen-

---

106 SÉNECA, *Sobre la felicidad. Sobre la brevedad de la vida*, capítulo IV, Edaf, 1997, p. 145.

sador cordobés narró los acontecimientos finales de la vejez de Aufidio Baso[107], historiador romano y arquetipo de apacibilidad ante la corazonada de una muerte cercana e irremediable. Justamente en el libro IV, epístola XXX, se observa el cometido de la filosofía en torno al morir:

> Con todo, nuestro querido Baso tiene un espíritu animoso. La filosofía asegura tal disposición: estar alegre en presencia de la muerte y fuerte y feliz cualquiera que sea el estado del cuerpo, sin desfallecer, aunque los miembros desfallezcan. [...] Es lo que hace nuestro querido Baso, y contempla su propio fin con tal ánimo y semblante que, de contemplar así el fin ajeno, te parecería excesiva despreocupación.
>
> Gran virtud es ésta, Lucilio, y que exige largo aprendizaje: partir con espíritu sereno cuando se aproxima aquella hora inevitable[108].

Las conmovedoras palabras de Séneca vienen a avisar que el óbito no atemorizaría lo que suele atemorizar si lo caviláramos filosóficamente. La filosofía pone de relieve el problema de (y, en

---

107 Agréguese el ejemplo de Tulio Marcelino, quien se entregó a la muerte con suma placidez, que narran las *Epístolas morales a Lucilio* de Séneca: «Tulio Marcelino, a quien conociste muy bien, joven reposado, envejecido prematuramente, al verse acosado por una enfermedad, no incurable, por cierto, pero larga, penosa y que reclamaba mucha atención, se puso a reflexionar si se daría la muerte. Reunió numerosos amigos. [...] Un estoico, amigo nuestro, hombre eminente y, para alabarle en los términos en que lo merece, esforzado y diligente, fue, a mi juicio, quien le exhortó mejor. Así, en efecto, se expresó: "No te atormentes, querido Marcelino, como quien delibera sobre un gran asunto. No es un gran asunto la vida; todos tus esclavos, todos los animales viven. La gran proeza estriba en morir con honestidad, con prudencia, con fortaleza. Reflexiona cuánto tiempo hace que te ocupas de las mismas cosas: la comida, el sueño, el placer sexual; nos movemos en esta órbita. El deseo de morir no solo puede afectar al prudente, al valeroso, o al desdichado, sino también al hastiado de la vida" [...] el final de tu amigo no fue penoso, ni lamentable. Pues aunque se dio la muerte, dulcísimamente se nos fue y escapó de la vida» [SÉNECA, *Epístolas morales a Lucilio I*, libro IX, epístola 77, §5-10, Gredos, 1986, pp. 460-461]. Modelo de conducta de cara a la muerte.
108 *Ibid.*, libro IV, epístola 30, §3-4, p. 222.

consecuencia, la pregunta por) la muerte. El filósofo de la Córdoba de la Hispania romana, en aras de los hombres temerosos de su propio morir, discernió sobre la negación de la muerte como un mal, como un perjuicio. Así, dijo con garra, no correspondería temer aquello que no ha sucedido, que no se ha sentido; no correspondería temer aquello que no sucederá, que no se sentirá. Rehuir la muerte, eludirla, esquivarla no vale para ahuyentar los miedos infundados en los hombres.

> Tan insensato es quien teme el mal que no ha de sufrir como el que teme el dolor que no ha de sentir. ¿Acaso alguien cree posible que la muerte, en virtud de la cual nada sentimos, vaya a sentirse?
>
> [...] es tan necio quien teme la muerte como quien teme la vejez. Porque de la misma manera que la vejez sigue a la juventud, así la muerte sigue a la vejez: se niega a vivir quien se niega a morir. La vida nos ha sido concedida con la limitación de la muerte; hacia ésta nos dirigimos. Temerla es, por tanto, una insensatez, ya que los acontecimientos seguros se esperan; son los dudosos los que se temen.
>
> La muerte es una necesidad igual para todos e inevitable. ¿Quién puede quejarse de estar incluido en la condición que a todos alcanza?[109].

Una insensatez es temer un mal que no se padece, un dolor que no se sufre. La muerte no se vive, ni se siente o se experimenta, pero ahí está, en el horizonte de cada cual. La muerte no se teme, se espera. Lo dudoso se teme, lo seguro se espera. Hogaño descuidamos el carácter necesario de la filosofía y, en atención al pensamiento senequiano, de la meditación sobre el morir y la muerte. Pensar la muerte, dijo Kant, es una «gimnasia ética» y, tal vez, con la práctica de tal gimnasia se evitarían erróneas interpretaciones de la vida. Refuerza y «conserva dichoso y contento» al

---

109 *Ibid.*, libro IV, epístola 30, §6-10, pp. 223-224.

hombre el filosofar y, con más exactitud, el pensar su carácter mortal. Tan pronto el anciano moribundo filosofe y filosofe sobre su muerte y su mortalidad, antes que nada, será benefactor de un «espíritu alegre». El ser humano, como ser finito que sabe del fin que le aguarda, tiene una peculiar carencia: no posee la capacidad de poseer experiencia alguna de *su* morir. No existe una auténtica *fenomenología de la muerte*. Léase la cita de Ferrater Mora sobre la imposibilidad de vivenciar la muerte:

> Podemos «ver» que los hombres mueren; podemos represen- tarnos nuestra propia muerte como un acontecimiento que tendrá lugar algún día. Pero no parece que nos sea dado experi- mentar la muerte en el mismo sentido en que experimentamos el placer, la salud, la enfermedad, la senilidad. Lo que vemos del morir es su «residuo» —por ejemplo, el cadáver—. Y aun un cadáver no es necesariamente sólo un testimonio de muerte; puede, en rigor, llamar más bien nuestra atención sobre la vida, «remitirnos» a ella. Tanto como en «lo que ya no es», podemos pensar en «lo que ya fue». Así la muerte parece estar fuera de toda posible experiencia[110].

El creador del método filosófico integracionista, el integra- cionismo, a través del cual aspiró a integrar sistemas filosófi- cos opuestos, reflejó una inanidad en torno al vivir la muerte. Una «experiencia» vacía de experiencia. Al caer la muerte «fuera de toda posible experiencia», el pensador barcelonés consideró que aquello capaz de ser vivenciado, experimentado, no era la muerte en sí, sino el rastro residual que a su paso deja, un remanente, porque la muerte es límite, es limitación. La muerte juega en un terreno desconocido, y *lo desconocido no hospeda conocimiento alguno*. Si la muerte es límite de la experiencia, entonces, más allá de ese límite ¿qué se vive, se sabe, se siente o se experimenta? Huelga decir que tal consideración es, con rigor,

---

110 Ferrater Mora, *El ser y la muerte, op. cit.*, p. 140.

cierta. Mas sí cabe hablar de una «vivencia» de la muerte o, en términos ferraterianos, del «preludio a la muerte»[111]. Que para el hombre *sea algo* la muerte no significa que, en verdad, *sea* y menos todavía que encarne un mal. En suma, la muerte no es nada, pues al morir uno nada se es capaz de vivenciar. Tildarla de ser un bien o un mal sería erróneo. La muerte ni es un bien ni es un mal, ni es «bella» ni «fea» en términos kantianos, sino *indiferente* según Séneca.

Baste la mención de algunos de los filósofos de la escuela estoica como Epicteto, Séneca, el emperador Marco Aurelio o Zenón de Citio, seguidor de la filosofía socrática y fundador del estoicismo que, en torno al 311 a. C., se instaló en el epicentro cultural de Grecia, Atenas. Cicerón es un caso aparte, aunque resulte arriesgado considerarlo devoto del estoicismo, sí es defensor de la muerte tomada por propia voluntad, pues «en quien hay muchas cosas que son conforme a la naturaleza, es conveniente para él permanecer en la vida; pero en quien hay o parece que va a haber muchas cosas contrarias a la naturaleza, lo conveniente para él es salir de la vida»[112]. Es cristalina la postura del filósofo y político de Arpino cuando escribió que «piensan, en efecto, los estoicos que es cosa de oportunidad la vida feliz, que consiste en vivir de acuerdo con la naturaleza. Así, pues, la sabiduría prescribe al sabio que la abandone a ella misma si ve en ello ventaja»[113]. Al atisbo de desventaja o de «cosas contrarias a la naturaleza», el sabio determinará acabar con el curso de su vida. Un cálculo

---

111 «Me cuesta creer que cuando un miembro de dicha "comunidad de participación" muere, el sobreviviente no hace sino "asistir" a su fallecimiento. En algunos casos, como en el que me ocupa, hay un proceso de agonía. Y si bien la agonía no es la muerte, sino, como había tantas veces gritado Unamuno, la lucha —la lucha contra la muerte—, en la conciencia del que va presumiblemente a sobrevivir —y a veces en la conciencia del propio agonizante— es el preludio a la muerte» [*Ibid.*, p. 142].
112 Marco Tulio Cicerón, *Del supremo bien y del supremo mal*, Libro III, 60, Gredos, 1987, p. 211.
113 *Ibid.*, Libro III, 61, p. 212.

preciso que requiere una consolación de la situación, porque la escuela estoica aboga, ante todo, por la armonización del individuo consigo mismo y con su entorno y por la elevación de la ética socrática, pero, eso sí, desde el alivio. Un perspicaz comentario acerca de la panorámica lo ofreció Zambrano:

> Y mientras cínicos y cirenaicos andaban proclamando a voces, a gritos, la desoladora verdad del hombre, su desamparo y desnudez, los estoicos la encubrían. Lejos de proclamar el desamparo, la aflicción de las gentes, buscaban su consuelo. La floreciente literatura «De Consolatione» de estoicos y epicúreos delata este afán de consuelo, de alivio que andaba ejerciendo esta filosofía... ¿Consuelo y alivio de qué? Concretamente podríamos responder con suma facilidad: de la enfermedad, de la muerte de un ser querido, de la pérdida de la fortuna, del destierro, de la ausencia..., pero cuando una filosofía se preocupa de todo eso que ya da por sabido ¿es de veras filosofía? ¿O no está ocupando el lugar de algo que no es filosófico? ¿A quién suple?; ¿qué hueco llena?; ¿qué ausencia cubre? Y sobre todo, ¿qué enfermedad escondida en el fondo de tantas enfermedades trata de hacer llevadera?[114].

¿Soslayar la vida y arrellanarse en el regazo de la muerte es ejercicio de la filosofía? Retrocédase en el tiempo una vez más, de manera conveniente, hasta Epicuro de Samos: si bien no es considerado estoico por su férrea defensa del placer, con todo, sí es innegable su cercanía con el estoicismo. —Es más, en sus comienzos la escuela por excelencia a la que se oponía era el platonismo, pero más tarde ese lugar lo ocupó el estoicismo—. Negar la muerte con rotundidad y negarla como un mal hasta difuminarla fue la labor del filósofo griego al que Séneca dio cobijo en cada rincón de su epistolario, máxime en su trigésima epístola. Del *corpus epicureum* en lo tocante a la muerte enfatizo la *Epístola de Epicuro a Meneceo*, parágrafos 124-125 con mayor

---

114 María ZAMBRANO, *Séneca*, Siruela, 1994, pp. 34-35.

precisión, lugar donde argumenta qué pensar para no pensar que la muerte sea *algo* temible y, así pues, percibir «gozosa» la vida mortal humana:

> Acostúmbrate a pensar que la muerte no tiene nada que ver con nosotros, porque todo bien y todo mal radica en la sensación, y la muerte es la privación de sensación. De ahí que la idea correcta de que la muerte no tiene nada que ver con nosotros hace gozosa la mortalidad de la vida, no porque añada un tiempo infinito sino porque quita las ansias de inmortalidad.
>
> Pues no hay nada temible en el hecho de vivir para quien ha comprendido auténticamente que no acontece nada temible en el hecho de no vivir[115].

La premisa es clara: si el bien y el mal reside en la sensación, ¿qué tiene que ver la muerte con los seres humanos si ésta es privación de sensación? En ese caso, prosigue y sentencia concretamente, «el mal que más pone los pelos de punta, la muerte, no va nada con nosotros, justamente porque cuando existimos nosotros la muerte no está presente, y cuando la muerte está presente entonces nosotros no existimos. Por tanto, la muerte no tiene nada que ver ni con los vivos ni con los muertos, justamente porque con aquellos no tiene nada que ver y éstos ya no existen»[116]. Nada *es* para nosotros, los humanos, y por nada se ha de temer. Aunque natural e inevitable, Epicuro se ocupó de hacer hincapié en que temer la muerte es algo confuso, no hay una razón de peso que respalde ese temor. Visto que el hombre *es* un ser de sensaciones y *es* mortal, además, al fallecer se fulminan las vivencias y, así, no *siendo*, la muerte no *es* nada pues nada se experimenta, ninguna sensación hay que sea posible sentir. No cabe esperar mal alguno si se siegan las experiencias. Jamás se tropieza uno, cara a cara, con *su*

---

115 EPICURO, *Epístola de Epicuro a Meneceo*, §124-125, en *Obras completas*, Cátedra, 2012, p. 88.
116 *Ibid.*, §125, p. 88.

muerte. Mientras se existe no existe la muerte y, una vez la muerte haga «acto de presencia», no se *será* y jamás se podrá vivenciarla. Se comprende la muerte, entonces, como privación sensitiva.

El pensador de Samos, de los exponentes más notables del hedonismo —doctrina filosófica que procura la felicidad huyendo del dolor— y fundador de la escuela epicúrea —el epicureísmo— que se ubicó a las afueras de Atenas y llamada El Jardín, concibió una muerte externa, como aquel fenómeno o acontecimiento exterior, ajeno al ser, que «asesina» desde fuera. Esta postura, esta actitud deshabitada de sentimiento frente a lo inevitable, facilitaría con creces las reacciones humanas ante la muerte, zanjaría la problemática habida en la literatura en torno a si la muerte es un bien o un mal; la zanjaría o, al menos, la acercaría a una armonía, como a un punto intermedio, pues de conformidad con la filosofía epicúrea la muerte es, con suma sencillez, *indiferente* al hombre, no le concierne en absoluto. Lucrecio, poeta y filósofo romano anterior a Séneca y posterior a Epicuro, reescribió literalmente en su Libro III, en concreto, «La muerte no nos afecta», una sentencia epicúrea:

> Así pues, la muerte no es nada ni nada tiene que ver con nosotros, una vez que se considera mortal la sustancia del espíritu, [...] cuando no estemos, una vez que ocurra la separación del alma y el cuerpo que en unidad nos constituyen, es bien claro que a nosotros, que no estaremos entonces, nada en absoluto podrá ocurrirnos o impresionar nuestra sensibilidad, aunque la tierra se revuelva con el mar y el mar con el cielo[117].

Son los seres humanos insensibles a la muerte, ésta no se *vive* ni se *vivirá*, «aunque la tierra se revuelva con el mar y el mar con el cielo», o por mejor decir, aunque ocurra lo inimaginable y el caos sobrevenga con fiereza la muerte es ajena a la sensación, a la existencia. Ahora bien, ¿por qué, entonces, se tizna

---

117 LUCRECIO, *La naturaleza*, Libro III, §825-840, Cátedra, 2003, p. 263.

feamente la muerte y se deslustra? ¿Por qué presenta la muerte una negrura malévola? ¿Es cuestión, como Demócrito declaró, de insensatez?[118]. Es sabido, y así se ha escrito, que Epicuro persiguió mitigar en la medida de lo posible, sino hasta desraizar, el terror infundido por la muerte, aspiró a guadañar lo que de malo hay en la muerte. Y, no obstante, escribió que «frente a los demás es posible procurarse seguridad, pero en lo tocante a la muerte todos los seres humanos habitamos una ciudad indefensa»[119]. La Humanidad, sin salvedades, habita una ciudad indefensa. En el cuento de *El amigo de la muerte*, de Pedro Antonio de Alarcón, la Muerte implora respeto y al protagonista, Gil Gil, le replica el feo gesto de abandonarla cuando él recibió su ayuda:

> ¡Insensato! ¡Tan insensato como los demás hombres! ¡Ellos, que deberían estar viéndome siempre con la imaginación, se ponen la venda de las vanidades del mundo y viven sin dedicarme un recuerdo hasta que llego a buscarlos! ¡Mi suerte es bien desgraciada! ¡No guardo memoria de haberme acercado a un *mortal* sin que se haya asustado y sorprendido como si no me esperase nunca! ¡Hasta los viejos de cien años creen que pueden pasar sin mí![120].

Al final de los finales y pese a los vanos intentos de huida, de camuflajes que entorpezcan pensar en su limitado poder, la muerte arrebata vidas. Ante la muerte el ser humano se sabe

---

118 Demócrito escribió en sus *Fragmentos* que «los insensatos, como si odiaran la vida, desean vivir con el temor a la muerte» [DEMÓCRITO, *Fragmentos*, §199, en *Fragmentos presocráticos. De Tales a Demócrito*, Alianza, 2008, p. 302] y que «los hombres, en su huida de la muerte, la van persiguiendo» [*Ibid.*, §203, p. 303]. Los imprudentes, los carentes de buen juicio y de entendimiento, en su afán de *enterrar* la muerte la «van persiguiendo», pues ignorarla no es, en absoluto, enfrentarse a ésta. Y, desde luego, hasta la fecha, ignorar la muerte no ha valido para eliminarla ni de la vida ni del imaginario humano.
119 EPICURO, *Fragmentos*, §31, en *Obras completas*, Cátedra, 2012, p. 101.
120 Pedro Antonio DE ALARCÓN, *La comendadora, El clavo y otros cuentos*, Cátedra, 2011, p. 266.

mortalmente vulnerable, indefenso: la indefensión es germen del rechazo y el horror a la muerte. Aun cuando se espera ganarle sentido a la vida a través del pensar la muerte, aun cuando las cenizas epicúreas perviven, viven y relucen hoy día, en realidad, se considera la muerte un «mal». Thomas Nagel, en su obra *Ensayos sobre la vida humana*, procuró aclarar y contribuir al debate referente a la tesis epicúrea. Escribió, en esencia, que «*estar* vivo, *hacer* ciertas cosas y tener ciertas experiencias, es lo que consideramos bueno. Pero si la muerte es un mal, éste es la *pérdida de la vida*, y no la condición de estar muertos, o no existir, o estar inconscientes, lo que resulta desagradable»[121]. La vida es considerada un bien, algo bueno cuya pérdida es sobremanera preocupante. La vida es irrecuperable, ésta es razón del miedo a perderla. Al perder la vida, se pierde para siempre. No hay margen para recular. Sin embargo, la muerte *stricto sensu* no la describió Nagel como un mal, sino que el mal, más bien, es el hecho de *perder la vida*. De suyo, la muerte en sí no es una experiencia ni una sensación, claro está, así se ha escrito en párrafos anteriores. Mas, sea o no un fenómeno, un acontecimiento, no se yerra al reparar en que la muerte valla y clava las cercas fronterizas del *yo*, de la vida de los seres vivientes, y atravesar tales cercas resulta ser una acción abocada al fracaso en tanto que irrealizable. En *Poemas a mi muerte*, Maillard presentó la muerte como un centro vacío, algo baldío de la propia identidad de la persona, de la identidad de un *yo*, como una oquedad del *yo* cuya «presencia» otorga sentido a la vida y sin su «presencia» son inconcebibles (ciertos placeres y) ciertas vivencias:

> Su presencia le otorga a mi vida el sentido.
> No concibo, sin ella,
> ni el frescor de la aurora, ni la espléndida

---

121 Thomas NAGEL, *Ensayos sobre la vida humana*, Fondo de Cultura Económica, 2000, p. 22.

compostura del gato al estirarse,
ni el oquedal umbroso o esa inmensa
pulsión que me convida
al goce de la lluvia. No concibo
el deseo que astutamente infiltra
el dolor en las venas, al cumplirse.
La dicha es la canción de cuna
que sus labios exhalan mientras los va cerrando.
Mi centro es una herida dulce
y su nombre es mi muerte[122].

Cabe sentenciar que es imposible aprehender la muerte, mas no aprender de la muerte. Que la vida cobre sentido no es sino gracias a la muerte; valdría, en efecto, de acicate de la existencia. El temor comienza a desvanecerse al leer que «lo que existe es, primero, el cuerpo inerte y, luego, su ausencia sentida, experimentada por los vivos, [...] con dolor, con angustia, con amargura, con rabia, con miedo, con alivio, en ciertos casos, incluso, con alegría. Lo que existe es el sentimiento que nos produce el haber dejado de existir de otro, la repercusión de su desaparición y la anticipación de la nuestra propia»[123]. Si no existe la muerte, ¿qué existe? En boca de Maillard, existe el sentimiento del *dejar de ser* del *otro*, su des-aparición y el agónico conocimiento de la desaparición que le es propia a cada cual, la mortalidad. Asimismo, la poeta y filósofa se sinceró al escribir que «más tarde habría de comprender que lo que ocurre, en realidad, no es la muerte, sino la incomprensible ausencia de los que nos dejan y la anticipación dolorosa de la propia desaparición»[124]. «Ausencia», no muerte. «Anticipación dolorosa de la propia desaparición», no muerte. Al final, en opinión de Luis Farré, «la muerte, tanto para estoicos como para epicúreos, es inevitable, el final desplazamiento; pero

122 Chantal MAILLARD, *Poemas a mi muerte*, La Palma, 2005, p. 28.
123 Chantal MAILLARD, *Contra el arte y otras imposturas*, Pre-Textos, 2009, p. 276.
124 MAILLARD, *Poemas a mi muerte, op. cit.*, p. 8.

no un acompañante de la misma existencia»[125]. La muerte es el cerco, más allá de éste, ¿cabe experiencia alguna? No —al menos, que se sepa—, pero sí que tal ausencia y tal dolorosa anticipación del propio morir son, con frecuencia, razones mayúsculas del argumentario suicida. En los siguientes versos, Friedrich Hölderlin da claras muestras del temor a la anticipación de la muerte, seña de identidad de los seres humanos:

> Pues las aves del bosque respiran más libremente,
> pero al humano pecho lo colma el orgullo.
> Y él, que barrunta el futuro lejano,
> ve también la muerte y es único en temerla[126].

---

125 Luis FARRÉ, *Antropología filosófica*, Guadarrama, 1974, p. 375.
126 Friedrich HÖLDERLIN, *Poesía completa*, Ediciones 29, 1995, p. 123. Traducción del alemán: «Denn freier atmen Vögel des Walds, wenn schon / Des Menschen Brust sich herrlicher hebt, und der / Die dunkle Zukunft sieht, er muss auch / Sehen den Tod und allein ihn fürchten».

Capítulo 7

EL SUICIDIO COMO PROBLEMA FILOSÓFICO

Nos hemos convertido en un cero a la izquierda, en gente, en definitiva, que no tiene nada que aportar[127].

El paladín del nihilismo filosófico fue Friedrich Nietzsche, pero en el nihilismo literario, que se afincó significativamente en el escenario ruso, Fiódor M. Dostoievski e Iván Turguénev empuñan ambos el cetro. La primera obra de este último escritor, *Padres e hijos*, se publicó en 1892, en una época marcada por profundos cambios sociales. Bazárov cosecha una serie de ideas, creencias o actos dentro del conflicto generacional que se produce en la sociedad rusa en torno al año 1860. Se manifiesta en la obra un relevo de principios: una lucha encarnizada entre los principios enraizados en la sociedad de aquel entonces y los valores tradicionales catalogados como innecesarios. El protagonista, inmerso en ese conflicto, pierde la fe en la religión materialista, positivista y pragmática del mundo. Los personajes nihilistas de la obra muestran un alma oscura, trágica, un alma que se diría que es propiedad del demonio. El fracaso de la felicidad en Ba-

---

127 Iván Turguénev, *Padres e hijos*, Cátedra, 2004, p. 124.

zárov obedece a la irrealización de sus sueños, sus deseos, sus esperanzas en el amor. Se contagia de tifus y fallece a causa de la enfermedad.

Las posturas nihilistas, más a menudo de lo que se piensa, se acercan a la angustia y la desesperación existencial. Según narró Dostoievski en *Los hermanos Karamázov*, «sin una noción firme de para qué ha de vivir, el hombre no aceptaría la vida»[128]. Al borde de la desesperación se sienta a la espera el suicidio —o, en términos similares, y no necesariamente sinonímicos, «darse muerte a sí mismo», «matarse a sí mismo», «poner fin a la propia vida», *self-homicide, mors voluntaria* o *mortem sibi consciscere*—. Dese énfasis a una primera delimitación breve del suicidio: «La definición actual que da la Organización Mundial de la Salud (OMS), organismo de Naciones Unidas, es la siguiente: "El acto de suicidarse es un atentado contra la propia persona, con un grado variable en cuanto a la intención de morir. El suicidio es el acto de suicidarse con fatal desenlace"»[129]. En la vida de hoy, en cambio, perdura todavía la definición del pionero Émile Durkheim sobre el suicidio: «*Se llama suicidio a todo caso de muerte que resulte, directa o indirectamente, de un acto, positivo o negativo, realizado por la víctima misma, a sabiendas del resultado. La tentativa sería el mismo acto cuando no llega a término y no arroja como resultado la muerte*»[130]. El suicidio es un fenómeno en boga en la actualidad que guarda un estrecho vínculo con los menoscabos en la salud mental, con los perjuicios psicológicos y emocionales. Para mayor escarnio, corre la mala suerte de resultar intoxicado por el tabú de la muerte.

Siglos atrás, en tierras occidentales hubo una condena generalizada en torno al suicidio. «En una palabra, los suicidios son

---

128 Fiódor M. Dostoievski, *Los hermanos Karamázov*, Penguin Clásicos, 2014, p. 373.
129 Carlos Janín, *Diccionario del suicidio*, Laetoli, 2009, p. 360.
130 Émile Durkheim, *El suicidio*, Akal, 2012, p. 14.

malos: aunque ya no se consideren pecados mortales o crímenes, sí se siguen considerando irracionales y patológicos»[131], explicó Thomas Macho apoyándose en reveladoras observaciones de naturaleza científico-filosóficas. Señálese, no obstante, la importancia del progreso en relación con el suicidio, «la Modernidad es una época en la que ha cambiado la valoración del suicidio, el cual ya no se persigue, ni se demoniza ni se convierte en tabú. Ya en el pensamiento de la Ilustración deja de considerarse un pecado mortal y pasa a verse como una enfermedad, y desde 1751, [...] matarse a sí mismo se ha ido descriminalizando paulatinamente»[132]. Los avances han logrado que la demonización e incriminación de los suicidas se haya mensurado lo justo y necesario como para evitar ser tildado tal acto de desgracia divina. Y, aunque los progresos de visibilidad social fueron notorios, «para la nueva valoración del suicidio en la Modernidad fue decisivo el auge de la medicina, la psiquiatría y la psicología, que contribuyeron cada vez más a justificar el suicidio, aunque al precio de declararlo una patología. Se podría decir que el pecado fue sustituido por la enfermedad y los sacerdotes por los médicos»[133]. Esta coyuntural condena comenzó a desvanecerse, aunque no por completo, a raíz de la aparición de la suicidología, la disciplina teórico-científica que tiene por objeto de estudio el suicidio, su prevención y los posibles tratamientos para los supervivientes que se salvaron de morir. Y, cómo no, gracias a las investigaciones de Edwin S. Shneidman, quien fuera psicólogo clínico y tanatólogo nacido en York (Pensilvania), considerado el padre de la suicidología moderna. Dichas investigaciones supusieron un haz de luz para la propia disciplina y un punto de inflexión en el estudio

---

131 Thomas Macho, *Arrebatar la vida. El suicidio en la Modernidad*, Herder, 2021, p. 15.
132 *Ibid.*, p. 498.
133 *Ibid.*, pp. 93-94.

del suicidio y de cómo es visto en la actualidad. El precio por tal encomiable potenciación de los estudios de aquellas esferas del conocimiento que posibilitaron los progresos en suicidología es impagable.

A día de hoy, y en absoluto al margen del mejoramiento de la prevención del suicidio y de los posibles tratamientos para la salud de la persona, persiste desafortunadamente esa sensación de condena, pero cercana a la incomprensión, al peso atronador del absurdo, del sinsentido, de lo inexplicable. El suicidio es un serio problema y «no hay más que un problema filosófico verdaderamente serio: el suicidio. Juzgar si la vida vale o no vale la pena de vivirla es responder a la pregunta fundamental de la filosofía»[134]. No obstante, hilvanando este severo problema con la vida, «matarse, en cierto sentido, y como en el melodrama, es confesar. Es confesar que se ha sido sobrepasado por la vida o que no se la comprende»[135], así se confesó con el mundo Albert Camus. Y es habitual, comentó Béla Weissmahr, que «el hombre que se quita la vida parece optar con su actuación por la falta de sentido de la vida. Sin embargo esta interpretación no es concluyente. Porque incluso en ese acto desesperado se busca un sentido, se adopta una salida a una situación insoluble. La "muerte libre" es una rebelión contra el absurdo del mundo»[136]. Emerge la rebelión.

La búsqueda de sentido es incansable, mas toda búsqueda de sentido es sierva de la insolubilidad. Holzapfel dio en el blanco al escribir que al agotarse la producción y no poder abrazar, atrapar, explicar, definir, por ejemplo, el ser y la Nada, la vida y la muerte, el universo y Dios, «se estrellan nuestras proyecciones de sentido y su única, más sincera y más noble posibilidad es abrirse al enigma, a lo abierto, al abismo, al vacío, al trasfondo en que todo

---

134 Albert Camus, *El mito de Sísifo*, Alianza, 1995, p. 15.
135 *Ibid.*, p. 18.
136 Béla Weissmahr, *Teología natural*, 88, Herder, 1986, p. 65.

pudiera tener o no tener sentido»[137]. Mas la difícil tarea de abrirse o encararse al sinsentido, hasta de resignarse, no es de ayuda en algunos casos. El suicidio se esconde con silencio, se encubre por incomprensión y, en la mayoría de los casos, por vergüenza y dolor. Acertadamente dijo Copleston que «el sentimiento del absurdo puede originarse de diversos modos: por ejemplo, al percibir la indiferencia de la naturaleza respecto a los valores e ideales del hombre, al reconocer que el final es la muerte, o al percatarse de pronto de lo indeciblemente tediosa que es la rutina del vivir»[138]. No obstante, poniendo el foco sobre lo tanático, el descuido de la reflexión acerca del dolor que provoca la muerte y, causa de esa no-reflexión, la irrupción brusca del horror, conducen al ser humano a llevar a cabo el suicidio como «acto de libertad», entregándose a una «muerte liberadora».

El sufrimiento inútil y el exceso de mal generan impotencia y amargura. Entonces el suicidio puede verse como una liberación. No hay motivos para luchar y vivir, porque no hay un proyecto de sentido con el que identificarse. Nietzsche captó que es mejor un mal sentido que su carencia, y que las ilusiones y errores vitales pueden contribuir a que la vida merezca la pena. El problema no es si somos finitos, limitados, contingentes y mortales, sino si es posible que la vida, larga o corta, que vivamos tenga valor y significado en sí misma[139].

El «proyecto de sentido» es una razón de inmensa envergadura que dota de valor la vida humana, y la carencia de este «proyecto» supone un caos irredimible que desemboca, por lo común, en la desesperación absoluta y, para acabar, en el suicidio. Despejó la duda Carlos Castilla del Pino al afirmar que «estar desesperado significa, precisamente, haber perdido toda posibilidad, no

137 Cristóbal HOLZAPFEL, A la búsqueda del sentido, Sudamericana, 2005, p. 178.
138 Frederick COPLESTON, Historia de la Filosofía. Vol. IX. De Maine de Biran a Sartre, Arial, 1996, p. 371.
139 Juan Antonio ESTRADA, El sentido y el sinsentido de la vida, Trotta, 2012, p. 225.

esperar nada, no tener proyecto. [...] Todo proyecto significa una realización de la persona en la realidad. Por tanto, carecer de proyecto es tener conciencia de que en la realidad no hay nada que hacer»[140]. La desesperación es un factor a tener en cuenta, un factor vital en el análisis suicidológico. La pérdida del proyecto sería, básicamente, la «desaparición» de la persona, resbalar en un pozo sin fondo.

> Esta desesperanza ha de ser total. Es decir, ha de afectar al proyecto de la existencia en su totalidad. Porque hay que distinguir entre proyecto y subproyecto. Llamamos subproyecto a toda posibilidad de un hacer parcelario que se ofrece dentro del curso de una existencia. Mientras que proyecto debe reservarse, exclusivamente, para el sentido total de que se dota a la existencia de una persona o que una persona «percibe» para sí en su hacer-para-los-otros[141].

Como ejemplificaron Ferrater Mora y Priscilla Cohn, «si una persona decide suicidarse porque ha escrito una novela que nadie quiere publicar y nadie, ni siquiera sus más íntimos amigos, está dispuesto a leer, es perfectamente admisible decirle que puede quitarse de en medio de los vivientes si así lo desea, pero que ello es una estupidez descomunal o, por lo menos, una niñería ridícula»[142], porque «si nada vale la pena, entonces tampoco vale la pena hacer nada, incluyendo suicidarse; realmente, la vida no tiene sentido, pero tampoco le haremos el honor de declararla sin sentido, porque es indiferente»[143]. De nada sirve juguetear con las letras. Ahora, el problema de morir se traduce en beneficio: la muerte no equivale a una condena, sino a la llave para la

---

140 Carlos CASTILLA DEL PINO, Un estudio sobre la depresión. Fundamentos de antropología dialéctica, Península, 1966, p. 248.
141 Idem.
142 José FERRATER MORA y Priscilla COHN, Ética aplicada. Del aborto a la violencia, Alianza, 1981, p. 152.
143 Ibid., p. 104.

liberación de un mal inenarrable, un acto de libertad ante un mundo hostil que carcome los proyectos de sentido. Así lo narró Hermann Hesse en *El lobo estepario*: «¿Todo este tormento, toda esta errante miseria, todos estos aspectos de la bajeza y poco valor del propio yo, todo este terrible miedo ante la derrota, toda esta angustia de muerte? ¿No era más prudente y sencillo evitar la repetición de tantos sufrimientos, quitarse de en medio?»[144]. «Quitarse de en medio», con independencia del porqué, porque el porqué en tales casos no importa. «Y aunque el suicidio fuese estúpido, cobarde y ordinario, aunque fuese una salida vulgar y vergonzante para huir de este torbellino de los sufrimientos, cualquier salida, hasta la más ignominiosa, era deseable; aquí no había comedia de nobleza y heroísmo, aquí estaba yo colocado ante la sencilla elección entre un pequeño dolor pasajero y un sufrimiento infinito que quema lo indecible»[145]. El suicidio como fin final, como solución radical del tormento —*mors ultima linea rerum est*—, al estilo Philipp Mainländer, quien recomendó el suicidio como escapatoria y negación absoluta de la voluntad[146]. ¿Importa, acaso, que sea ridículo o cobarde, que sea vulgar la clausura vital? Si mata los fuertes dolores, el suicidio al menos se sopesará. Entonces, ¿sería el suicidio un acto de rebeldía contra el universo y su sinsentido? ¿Se aspiraría a la rebelión contra lo absurdo? Según Raffaele Mantegazza, «suicidarse significa entonces hacer callar al universo. Conmigo muere y termina todo, al igual que en realidad todo nació conmigo. [...] Sólo con la muerte ejecuta el suicida su soberanía sobre el mundo, que en

---

144 Hermann Hesse, *El lobo estepario*, Círculo de Lectores, 1988, p. 76.
145 *Ibid.*, p. 77.
146 «Quisiera, en adelante, destruir además todos los motivos fútiles que puedan amedrentar a los hombres que buscan la noche sosegada de la muerte. Y si mi confesión [...] puede tener el vigor para apoyar a cualquiera de mis prójimos en su lucha contra la vida, entonces, la efectúo en este acto» [Philipp Mainländer, *Filosofía de la redención. Antología*, Fondo de Cultura Económica, 2013, p. 130].

vida le ha sido negada. El mundo es mío y yo lo destruyo»[147]. El pensador italiano proporciona a la ecuación el concepto de soberanía. Rebelión y soberanía, por ende. El mundo, ahora, es de uno y lo ejecuta soberanamente. Con la muerte, el suicida dinamita su soberanía, la culmina, y hace volar por los aires su mundo.

El suicida, con su muerte, pretende influir en el medio que le rodea. Se da cuenta o cree, a veces erróneamente, que su suicidio ocasionara una serie de reacciones afectivas —dolor y remordimientos— entre las personas que vivían con él, y el pensar en ellas es uno de los motivos que le impulsan a matarse. Quiere, en suma, vengarse del ambiente que ha determinado su resolución desesperada. Su muerte será un continuo reproche al exterior, al mundo culpable de su autoaniquilamiento[148].

Rebelión, soberanía, venganza. El suicida lleva a cabo su muerte como protesta contra el mundo. —Emerge ese «*hacer-para-los-otros*» antes mencionado—. Las reglas del juego varían,

de aquí *que en el suicidio haya una finalidad*, a veces de forma múltiple. La idea de suicidio cumple ante todo un primer cometido: el autocastigo. Pero, también, sobre todo en el depresivo, la autodestrucción se ve como la única solución, es decir, como la forma de eludir, de una vez para siempre, la vista de la realidad, es decir, el fracaso propio. Se cumple asi un segundo cometido: evadirse definitivamente de la realidad que muestra constantemente el propio fracaso y este es, también paradójicamente, un mecanismo de defensa. Por último, en ocasiones, al mismo tiempo, el suicidio, al llevar consigo la autodestrucción, como elemento que es el propio sujeto de la y realidad, contribuye a la destrucción de esa realidad: al morir yo muere todo lo que yo significo, y yo significo para alguien (que no soy yo). El suicidio se hace así castigo que inflijo a otro y a otros[149].

147 Raffaele MANTEGAZZA, *La muerte sin máscara*, Herder, 2006, pp. 40-41.
148 Enrique SALGADO, *El libro de la vida y la muerte*, Nauta, 1974, p. 203.
149 CASTILLA DEL PINO, *op. cit.*, p. 251.

Suicidio como castigo, sea merecido o inmerecido, que se inflige al *otro*. El *otro*, además, condiciona a quien planea llevar a cabo el suicidio. La autodestrucción es (auto)destrucción de los *otros*. Visto así, ¿cabría decir que el suicidio está condicionado en exceso por una visión catastrofista —o, quizá, demasiado realista— de la vida y que, consiguientemente, su respuesta es desorbitada? ¿O cabría replicar que el suicidio es un modo de entregarse a la muerte con libertad? Dijo Nietzsche que «hallándose en cierto estado es indecoroso seguir viviendo. [...] Morir con orgullo cuando ya no es posible vivir con orgullo. La muerte elegida libremente, la muerte realizada a tiempo, con lucidez y alegría, entre hijos y testigos [...] Se debería, por amor a la vida, querer la muerte de otra manera, libre, consciente, sin azar, sin sorpresa...»[150]. Su idea de la «muerte voluntaria». También, una conversación en uno de los relatos de *La inmortalidad* del escritor Milan Kundera refleja una sobria e impasible postura, no exenta de crítica, en torno al suicidio y la libertad de ejercerlo. En la obra, Paul dialoga con Agnes:

> —Y ¿qué pasa si el deseo de llamar la atención la lleva a quitarse la vida? ¿Acaso no es posible?
> —Es posible [...] Yo también soy capaz de imaginarme que una persona desee quitarse la vida. Que ya no sea capaz de soportar el dolor. Y la maldad de la gente. Que quiera desaparecer de la vista de la gente y desparezca. Todo el mundo tiene derecho a matarse. Es parte de su libertad. No tengo nada en contra de un suicidio que sea una manera de desaparecer[151].

Mas el hecho de no tener nada en contra de un suicidio que sea una manera de desaparecer no significa aceptarlo con rotundidad. Aceptar el suicidio como la muerte es un asunto a sopesar

---

150 Friedrich NIETZSCHE, *Crepúsculo de los ídolos o Cómo se filosofa con el martillo*, §36, Alianza, 2002, pp. 116-117.
151 Milan KUNDERA, *La inmortalidad*, Tusquets, 2020, pp. 211-212.

sosegadamente. Claro que las personas son capaces de elegir ejercer su libertad sin sopesar las circunstancias y suicidarse, incluso por la gracia del espectáculo, pero enfrentarse a la muerte propia, a la muerte de cada cual, es un problema irresoluble que se mantiene centelleante. ¿Insuficiente de valor?, ¿celeridad exagerada en tomar la decisión?, ¿ignorancia de una solución al problema acaso más digna? Se ha tachado de ilícito o sacrílego el acto de darse fin a la vida, un atentado indecoroso y radical a la vida misma. ¿Ha de aguardarse la muerte que la vida haya decretado para uno? «¿Para qué esperar la crueldad de la enfermedad o la de los hombres, cuando puedo escapar de la tortura y burlar el infortunio? El único motivo para no odiar la vida es que no nos retiene a la fuerza»[152], sugirió Séneca. ¿No sería, pues, limitar la libertad? Al fin y al cabo, dirían muchos, *non metuit mortem qui scit contemnere vitam.*

Siempre se asiste a las muertes ajenas y no a la muerte propia, siempre mueren los *otros,* los demás —de-más, los que, al parecer, del mundo sobran y por esa razón mueren—. Uno no asiste a su propia muerte. Según se observa en infinitud de casos, depende de cómo se muera, morir será complicadísimo —como es el caso de algunos suicidios— o, por el contrario, sencillísimo —bien que morir, claro, nunca es tarea fácil, cierto, pero en tal dificultad se observan grados de muerte—. Sin embargo, sí es uno transeúnte de la vida y sus alrededores; pero ante la muerte propia, la únicamente propia de cada cual, uno se observa cual *tabula rasa,* se olvida lo aprendido, y todo protocolo que pudo servir de ayuda en el pasado se ensombrece. Dicho así, mi muerte, la mía, para mí «no es nada». Serán, por lógica, los *otros* quienes asistan a mi muerte y, para los *otros,* yo seré el *otro* que siempre muere y

152 SÉNECA, *El arte de morir. Un manual de filosofía clásica para el final de la vida,* Kōan, 2023, p. 70.

ellos los afortunados espectadores. Reléase, una y otra vez, el glorioso poema de Mainländer porque, a buen seguro, traerá consigo recuerdos de sentimientos invasivos que alguna vez cada cual vio en sí:

> Sobre las negras flores de la muerte flota mi espíritu,
> como la abeja sobre las flores primaverales;
> y ninguna le niega el dulce veneno de su cáliz[153].

153 Philipp MAINLÄNDER, *Diario de un poeta*, Plaza y Valdés, 2015, p. 151.

LECTURA DE UNA CALAVERA.
BIOLOGÍA Y BIOGRAFÍA

CAPÍTULO 8

MUERTE, MORTALIDAD, «DEJAR DE VIVIR» Y FENECER

No es mortal quien muere, sino quien está seguro de que va a morir[154].

Fernando Savater casi parafraseó al Heidegger de *Ser y tiempo* al escribir que «las plantas y los animales no son mortales porque no saben que van a morir, no saben que *tienen* que morir: se mueren pero sin conocer nunca su vinculación individual, la de cada uno de ellos, con la muerte»[155]. Según el juego de palabras preambular del presente capítulo, el muriente no tiene por qué ser obligadamente mortal y ser consciente de su mortalidad. A la muerte una delicada desemejanza la separa de la mortalidad: se dice de la primera que más bien nos parece algo extrínseco, algo que nos sucede *desde fuera*, como consumación de la existencia; de la segunda, en cambio, que es nuestra condición natural, consustancial a lo vivo, y parece que surge *desde dentro* del ser.

154 Fernando SAVATER, *Las preguntas de la vida. Una iniciación a la reflexión filosófica*, Ariel, 2021, p. 28.
155 *Idem.*

Choza hizo hincapié en la distinción entre el carácter intrínseco y extrínseco de la muerte.

En primer lugar, desde el punto de vista de la exterioridad subjetiva la muerte siempre aparece como algo que le sucede a los demás: sucede que la gente *se* muere. Pero mientras que el que muere sea un *se* impersonal, no tiene verdaderamente un significado real-existencial para el hombre concreto. [...] cuando quien muere no es un *se* sino alguien cuya subjetividad está fuertemente vinculada a la propia en términos de relación afectiva positiva: entonces la muerte aparece como un mal [...]. En este caso, la muerte es algo que acontece en el ámbito de la interioridad subjetiva, del sí mismo más radical, puesto que en las relaciones de compañía (amor, amistad, etc.) comparece el sí mismo más radical en el ámbito de la interioridad subjetiva[156].

Si bien muere ese «*se*» cercano, ese individuo cuyo vínculo afectivo-positivo con el superviviente es sobremanera vivo e intenso, estaría en el recuerdo de la biografía la cualidad de la supervivencia del difunto. No debe, pues, sentirse la muerte como *algo* puramente extrínseco a la existencia del hombre, *algo* incapaz de afectar la vida de una persona. Más bien, ha de entenderse como algo intrínseco a la vida. Por consiguiente, la muerte, que por suposición no debería influir en la vida humana, pues sería la supresión total del sujeto de experiencia, sí influye, sí afecta, sí condiciona a la persona. El *otro*, entonces, actúa como «maestro».

Uno conoce la muerte *por culpa del otro*. El papel del *otro* es la llave que abre la puerta a la relación de uno mismo con *la* muerte y *su* muerte: son siempre los *otros* los que mueren. Según Maillard, el ser humano ha de cuestionarse la «pregunta trampa» sobre si sabe qué es morir. «¿Lo sabemos? No: sabemos que alguien queda inmóvil, como el actor o el personaje de guiñol, pero no sabemos

---

156 Jacinto Choza, *Manual de Antropología Filosófica*, Rialp, 1988, pp. 530-531.

lo que es morir. No lo sabemos porque, en primer lugar, siempre son otros los que mueren y, en segundo lugar, porque, para esos otros, la experiencia de la muerte es una experiencia del límite, del límite de la vida»[157]. La observación del límite de la vida resulta ser fundamental en la comprensión del concepto o la idea de «muerte» desde el prisma de la antropología y la biología. No se sabe, con estricto rigor, qué es morir. Cabe sospechar que sea un conocimiento propio y único de los seres humanos el pensamiento acerca de la muerte. De la muerte, el morir es bien distinto. Hay en el animal, sobre todo, un ocultamiento tanático que se desoculta de cuando en cuando con una lucidez tanática especial. El animal no es ciego a la muerte, pero *su muerte* le permanece oculta. En el ocultamiento y el desocultamiento se basa, *lato sensu*, la existencia humana. Acaecimiento y nacimiento. Heidegger, en su obra *Parménides*, hizo una comparación entre ocultación y desocultación, por un lado, y muerte y nacimiento, por otro,

> la tierra misma y lo subterráneo entran aquí en relación con el albergar y el ocultar. Aparece la conexión esencial entre la muerte y la ocultación. La muerte no es para los griegos un «proceso» biológico, así como tampoco lo es el nacimiento. Nacimiento y muerte reciben su esencia del ámbito de la desocultación y la ocultación. [...] De manera similar, día y noche en general muestran el acaecimiento-propicio de la desocultación y de la ocultación[158].

Hay, pues, en el hombre una muerte biológica y una no-biológica. En el reino animal no-humano, la muerte no es, en lo esencial, distinta. Si se halla un acercamiento prudente entre el ser humano y el animal en lo tocante a la muerte, se halla, a su vez, una desemejanza cristalina que los aleja. Hay como un límite asintótico, por así decir, son dos líneas que corren casi parejas sin alcanzar a rozarse.

---

157 MAILLARD, *Contra el arte y otras imposturas, op. cit.*, p. 275.
158 Martin HEIDEGGER, *Parménides*, Akal, 2005, p. 79.

La muerte, como fenómeno aniquilador de toda «biología», actúa sobre el animal del mismo modo: provocando su aniquilación, su acaecimiento. Antagónicas, pues, son la vida y la muerte. Para los seres humanos, la primera supone bastante más peso que la segunda, puesto que cada sujeto se forja un proyecto vital que le es propia e íntimamente suyo. Así, la significación bien podría ser de *actividad* por parte de la vida, pues la vida de la persona es biográfica, y de *pasividad* por parte de la muerte. La biografía ha de definirse desde la respetuosa comparación del ser humano con el resto de seres vivientes, que no detentan otra forma de fin salvo el físico, el puramente biológico.

En este precipicio dualista, dígase así, se salvaguarda de acabarse la biografía del ser humano, que tan afín le parece a su historia narrativa personal, que no se totaliza hasta morir por entero, que no se pierde en el caldo de la Nada. Vivir y haberse forjado una biografía no significa otra cosa que, al fallecer, «no haber muerto por completo». Además, no puede entenderse la muerte sino desde la vida. Al parecer, la muerte carece de entidad positiva por ser privación radical y sólo puede comprenderse desde el vivir, desde su opuesto —si es vista la vida como lo opuesto a la muerte, claro—. El ser humano es un ser que se proyecta, un ser de proyectos vitales que en sí mismos carecen de límite. Éste comprende que la muerte cortará, tarde o temprano, la cuerda del telón que dejará caer sobre su íntima representación vital, pero no como *fin* del espectáculo, sino como *interrupción* de la actuación.

En primer lugar, señálese cómo el morir es algo propio del ser humano, y no del vivir propio del animal. Heidegger tomó la muerte humana como el fin del Dasein, así, «la muerte es la posibilidad *más propia* del Dasein»[159], y lo individualiza, incapacitándolo de tomar la muerte del *otro*, de *morir su muerte*. Mas el fin del ser humano «nunca se alcanza», diríase que es imposi-

---

159 HEIDEGGER, *Ser y tiempo, op. cit.*, §53, 263, p. 279.

ble si se atiende a la máxima epicúrea. El morir y la muerte, vistas desde el plano existencial, desde la existencia del Dasein, son propiamente humanas. Heidegger trazó la crucial diferencia entre morir (*Tod* o *Sterben*) y fenecer (*Verenden*), entre el morir en sentido propio humano y el finalizar no-humano, sin más. El filósofo de Meßkirch separó y aisló al Dasein de los demás seres vivientes que sólo fenecen:

> Al terminar del viviente lo hemos llamado *fenecer*. En la medida en que el Dasein también «tiene» su muerte fisiológica, vital, aunque no ónticamente aislada, sino codeterminada por su modo originario de ser, y en la medida en que el Dasein también puede terminar sin que propiamente muera, y que, por otra parte, como Dasein no perece pura y simplemente, nosotros designaremos a este fenómeno intermedio con el término *dejar de vivir* [Ableben]. En cambio reservamos el término *morir* para la *manera de ser* en la que el Dasein *está vuelto hacia* su muerte. Según esto, debe decirse: el Dasein nunca fenece[160].

El Dasein muere. Fenecer concierne a los seres cuyos ojos no *están vueltos hacia* su muerte, como poetizó con maestría Rainer M. Rilke. Vale decir que los ojos de esas criaturas, los animales, están vueltos a la vida y no a la muerte, vueltos a «lo abierto» y «libre de muerte», porque «lo abierto», a ojos de Hölderlin, «designa ese estado de ser o ese espacio infinito que contiene ciertamente la muerte, pero que no está obstaculizado por la conciencia de la muerte ni cercado por ella»[161], aclaró Cheng. Así lo poetizó Rilke en su octava elegía:

> Toda en sus ojos, mira la criatura
> lo abierto. Sólo nuestros ojos
> están como invertidos y a manera de cepos
> alrededor de su mirada libre.

---

160 *Ibid.*, §49, 247, pp. 263-264.
161 CHENG, *Cinco meditaciones sobre la muerte, op. cit.*, p. 23.

Todo lo que está fuera de nosotros
lo conocemos sólo por la fisonomía
del animal; porque, aún muy tierno, al niño
lo desviamos y obligamos
a contemplar retrospectivamente
el mundo de las formas, no lo abierto
—que en la faz de la bestia es tan profundo. Libre
de muerte—. Sólo muerte
vemos nosotros; pero
el animal, libre, tiene siempre
su término tras él,
y, ante él, a Dios, y, cuando avanza, avanza
en la Eternidad, como los surtidores[162].

El animal guarda siempre «su término tras él», por el contrario, el ser humano ve «sólo muerte», su mortalidad. Porque la mortalidad es un modo de ser real del ser humano, del existente. Ser humano es quedar definido por su muerte y saberse mortal es saberse finito, porque la posibilidad de morir en un abrir y cerrar de ojos actúa sobre el hombre. En óptica fenomenológica, el ser humano es un ser de proyectos vitales y su vida se rige por la elección, es un ser finito porque aniquila posibilidades de ser al elegir. No obstante, la mortalidad transforma la existencia en existencia humana. Prosiguió Heidegger su elucubración al referir que «el salir-del-mundo del Dasein, en el sentido del morir, debe ser distinguido de un salir-del-mundo de lo solamente viviente. El terminar de un ser vivo lo expresamos en nuestra terminología con el vocablo fenecer [*Verenden*]. La diferencia sólo puede hacerse visible trazando los límites entre el terminar del Dasein y la cesación de una vida»[163]. El término «fenecer», proveniente del latín «*finire*», que significa «acabar», es sencillamente un *acabarse*, no requiere de la anticipación del morir de cada cual,

---

162 Rainer Maria RILKE, *Elegías de Duino*, Sexto Piso, 2015, p. 95.
163 HEIDEGGER, *Ser y tiempo, op. cit.*, §47, 240-241, pp. 257-258.

ser sabedor de la mortalidad cosida a la piel. Razón por la cual los seres vivientes no-humanos, entre estos, los animales, *fenecen* en lugar de *morir*. Asimismo, el «Dejar de vivir» sobre el que habló Heidegger, denominado como *Ableben*, se desemeja del fenecer (*Verenden*) propio de los seres no-humanos por su *previsibilidad*, o sea, por ser previsto y saber de su inesquivable destino. O, aún peor, saber que no es la muerte el destino del hombre, sino que «el destino corre al encuentro de la muerte»[164], como reiteró Walter Benjamin. Y se desemeja del morir (*Tod* o *Sterben*) porque consistirá, se dijo, en la posibilidad del *estar vuelto hacia la muerte*, de conocer la *posibilidad* de *Ableben*. *Tod* o *Sterben* entraña más que *Verenden* o *Sterben*; morir, entonces, entraña más que fenecer y «dejar de vivir». En *Parménides*, el maestro de la Selva Negra escribió:

> Según la doctrina de Platón, este pasaje del hombre a través de un βίος, este «curso de la vida», no es el único, sino que el hombre retorna, después de un cierto espacio-tiempo, a una nueva figura, con el fin de comenzar un nuevo curso. La historiografía de la religión llama a esto la doctrina de la «reencarnación». Pero haríamos bien, aquí de nuevo, en permanecer en el ámbito del pensar griego. Y en ese caso diríamos que, con el cumplimiento del corriente curso mortal, el ser del hombre no está en el final. Eso significa que, de acuerdo con la esencia del hombre, incluso después de su propia muerte, el ente en torno a él permanece presente de alguna manera[165].

Repárese en el pensamiento griego que asume que algo del ser humano permanece tras su fallecimiento. Las personas gozan de un morir que no sólo es biológico. Las personas, además de cesar, mueren. Los animales fenecen, cesan, sus vidas no se oscurecen por la muerte y por su muerte futura, sino que viven sin «erigirse»

---

164 Walter Benjamin, *El origen del 'Trauerspiel' alemán*, en *Obras. Libro I/vol. 1*, Abada, 2006, p. 343.
165 Heidegger, *Parménides*, *op. cit.*, p. 121.

su propia vida, sin hacer su vida, sin escribirla, a diferencia del hombre, que está en la obligación de relacionarse con su muerte, que ha de asumirla en su vida. No cabe en el discurso el *morir* del animal, sino su *fenecimiento*.

El ser humano debe poder morir. De no poder morir, de no ser capaz de la muerte, de no arriesgarse a morir, el morir propio se torna a un fenecer. No sería morir, dicho con propiedad. El fin de la vida heroico es el «morir». El fin de la vida no heroico es el «finar». Heidegger realizó una distinción entre el temple débil y el temple fuerte. Mientras que un temple débil fenece, un temple fuerte, el temple del «yo auténtico», del «yo más propio», muere. Mi morir exclusivamente mío y de nadie más. Mi muerte. La angustia (*Angst*) es el temple heroico en el cual la muerte se abre como la posibilidad para elegirse a sí mismo, pero no para temer por sí, que sería dejarse llevar. La angustia es el estado que se cierne al percatarse uno de que la existencia del ser-ahí es tener-que-ser: hace crecer al *yo*.

Sin embargo, el hombre muere, claro está, y a la vez «no muere». Muere no porque su proyecto vital culmine y al final se corone como completo —es decir, que no pueda dar más de sí, pues siempre es capaz de más—, sino porque su cuerpo fracasa, se corrompe por las inesquivables leyes naturales, físico-químicas. La biografía que ampara el ser humano, dueño de ésta si logra alcanzarla, nos salvaguarda de *morir del todo*, tener un fin o un término, un punto final. Ahora bien, en la lengua española, «fin» y «término» son sinónimos sin apenas diferencia sustancial que permita una mínima distinción. No obstante, los griegos clásicos empleaban dos palabras con el propósito de precisar, con mayor rigor, la idea abordada.

CAPÍTULO 9

¿FIN O INTERRUPCIÓN DE LA EXISTENCIA?

En su origen europeo, la biografía no está en absoluto emparentada con la cronología del viaje de los vivos o de los héroes sobre la tierra o sobre el mar. La biografía está ligada a la impresión realista entre los romanos que comienzan su duelo transfiriendo los rasgos de los cadáveres en cera de abejas. Es una *imago* ancestral con sus verrugas y sus expresiones familiares, o groseras, o sórdidas, que se realiza tanto para conmover como para reírse[166].

Curioso, como mínimo, es el origen europeo de la llamada biografía. Tosco, además, para quien aguardara más dosis de mística que de realidad. Visto así, la biografía era igualmente mirada con ojos esperanzados en busca de contemplar el duelo de otro modo singular. El nacimiento de la biografía, antes que esa «cronología del viaje de los vivos», lo cual se asemeja a la historia narrada del difunto, tuvo unos cimientos un tanto más físicos o terrenales. La controvertida separación ostensible entre la vida y la muerte canaliza la atención hacia una separación colindante y esencial: bio-

---

166 Pascal Quignard, *Morir por pensar. Último Reino IX*, El Cuenco de Plata, 2015, p. 97.

grafía-biología. Es posible desovillar dicho apuro partiendo de la palabra «fin» entendida como *télos* (en griego, τέλος). Desde Aristóteles, el vocablo «fin» se ha comprendido como un proceso absolutamente completo que posee, precisamente, un *fin* en sí mismo, como el hueso de la aceituna que finalmente crece hasta ser olivo. En términos de deceso, el *télos* en una persona culmina con lo biológico, es decir, con la muerte. En cambio, lo biográfico que posee el ser humano puede «sobrevivir». La biografía no conoce un fin letal, es un carácter peculiar que no se detiene en la simple cesación, perdura tras ésta, y no arrastra consigo el mismo recorrido que lo biológico, lo sujeto a las leyes naturales, no serpentea hacia el desaparecer definitivo. Un «término», una condición que sencillamente se *interrumpe*, el cual es posible traducirlo como *péras* (en griego, πέρας). Se comprende propiamente como interrupción, quiero decir, no posee un fin en sí mismo. Así, en suma, se hallan las operaciones que poseen fin, *télos*, y las operaciones cuyo fin no implica su terminación, *péras*, sólo se «interrumpen». Con arreglo al saber aristotélico, «se dice que son perfectas *las cosas que han alcanzado la plenitud del fin, siendo éste bueno*: son, efectivamente, perfectas en la medida en que poseen la plenitud final. [...] Y por eso también se llama metafóricamente "fin" a la muerte»[167]. La muerte como «fin», como *télos*, como un tajo cortante definitivo, metafóricamente escrito. Aristóteles mostró que «las cosas, pues, que se dice que son por sí perfectas o completas se dicen tales en todos estos sentidos: unas, porque nada les falta en cuanto a su bien, ni nada las supera, ni cabe encontrar fuera de ellas nada; otras, en general, porque nada las supera en su género, y porque nada hay fuera (de ellas)»[168]. *Télos* comporta un perfeccionamiento en cuanto a plenitud de algo. Sobre lo escrito con anterioridad meditaron Arregui y Choza. El primero de ellos escribió que

---

167 Aristóteles, *Metafísica*, 1021b, Gredos, 1994, p. 245.
168 *Idem.*

la muerte es el fin de la vida humana, pero la palabra «fin» es ambigua en castellano [...]. En una primera acepción, el fin es el objetivo, o el blanco al que algo tiende; mientras que en una segunda acepción, el fin es simplemente el término de algo. Según el primer uso, alcanzar el fin es lograr la propia perfección; según el segundo es simplemente ser interrumpido[169].

Y, con relación a la trama argumental, el segundo de ellos, Choza, en su obra *La supresión del pudor y otros ensayos*, sostuvo unas consideraciones verdaderamente esclarecedoras:

> Los griegos, en vez de utilizar las palabras «fin» y «término», utilizaban la palabra «*télos*» para la nuestra «fin», y para la nuestra «término» utilizaban la palabra «*péras*». [...]
> Cuando un griego decía que algo tenía «*télos*», que un proceso tenía «*télos*», quería decir que aquel proceso llegaba un momento en que estaba absolutamente completo, que caminaba a su culminación, y que entonces, en el momento en que estaba totalmente completo y, por así decirlo, clausurado, alcanzaba su fin. Esa es la noción de fin como «*télos*».
> «Término», lo que los griegos llamaban «*péras*», indica que algo se termina, no porque esté completo, sino porque de hecho se acaba. Se termina, no porque haya alcanzado el máximo de plenitud y porque ya no pueda progresar más —«*télos*» sí quería decir que ya no puede progresar más—, sino porque aquello se interrumpe, y, por lo tanto, se termina[170].

A propósito de la muerte humana, entonces, ¿es posible consolidarla como un *fin* o como una *interrupción*? No debería valorarse la muerte en concreto como fin, sino como un «fin biológico», una transformación del organismo que no desemboca más que en nada, por la que el hombre, cabría decir, deja de ser lo que en

---

169   ARREGUI, *El horror de morir, op. cit.*, p. 189.
170   Jacinto CHOZA, *La supresión del pudor, signo de nuestro tiempo y otros ensayos*, EUNSA, 1990, p. 91.

esencia es. No conviene, pues, arrancar a la ligera el *péras* de la muerte (*teleuté*). Choza aclaró que

> la vida biográfica y, consiguientemente, la historia, no tienen eso que Aristóteles llama *telos*, ni lo que Hegel y Marx llaman *finalidad* [...]. La vida biográfica tiene lo que Aristóteles llama *péras*, "término", y la historia probablemente también. El término de la vida biográfica es la muerte, y el de la historia la extinción de la vida sobre el planeta o la extinción de la especie humana (pues la historia es sólo algo propio de esta especie). Ahora bien, la muerte de ninguna manera es un *telos*, una culminación en plenitud. Nunca ocurre que un individuo se muera porque ya no pueda ser más bueno o porque ya no pueda realizarse más en el trabajo, la muerte no acontece porque se haya alcanzado la culminación o la plenitud en esos dos planos teleológicos, porque pertenece a otro plano de la temporalidad: el de la vida biológica[171].

La vida biológica, mensurable en años. La muerte en el plano biológico, dicho lo cual, parécese venir *de fuera*, como algo extrínseco, «como rompiendo un proceso que tenía su propia dinámica autónoma»[172]. Pero al ser humano lo interrumpen, lo biológico interrumpe lo biográfico. —¿Es, acaso, el ser humano *ápeiron*[173], aunque biológicamente fallezca?—. Al reparar en ello no cabe negar la postura que defiende que el hombre es un ser biográfico, un ser vivo poseedor de autoconciencia intelectual y dueño de su conducta. Decir que en él hay únicamente *fin* es despreciar y relegar al olvido el plano humano, su biografía, su *interrupción*:

---

171 CHOZA, *Manual de Antropología Filosófica*, *op. cit.*, p. 513.
172 *Idem*.
173 Refrésquese el pensamiento de Anaximandro. Se sabe que el prefijo privativo usual en griego es «a-», así pues, cabe aclarar que *ápeiron*, lo infinito, lo «sin límite», lo interminable, proviene de la negación, valga la palabra, de *péras* como interrupción. Es decir, *ápeiron* como «ininterrupción».

La muerte animal y la humana son esencialmente distintas: un animal se limita a morir, y su óbito es un puro suceso biológico, mientras que el hombre sabe que muere y se relaciona con su propia muerte, por lo que ésta adquiere una dimensión biográfica.

Que el hombre sea un ser biográfico implica por tanto que una consideración cabal de la muerte humana exige tener en cuenta lo que el ser humano hace con su muerte, el modo en que en que el ser humano asume en su propia vida su propio fallecimiento[174].

Con insistencia se defiende que la biografía del hombre guarda relación con la muerte propia (y la mortalidad) y, en consecuencia, con la muerte en general. El hombre posee el saber de su propio morir —se sabe con certeza mortal— y este saber configura de manera aproximada la biografía de uno hasta asumir que en su propia vida tiene cabida el fallecimiento. En efecto, la muerte propia es esencial para la comprensión de lo desarrollado, pues «ésta aparecería como el acto biográfico de fallecer o expirar, mientras que vista desde fuera, la muerte se reduciría al puro hecho biológico de estar muerto»[175]. Aclárese la idea. La autopsia de un cadáver, aunque «pudiera recoger perfectamente todos y cada uno de los procesos biológicos involucrados en la muerte de un ser humano, dejaría fuera de sí todo lo específicamente humano»[176]. Esto evidencia una honda insuficiencia del plano biológico para extraer lo «específicamente humano». Chateaubriand escribió con reconocimiento: «Que salven mis restos de una sacrílega autopsia; que se eviten la molestia de buscar en mi cerebro helado y en mi corazón apagado el misterio de mi ser. Los secretos de la vida no los revela la muerte»[177]. Las autopsias o las necropsias

---

174 ARREGUI, *El horror de morir, op. cit.*, p. 88.
175 *Ibid.*, p. 91.
176 *Ibid.*, p. 86.
177 CHATEAUBRIAND, *op. cit.*, p. 84.

no recogen el plano específicamente humano. Si bien es posible deducir de éstas ciertos hábitos y conductas de las personas que habitaron los cuerpos ahora yertos, jamás salvarán el plano humano, biográfico. La muerte que es considerada el fin de la biografía de la persona «sí recoge lo específicamente humano. Si vista desde el cuerpo, o biológicamente, la muerte es pura pasividad, vista desde el alma, o biográficamente, la muerte es el acto por el que se cierra una existencia y, por tanto, el acto culminativo de la vida»[178]. Presentan batalla, de un bando, la pasividad de la muerte biológica y, de otro bando, la muerte como el acto de culminación de una existencia, el porqué «por el que se cierra» o se interrumpe una existencia.

Uno sería capaz de sostener, sin por ello titubear, que biología y biografía se relacionan entonces accidentalmente, mas no es así, «el ser humano se define por su vida biográfica, y el hecho de que tal vida tenga un asiento biológico no deja de ser accidental, de tal manera que sería concebible la prolongación de la biografía humana con un soporte distinto al biológico»[179]. Tal vez en el lejano mañana aquello que es la persona, su biografía y lo «específicamente humano», pueda ser transferido a, por ejemplo, unas placas de silicio que harían funcionar la maquinaria de un potentísimo ordenador. Esta postura dualista de naturaleza utópica (o distópica) y sustancialmente futurista tendría un aire de familia a un tipo de vida de ultratumba o Más Allá, donde la persona salvaría activamente tras su fallecimiento la biografía que se labró, así pues, el internet que hoy conocemos sería, a juicio de Gabriel, algo así como «una plataforma de la inmortalidad a la que, una vez subidos, la mente para poder navegar para siempre como información fantasma a través del espacio binario infinito»[180] se ajustaría, se amoldaría hasta vivir más de una vida.

178 Arregui, *El horror de morir, op. cit.*, p. 92.
179 *Ibid.*, p. 94.
180 Gabriel, *op. cit.*, p. 32.

CAPÍTULO 10

BIOLOGÍA Y FÍSICA DE LA MUERTE

Ante los muchos peligros que le amenazan, de la muerte, de la inseguridad del futuro y de las limitaciones de su conocimiento, el hombre no puede hacer otra cosa que sentirse impotente[181].

Con los siglos, el plano físico alrededor del cual orbita la muerte ha sido estudiado con harta frecuencia. *Intra vitam*, las causas físicas de la muerte son camufladas, escondidas, horrores sucios que limpiar, pues generan en la mayoría de las personas repugnancia y rechazo, una indeseada «sorpresa». Genera un estado de condicionamiento continuo de la existencia el saberse mortal, el conocer el hecho biológico de morir, de ser o existir gracias a un cuerpo que toma la función de vehículo, de valerse de ese cuerpo para (sobre)vivir y de saber el fin biológico de éste, atemoriza sobremanera, acongoja con súbito vértigo, hace relucir la frágil vulnerabilidad ante la corrupción del envoltorio corporal del ser humano. La muerte altera, con independencia del estado físico y mental que cada cual tenga en un preciso momento. «En plena

---

181 Erich Fromm, *Del tener al ser. Caminos y extravíos de la conciencia*, Paidós, 2011, p. 81.

salud, en plena juventud, el goce de las cosas se ha encontrado alterado por la visión de la muerte. Entonces la muerte ha dejado de ser balanza, liquidación de cuentas, juicio, o también sueño, para convertirse en carroña y podredumbre, no ya fin de la vida y último soplo, sino muerte física, sufrimiento y descomposición»[182], resaltó el historiador Philippe Ariès. Esa «carroña» y esa «podredumbre» exuda ferocidad ante la mirada atónita del vivo. Este temor a la muerte nace y se instala en el plano físico-biológico, y no hallar remedio alguno para eliminar o revertir la muerte físicobiológica genera una sentida impotencia en quienes viven. Y la generó, a buen seguro, en quienes vivieron.

Luego de un periodo de desgaste más o menos largo, que puede ir desde una billonésima de segundo hasta miles de años, los fenómenos del mundo físico —se nos dice— tienden hacia la muerte. Fue en el transcurso del siglo XIX, con el segundo principio de la termodinámica, que hizo su aparición esta idea, la cual, llevada al extremo, concierne al universo entero, con la condición de precisar que esa muerte no tiene nada de definitivo[183].

Según la anterior sentencia de Thomas, en el universo físico que detectan con brillantez las disciplinas científicas, la muerte se presenta gloriosa, un *impasse* de complejidad abrumadora. Tal vez, la idea de fondo es cristalina: en el mundo físico, la muerte letal, la desaparición definitiva, bosqueja a su vez una idea o fundamento de inmortalidad. Cabe una interpretación, al escribir que el universo físico «tiende hacia la muerte», que defiende un cambio en la materia, un proceso de la materia tendente a la desaparición. La teoría del proceso de homogeneización de la energía es del todo inspiradora para el filósofo. En la energía presente en el mundo físico y, por ende, en los organismos biológicos se origina

---

182 Philippe Ariès, *El hombre ante la muerte*, Taurus, 1983, p. 122.
183 Thomas, *Antropología de la muerte, op. cit.*, p. 20.

una degradación o un desgaste letal. Comúnmente llamado «el paso del tiempo». El ser humano sería un ser en esencia heterogéneo, así como cualquier otro ser viviente. Sin embargo, la muerte revertiría el proceso de heterogeneidad tornándolo homogeneidad. En otros términos, el ser vivo nacería de la homogeneidad que se tornaría heterogeneidad y, al morir, esa heterogeneidad retornaría a la homogeneidad. Conforme con Thomas, diríase que «realizar es vivir, porque es manifestar el poder energético, pero es ya morir puesto que la energía se mecaniza o se cosifica en un producto necesariamente en equilibrio»[184]. La muerte, amén de ser el derrumbe del ser vivo (como ser físico-biológico), es asimismo devastación o cesación de lo físico, de la actividad, de la manifestación del poder energético. Francisco J. Soler Gil escribió sobre la muerte como hecho biológico:

> La segunda ley de la termodinámica establece que en los sistemas cerrados la entropía (que es una magnitud física asociada con el desorden estructural) siempre tiende a aumentar. [...] los organismos biológicos se encuentran ordenados en grado sumo. Más aún, [...] lo que se encuentra es un dinamismo de progresiva complejificación y ordenación: de las células primitivas hasta los animales más complejos en su caso, de las células reproductoras a los individuos adultos en el otro[185].

Los organismos biológicos, se dice con transparencia, son puro dinamismo. Encontrar orden en estos indica que la idea de que no sean sistemas cerrados es inviable y que, por consiguiente, se encuentran en continuo tráfico de energía, así como de materia, con el entorno que les es propio. «De ahí que las estructuras de los organismos vivos sean necesariamente estructuras dinámicas, en continua interacción con el medio. Y que esa interacción pueda

---

184 *Idem.*, p. 20.
185 Francisco José SOLER GIL, *Al fin y al cabo. Reflexiones en la muerte de un amigo*, Encuentro, 2021, p. 32.

ser vista ante todo como una lucha por el aumento o el mantenimiento del orden frente a la tendencia natural al desorden»[186].
Lo que supone que tales estructuras se constituyan, se sirvan y
se mantengan gracias a una actividad que afiance sus propias
estructuras. «La forma viva lleva su atrevida existencia particular en la materia, paradójica, lábil, insegura, rodeada de peligros,
finita, profundamente hermanada con la muerte»[187], se pronunció
a modo de inciso Jonas Hans.

Nacer, crecer, reproducirse[188] y morir: por lo común, las estruc-

---

186 *Ibid.*, p. 33.
187 Jonas HANS, *El principio vida. Hacia una biología filosófica*, Trotta, 2000, p. 24.
188 Sin ánimo de perder el hilo del discurso, agréguese que, según Jacques
Ruffié, la reproducción (sexual, en este caso) «permite a cada generación
elegir las combinaciones nuevas más aptas para explotar el medio. Ese modo
de reproducción, que mantiene constantemente una gran variedad en los
patrimonios genéticos de los individuos, se vuelve posible gracias a la sexualidad. Aquí cada sujeto es el fruto de una mezcla: la mitad de su patrimonio le
viene de su padre, la otra mitad de su madre. Es un mestizo de sus padres.
En consecuencia, no se les parece exactamente nunca; no será idéntico a
ninguno de sus dos progenitores; será *otro*» [Jacques RUFFIÉ, *El sexo y la
muerte*, Espasa-Calpe, 1988, p. 25]. Al respecto se dirá que sexo y muerte
guardan una complementariedad mórbida: «El sexo y la muerte son los dos
tributos que pagamos al progreso evolutivo. Son dos fenómenos comple-
mentarios, pero sorprendentemente contrastados. El primer transcurre en
medio de la alegría, el placer y la esperanza; el segundo en el sufrimiento, el
horror y la nada» [*Ibid.*, p. 273]. El alto precio a pagar por ser seres sexuales,
por la reproducción, por ser organismos pluricelulares, es la muerte. Una
bruma de tinieblas pesimistas empaña el concepto de reproducción. El fin
de la sexualidad y la reproducción, entonces, no es otro que el egoísmo de la
naturaleza; el fin no es el individuo, sino la naturaleza. No gana el individuo,
su victoria es la pérdida. «Lo que gana al final es la pérdida. La reproducción no multiplica la vida más que en vano, la multiplica para ofrecerla a la
muerte, cuyos estragos son lo único que se acrecienta cuando la vida intenta
ciegamente expandirse» [Georges BATAILLE, *El erotismo*, Tusquets, 1997, p.
237]. Recuérdese el pensamiento schopenhaueriano encontrado en *El mundo
como voluntad y representación*. El máximo exponente del pesimismo filosófico anotó con entereza que a la naturaleza no le importa lo más mínimo el
individuo. En consecuencia, y según los comentarios de Pilar López de Santa
María a la obra *El mundo como voluntad y representación II*, Schopenhauer
defendió la idea que sigue: «La vida y la muerte de los individuos es tan

turas biológicas nacen, crecen, se reproducen y mueren. Ciclo vital clásico en el que reina la lucha de las especies, en diversos frentes y por diversas causas, en pos de la prosecución de la vida. Los seres de la Tierra son máquinas de supervivencia, «pero "nosotros" no implica solamente a las personas. Abarca a todos los animales, plantas, bacterias y virus»[189]. Así lo explicó Richard Dawkins, quien sentenció que las muy distintas variantes de máquinas de supervivencia, en realidad, en la química fundamental presentan un alto grado de uniformidad, y la genética es, en lo básico, la misma, «los genes, son básicamente el mismo tipo de moléculas para todos nosotros, desde las bacterias hasta los elefantes»[190]. Con todo, inmersos todavía en el desconocimiento, propuso la idea de que una primera molécula con la capacidad para crear copias de sí misma surgió por accidente: el *replicador*[191]. Así la nombró el creador del término «meme» y de la «memética». Los replicadores comenzaron a construirse, a fin de utilizarse estos mismos como vehículos que prosiguieran su existencia. Los replicadores sobrevivientes «fabricaron máquinas de supervivencia» que habitaron. Cabría agregar que el cuerpo es un «vehículo egoísta» sujeto a las leyes naturales, pues «cualquier cuerpo de un determinado individuo es sólo un vehículo temporal para una combinación de genes de breve duración»[192] y, dicho lo cual, respecto a la supuesta supervivencia,

---

irrelevante y ficticia como su individualidad misma y solo tiene valor en su condición de medio para la conservación de la especie» [SCHOPENHAUER, *El mundo como voluntad y representación II, op. cit.*, p. 21].

189 Richard DAWKINS, *El gen egoísta*, Salvat, 1994, p. 27.

190 *Idem.*, p. 27.

191 «Considérese el replicador como un molde o un modelo. Imagínese como una gran molécula consistente en una cadena compleja formada por varios tipos de moléculas» [*Ibid.*, p. 19]; «Tan pronto como nació el replicador, sin duda esparció rápidamente sus copias a través de los mares hasta que las moléculas más pequeñas, cuya función era la de ser componentes, se convirtieron en un recurso escaso y otras moléculas más grandes no pudieron formarse sino muy rara vez» [*Ibid.*, p. 20].

192 *Ibid.*, p. 32.

un gen es potencialmente inmortal en la medida en que asegura la transmisión de copias de sí mismo de generación en generación. En la práctica, para conseguir llegar lejos en el futuro, los genes o conjuntos de genes deberán definir —"construirse", dice Dawkins— máquinas de supervivencia lo más eficaces posibles. Y en eso reside en el fondo su egoísmo. Poco les importa lo que le suceda al vehículo [...] siempre y cuando cumpla su función[193].

Recálquese la obviedad de la inexistencia de consciencia e intencionalidad al afirmar que *el gen es egoísta*. El biólogo nacido en Nairobi apoyó la tesis defensora del gen como la unidad fundamental de selección y, claro está, del egoísmo. No sería, pues, ni el grupo ni la especie ni el individuo, sino el gen, como unidad de herencia. La muerte de tales genes o de tales estructuras consiste, así pues y por naturaleza, en la cesación y la caída de la actividad que redunda en la desaparición del organismo que vivió con el propósito de postergar la milenaria historia del gen que porta. Envejecer es, valga la expresión, un *ir muriendo*, una caída paulatina e inevitable en las fauces de la muerte.

La existencia del envejecimiento y la muerte natural no se debe a que suponga ventaja alguna para los individuos o las especies. Aun a riesgo de pecar de simplista, diremos que la muerte natural no tiene valor en sí; su existencia es más bien el resultado de la inutilidad biológica de sistemas de reparación que impidan el envejecimiento. Todo organismo vivo, incluso los que no envejezcan o no mueran, es temporal por naturaleza porque es perecedero[194].

Tal juicio se respaldó en la obra de André Klarsfeld y Frédéric Revah. La cita saca a la luz preguntas de mayor calado. ¿Debe diagnosticarse el envejecimiento, y la vejez, como una patolo-

---

193 André Klarsfeld y Frédéric Revah, *Biología de la muerte*, Complutense, 2002, p. 113.
194 *Ibid.*, p. 228.

gía? Si es así, ¿debe fomentarse la investigación en pos de la cura? ¿Debe catalogarse, entonces, el envejecimiento como una enfermedad? Hay defensores del «Sí» y del «No» cuyos argumentos, en cualquier caso, son convincentes. No obstante, ¿todo envejecimiento es enfermedad? Morin clasificó el envejecimiento en tres clases. En primer lugar, «el envejecimiento sin patología invalidante, cuando las capacidades funcionales y las actividades mentales se conservan»[195]. En segundo lugar, «el envejecimiento que comporta fragilidad, riesgos, reducción de ciertas capacidades adaptativas»[196]. Ambos, primero y segundo, por la calidad de la salud, se encuentran favorecidos por la prolongación del tiempo de vida del individuo. Y, en tercer lugar, «el envejecimiento "patológico" o mórbido, que se manifiesta diversa o simultáneamente mediante depresión, deterioro de la memoria, demencia y trastornos locomotores»[197]. La calidad de vida de esta última clase de envejecimiento, como se prevé, es nefasta. En consecuencia, la búsqueda de la prolongación de la vida del individuo se frena.

Hasta la fecha, el organismo de un individuo se encuentra desarmado, sin nada con lo que protegerse, sin escapatoria farmacológica, sin respuesta terapéutica, sin un milagro transhumanista que aguardar con ilusión. Nada. La literatura especializada en el envejecimiento se acerca con cautela al estudio de la muerte y del tiempo. Recuérdese que si apenas se nace se es viejo para morir, apenas se nace se envejece, comienza el proceso de envejecimiento. De neonato a niño, de niño a joven, de joven a adulto, de adulto a anciano, de anciano a difunto. Nadie se salvaría de *estar* enfermo, más bien, significaría *ser* enfermo. Visto así, no extraña en absoluto que algunos biólogos del envejecimiento conciban la senectud como una fase natural, una etapa del ciclo de la vida. Envejecer equivale, así pues, a un deterioro multifun-

195 Edgar MORIN, *La Vía. Para el futuro de la humanidad*, Paidós, 2011, p. 277.
196 *Idem.*
197 *Ibid.*, p. 278.

cional ocasionado por el imparable curso del tiempo. La inclusión del tiempo como vara de medir es inevitable. El organismo vivo perece por estar sujeto a éste. Por el irrestricto correr del tiempo «el cuerpo se descompone, e irónicamente las partes que más tiempo tardan en hacerlo son aquellas cuya composición más se asemeja a las estructuras inorgánicas (como por ejemplo los huesos de los animales)»[198]. He aquí la muerte biológica: el organismo vivo colapsa, se detona lo vivo en éste, decae, se corrompe y descompone. Una muerte en estrecha cercanía con la física:

> Las estructuras geológicas se erosionan. Las estrellas consumen su energía (… y si no lo hicieran, no estaríamos aquí nosotros […]). Los agujeros negros posiblemente se evaporan. Y si la hipótesis que se baraja en la física actual resulta correcta, y también los protones terminan desintegrándose, entonces inclusos las estructuras atómicas acabarán necesariamente por desaparecer en un futuro lejano[199].

No obstante, a diferencia de la muerte física, la biológica es algo especial. En los seres humanos, sin ir más lejos, tal interrupción de la actividad es a poco «una dolorosa victoria del enemigo», una derrota para los seres conscientes de su mortalidad. Escrito con brevedad, y según Paul Chauchard, «la vida es un intercambio perpetuo con un medio hostil en el que la célula debe luchar por conservarse. Si el medio, dadas sus desfavorables condiciones, se lo impide, la materia viva pierde la bella armonía de sus reacciones ordenadas al mismo tiempo que su estructura tanto físico-química como morfológica se destruyen; los elementos constitutivos deben retornar al medio»[200], y tal destrucción, tal dolorosa derrota, tiene por nombre «Muerte». Resulta iluminadora la siguiente cita sobre el «retornar al medio» señalado por

---

198 SOLER GIL, *op. cit.*, p. 36.
199 *Idem.*
200 Paul CHAUCHARD, *La muerte*, Paidós, 1960, p. 120.

Chauchard: «Morir es reintegrarse al ciclo siempre nuevo de la naturaleza, consumar la esencia intrínsecamente perecedera del ser humano, realizar nuestra más íntima naturaleza»[201]. Los organismos vivos están sujetos a la reintegración en el «ciclo siempre nuevo de la naturaleza». En concreto, esa reintegración para los seres humanos es, por añadidura, consumación de la esencia finita que les es propia: realización de su «más íntima naturaleza». Todo organismo se reintegra. Ahora bien, las lecturas en lo concerniente a tal temática, ésta que incumbe al hombre, incorporan un rayo de luz promisoria. A saber, el ser humano vive entre dos reinos: el biológico y el biográfico, y su vida no se resume en la dolorosa destrucción de su estructura físico-química y morfológica, sino que su vida *promete más*.

A raíz del enfoque *télos-péras*, la muerte no es «fin» como tal, sino «interrupción». Quizá ese enfoque sea una suerte de esperanza para los seres humanos. Si bien en el nivel físico-biológico el fracaso ante la muerte es imperativo, no ocurre así en el nivel biográfico, donde no «finaliza» el hombre, sino lo «interrumpen», y esto sucede de forma intrínseca en él. Por lo pronto, es posible conferirle biografía al ser humano. Un *algo más* que, con la muerte como aguacero, brega por no sofocarse y no es sólo un recuerdo que perdura en la memoria de quienes no han muerto, como sostuvo Hannah Arendt:

> Metidos en un cosmos en que todo era inmortal, la mortalidad pasaba a ser la marca de contraste de la existencia humana. Los hombres son "los mortales", las únicas cosas mortales con existencia, ya que a diferencia de los animales no existen sólo como miembros de una especie cuya vida inmortal está garantizada por la procreación. La mortalidad del hombre radica en el hecho de que la vida individual, con una reconocible historia desde el nacimiento hasta la muerte, surge de la biológica[202].

---

201 ARREGUI, *El horror de morir, op. cit.*, p. 137.
202 Hannah ARENDT, *La condición humana*, Paidós, 2009, p. 31.

La búsqueda de la inmortalidad como la piedra filosofal de la existencia humana ha sido históricamente humillada por la marca indeleble de la mortalidad y la corrupción del cuerpo. La cita de la reconocida escritora se abre hueco sirviendo de punto nodal. Los seres humanos, como seres mortales con existencia, reciben su vida individual de la vida biología. Vida individual y vida biológica. Savater separó la vida en dos planos. «En el primero de estos dos planos, el más fehaciente y biológico, la vida humana [...] consiste en nuestra implantación física y genésica en una realidad natural [...] de la que numerosos agentes hostiles tratan intencional o accidentalmente de expulsarnos con alarmante perseverancia»[203]. La biología reina sin discordia en la vida, en general, y los humanos somos conscientes de ello con espantosa claridad: limitaciones, dolencias, fallos orgánicos, malformaciones, enfermedades y, al final, la muerte del organismo. «En este registro vital, estar vivo es ser un cuerpo, padecer y gozar de lo que los cuerpos padecen, necesitar lo que los cuerpos necesitan y ser finalmente destruido por lo que a todos los cuerpos vivientes amenaza»[204]. Así es «vivir», pero la vida requiere del otro plano que acompaña al biológico: el biográfico, el simbólico, el espiritual. La vida, y por ende la muerte, es bifronte. «Incluso el niño a partir del lenguaje y en su mundo interior [...] practica un segundo nivel de conciencia vital, paralelo al biológico y corporal. Es el orden simbólico, la representación de la vida como conjunto de significados culturalmente compartidos que llamamos para abreviar "espíritu"»[205], donde es posible «vivir», asumir y encarar la muerte. En este plano o nivel, «para el espíritu, la intensidad significante de la vida incluye a la muerte y la desborda»[206]. Vida humanamente vivida. Si bien Savater no habla literalmente de

203 Fernando SAVATER, *La vida eterna*, Ariel, 2007, p. 172.
204 *Idem.*, p. 172.
205 *Ibid.*, pp. 172-173.
206 *Ibid.*, p. 173.

biografía, sí la incorpora a lo que él entiende por vida humana. Aclárese que el ser humano «no *es* una existencia biográfica que se apoya accidentalmente en un organismo biológico, *es* un ser orgánico vivo que *tiene*, o puede tener, si no se muere antes, una existencia biográfica»[207]. Tildar al ser humano de ser biográfico desemboca en el nacimiento de diversas interpretaciones sobre qué es, con exactitud, la biografía y por qué el ser humano es capaz de gozar de una vida biográfica.

207 ARREGUI, *El horror de morir, op. cit.*, pp. 201-202.

CAPÍTULO 11

DE LA VIDA BIOGRÁFICA

Aquí estoy para vivir
mientras el alma me suene,
y aquí estoy para morir,
cuando la hora me llegue,
en los veneros del pueblo
desde ahora y desde siempre.
Varios tragos es la vida
y un solo trago la muerte[208].

El poeta alicantino de la España del siglo XX, que sin silenciar el sonajero de su alma viva encaró con música de paz la derrota que es la muerte, escribió en *Sentado sobre los muertos* que «varios tragos es la vida», porque la vida es más, da más de sí. La muerte, a saber, sólo es un trago, pues sólo una vez se fallece. La vida es una larga travesía de mundanales dolores que se «tragan» de buena gana; la persona es un navío que porta la pesada carga de saber que, sí o sí, ha de hundirse durante el periplo; y la muerte es el Kraken, una monstruosa criatura marina que hunde sin piedad cuanto osa navegar en sus aguas. Tampoco Hernández olvidó esa

---

208 HERNÁNDEZ, *Viento del pueblo*, *op. cit.*, p. 296.

faceta abominable de la muerte. Por la muerte de Ramón Sijé, en *Elegía* (poema de *El rayo que no cesa*) la describió como

> Un manotazo duro, un golpe helado,
> un hachazo invisible y homicida,
> un empujón brutal te ha derribado[209].

Sin embargo, en las afueras de la poesía, Cicerón incidió en un aspecto clave: «Considera que tú no eres mortal, sino éste, tu cuerpo; pues tú no eres tal como ésa, tu figura, muestra, sino que cada uno es lo que es su alma, y no el contorno que se puede señalar con el dedo»[210]. Considérese tal cosa porque «la muerte es más radical y angustiante si la experiencia de vida se agota como seres existencialmente corpóreos»[211]. ¿Sería la muerte «varios tragos» y uno sólo la vida? Al hablar de «envoltorio corporal» se deduce que (co)existe un «envoltorio no-corporal» poco apreciado en algunos casos. «Surge de nuestra experiencia vivida que la realidad del hombre no es, sin más, su identificación con el cuerpo. Es decir, somos corpóreos, pero no absolutamente»[212], como insistió Gerardo Wehinger al poner en relación el carácter dualista platónico —dos seres: el ser corpóreo y el «metacorpóreo», una unión accidental de dos principios, de cuerpo (σῶμα, *soma* en griego, *corpus* en latín) y alma (Ψυχή, *psique* en griego, *anima* en latín), platónicamente *encarcelados* si se me permite la licencia— de la persona con la vida en el Más Allá, cuyo dualismo es idealista[213].

---

209 Miguel HERNÁNDEZ, *El rayo que no cesa*, en *Obra poética completa*, Zero, 1976, p. 230.

210 Marco Tulio CICERÓN, *La república y las leyes*, XXIV (VIII), Akal, 1989, p. 185.

211 Gerardo WEHINGER, *La muerte. El hombre ante su mayor enigma*, Longseller, 2002, p. 21.

212 *Ibid.*, p. 22.

213 Véanse las palabras de Joseph Ratzinger sobre el asunto: «La interpretación griega de la muerte, influida decisivamente por Platón, es idealista y dualista. La materia se considera mala en sí misma y únicamente el espíritu, la idea, es lo que se mira como lo positivo, como la realidad parecida a Dios, la realidad

Sin entrar en detalles teológicos o religiosos, sino en elementos más terrenales, de lo anterior mencionado se infiere un principio de «vida biográfica». Es decir, el *yo* no puede/debe considerarse, estudiarse o llanamente vivir ajeno a su biografía, como si exclusivamente fuera una muerte biológica la suya. Retornando al «Más Acá», la muerte es la demolición del envoltorio corporal del *yo*, que a su vez no es más que el cuerpo físico, biológico. No obstante, esa demolición no erradica por entero el «envoltorio no-corporal». La biografía es alcanzada por la condición de persona. Choza lo resumió con lucidez:

> Lo que tiene que darse en el sujeto humano para que, además de una vida biológica, pueda hablarse de una vida biográfica, es lo que se designa con el nombre de *persona*. [...] "ser suyo", como un ser que se posee, que surge y que en su propio surgir se mantiene y permanece cabe sí. [...] Biografía es una acumulación de lo vivido, de otra manera, es el encauzamiento del vivir por un camino y una dirección inédita, de un modo *original* y acumulable en el mismo ser del sujeto. ¿Qué quiere decir *original*? Que es *propio* en cada ser vivo[214].

---

verdadera. De modo que el hombre es un ser contradictorio, fatal: el espíritu, la llama de lo divino, ha sido arrojado en la cárcel del cuerpo» [Joseph RATZINGER, *Escatología. La muerte y la vida eterna*, Herder, 2007, pp. 77-78]. En la cita de Benedicto XVI, sucesor del canonizado Juan Pablo II (de nombre secular Karol Józef Wojtyła), se presenta una lectura de la visión griega del dualismo antropológico que dará lugar, más tarde, a la visión cristiana de la vida inmortal —agréguese, más aún, que «frente a las corrientes ultramundanas (platónicas, gnósticas, maniqueas, origenistas y algunas luteranas), que se nutren de una visión pesimista de la situación actual del hombre y del mundo, la fe cristiana no olvida la bondad originaria de la creación. [...] los esfuerzos y las construcciones del hombre, encaminados a producir en la historia un despunte del mundo escatológico, quedarán de alguna forma, perfeccionados y purificados, en la eternidad» [J. José ALVIAR, *Escatología*, EUNSA, 2007, pp. 149-150]—. Para los griegos el cuerpo tiende a su corrupción y es preso de su finitud, y sólo la muerte corta el hilo que une lo corporal con el alma, que *vivirá* libre de los males que acompañan al cuerpo.
214 CHOZA, *La supresión del pudor, op. cit.*, p. 105.

La muerte, el morir, ha de conocerse y aceptarse con determinación en la vida del hombre. Los animales, en cambio, no son seres biográficos porque, en concreto, no poseen la cualidad máxima que se requiere para poseerla: ser suyo, gozar de intimidad. Entrando en detalle, dicha cualidad podría traducirse como ser persona. Con todo, así lo resumió Choza, ser persona significa «ser en intimidad o poseer intimidad. Intimidad significa poseerse. [...] Sin embargo, no todos los seres vivos tienen intimidad, o lo que es lo mismo, no todos los seres vivos son *personas*; no en todos los seres vivos acontece un permanecer cabe sí o para sí»[215], por eso la intimidad es un rasgo aislado, único, perteneciente a la persona. Que el hombre sea en intimidad o la posea resalta su peculiaridad. La intimidad y la biografía caminan de la mano. Precísese con brevedad, en vista de lo escrito, un matiz que esbozó Arregui sobre la biografía, cuyo olvido sería inaceptable en el estudio de la temática: «Está claro que la autoconciencia intelectual tiene un sujeto y que la existencia biográfica también lo tiene. El hombre no *es* una existencia biográfica, sino que la *tiene*. El ser humano no se identifica con su biografía, sino que es estrictamente su propietario»[216]. El distinguido puesto en la escala zoológica hace o permite hacer propietario al ser humano de una biografía, así como poseer intimidad o ser en intimidad. En la autoconsciencia intelectual se presenta inopinadamente la muerte. Ésta no es un hecho exterior puramente biológico, se ha visto y comprobado, más bien cobra «presencia» con pasmosa singularidad y protagonismo inaudito. A lo referido se agrega que el hombre no sólo esquiva la letalidad de la muerte, sino que al tiempo que vive se relaciona con su muerte. Atesora la capacidad de abordarla, de afrontarla, de cubrirla con un manto cegador, de ignorarla, de ofrendarla a la taciturnidad. Por así decirlo, la muerte asesina un *alguien*, un sujeto, un *yo*, y, pese a ser visto siempre *desde fuera*,

---

215 *Ibid.*, pp. 104-105.
216 ARREGUI, *El horror de morir, op. cit.*, p. 201.

pues son los *otros* los que fallecen, posee un rol condicionador. Entonces, en su deseo de bien vivir y vivir cómodamente, el ser humano proyecta su existencia cuasidespreocupado de no pisar la alargada sombra que lo amenaza y persigue. Y, en ocasiones, aun vive como si fuera inmortal, *ad litteram*, como si optara a no morir jamás, consagrado a la creencia de ser un ser sempiterno a salvo de morir.

Escrito lo cual, fulgura una vez más la idea que respalda que en el ser humano hay cabida para esa *intimidad*, porque hay una *historia*, hay una «permanencia acumulativa de lo vivido de forma que enriquezca de un modo *original* la propia vida»[217]. El término «*original*» que puso en cursiva Choza es determinante. Explico por qué: resuelve de forma natural, valga la palabra, su permanencia —en cuanto que especie— en el mundo. A fin de cuentas, según explicó Ferrater Mora, y su pensamiento guarda una convincente sintonía con el de Morin, los seres vivos

> se hallan encuadrados, u organizados, en especies biológicas. Cada una de éstas posee su propio mundo. El comportamiento del ser viviente encaja con la estructura de tal mundo, y éste se halla, a su vez, definido por las operaciones que el ser viviente pueda ejecutar sobre él. [...] El individuo sólo ejecuta las operaciones que resultan posibles dentro de su especie. [...] Lo que hace el ser viviente no es "su" vida, sino parte de la vida de la especie a la cual pertenece. A esto lo llamo precisamente "vivir" —o también "estar viviendo"—[218].

El ser viviente no hace su vida, como bien sustentó Ferrater Mora; la persona, en cambio, sí posee esa cualidad. Esto nos conduce a interpretar que es el ser humano capaz de erigir su propia vida acorde su voluntad, diferenciándose así del resto de seres vivientes que actúan conforme sus instintos. Debe tenerse

---

217   CHOZA, *La supresión del pudor, op. cit.*, p. 105.
218   FERRATER MORA, *El ser y la muerte, op. cit.*, p. 111.

en consideración la necesidad de estudios diferenciadores sobre el hombre-animal en el plano de lo biográfico, pues sin divagar en demasía sobre lo escrito con anterioridad, el punto prominente de toda la pirámide especulativa reside en la concepción de muerte en ambas partes. Thomas se planteó que «el hombre, dotado de inteligencia y de lenguaje, no ha dejado de reivindicar una *supremacía* que no se traduce solamente en sus creencias [...], en sus maneras de ser y existir [...]; sino también en el acto de morir, destino ineluctable de todo lo que vive: ¿no decía Bergson que el hombre es el único ser en el mundo que sabe que debe morir?»[219]. No erró Henri Bergson al enunciarlo y, naturalmente, no fue Thomas el único que sospechó de esta idea.

Entonces, la muerte pasaría a ser una pieza extraíble de la experiencia humana cuyo carácter universal es consabido y se ha respetado en cada siglo de la Historia. Gabriel Amengual arrojó luz al derrotero tanático puesto sobre la mesa: «Todo ser vivo, después de cumplir su ciclo vital, muere, perece, deja de vivir. [...] La muerte, en términos generales (o médicos), es el fin de la vida, y es propio de todo ser viviente que su vida acabe, de manera que la muerte es propia de todos los seres vivos»[220]. *Finis vitae*, generalmente, es la muerte. Y, en jerga médica, es la cesación irreversible de las funciones vitales de un organismo. «La muerte nos sobreviene porque alguno de nuestros órganos vitales (como el corazón y el sistema circulatorio, o el cerebro y el sistema de control central, o los riñones y el sistema de eliminación de toxinas) falla, con lo cual el frágil y complejo equilibrio del organismo en su conjunto se viene abajo»[221], prosigue Amengual. El envoltorio corporal, en la anterior cita, está definido con brillantez. El cuerpo, sujeto a las leyes físico-químicas y éstas, a su vez, a las biológicas, se corrompe

---

219 THOMAS, *Antropología de la muerte*, op. cit., p. 82.
220 Gabriel AMENGUAL, *Antropología filosófica*, Biblioteca de Autores Cristianos, 2007, p. 438.
221 *Ibid.*, p. 439.

al fallar algún órgano vital y perderse, así pues, el equilibrio que lo mantiene con vida. El equilibrio sale a la luz como el viento que sopla el molino y lo hace moler el grano. Si cesa el viento, el molino se paraliza e inutiliza. Lo biológico se corrompe y cede ante el desequilibrio. La muerte biológica es, en suma, «la cesación definitiva —por paulatina extinción senil, por enfermedad intercurrente o como consecuencia de una acción exterior violenta— de las funciones en cuya virtud es posible la vida orgánica del individuo en su conjunto»[222], según escribió Pedro Laín Entralgo. Asimismo, Amengual, que hizo eco del pensamiento del médico y filósofo de Urrea de Gaén, sentenció con ejemplar pericia que

> la vida humana añade a la vida biológica por lo menos dos notas características. Por una parte, la integración consciente de nuestra vida entera, toda nuestra biografía, que unifica intencionalmente nuestro pasado, presente y futuro en una biografía única; se trata de esa identidad personal que hemos ido construyendo a lo largo de nuestra vida biológica, con todas las experiencias y vivencias, decisiones y trabajos, relaciones y sentimientos de pertenencia a personas, grupos y comunidades. Y, por otra parte, la eventual presencia de una vocación o proyecto de vida, de un guión que inventamos para nuestra propia vida, de planes y anticipaciones de lo que queremos hacer y llegar a ser[223].

La ruptura que provoca la muerte no es *letal*. Se reconoce con luminosa claridad el exceso de peso de la biografía para la persona. Cómo la persona forja gracias a las fraguas de su organismo —el ser humano es un ser corpóreo, se vale del cuerpo para vivir y para trazar y desplegar su vida— su biografía y cómo ésta gana tracción conforme la persona se erige. Cómo la muerte del hombre no es un cese letal y cómo el hombre no muere por entero, porque su biografía resiste a esa letalidad. Cómo en el hombre no hay

---

222 Pedro Laín Entralgo, *Antropología médica para clínicos*, Salvat, 1984, p. 466.
223 Amengual, *op. cit.*, p. 439.

fin, sino *interrupción*. Con cada persona que muere, mueren los proyectos y su personal proyecto vital. Por tal razón la vida del hombre no es entregada hecha, sino que «ha de hacerse». No está escrita, sino que «ha de escribirse», dicho poéticamente. Labrar la vida humana. El ser humano es un ser biográfico por naturaleza, pero su naturaleza biológica es del todo inesquivable. Su consciencia intelectual le ubica en el mundo y le vale para ser consciente de su realidad circundante. En el mundo se realiza de modo existencial y se ejercita en la interpretación de su propia existencia. Es seguro que el ser humano cuenta con la insaciable necesidad de comprensión de sí mismo, del ser y de su entorno. El ser humano se caracteriza por la profunda captación de lo real y de su realidad, por la interpretación de su propia existencia, por la capacidad de adoptar una postura respecto de sí mismo o, escrito de forma más familiar, de *futurizarse* a fin de construir su proyecto vital. En este conato de discernimiento sobre sí se erige la biografía de la persona. A tenor de lo escrito, concretamente por ser racional y libre el ser humano es propietario de una existencia biográfica.

Leonardo Polo argumentó una conciencia de sí dada al hombre, por el carácter de ser persona. «Soy mortal y soy persona guardan una relación sistémica. No significan lo mismo (no hay tautología), pero es claro que sólo la persona puede decir *soy* mortal»[224]. El ser humano asume su propio fallecer futuro. El hombre se angustia ante su propia muerte y la muerte de los *otros*, aun cuando estos ni han fallecido ni andan moribundos. Esta radical separación es el candil que alumbra a muchos pensadores en su afán por comprender el componente biográfico, pieza clave de la vida de la persona. Con mayor rotundidad, «la interrupción de mi vida es la interrupción de mi tiempo biográfico, no del tiempo biológico, que no es propiamente mío. [...] Su sentido biológico no es el sentido social de la muerte, y este último no es el sentido subjetivo-biográfico»[225].

---

224 Leonardo POLO, *Quién es el hombre. Un espíritu en el tiempo*, Rialp, 2007, p. 212.
225 *Ibid.*, p. 204.

El porte biológico al que el hombre se halla encadenado carece —al menos, hasta la fecha— de propiedad y control, el «tiempo biológico» que se alude no se encuentra sujeto al manejo humano en su totalidad. La idea de una biografía inagotable combate con la agotable muerte biológica, que no es, por cierto, exclusivamente humana, sino común al resto de seres vivos. La biografía como fuente de supervivencia[226] tras el fallecimiento. El sociólogo Robert Hertz conjeturó acerca de cómo «la sociedad comunica a los individuos que la componen su propio carácter de perennidad, y dado que ella se siente y quiere inmortal, no puede creer tranquilamente que sus miembros, sobre todo aquellos en los que se encarna y con los que se identifica, estén destinados a morir»[227]. Por tal razón se lleva a cabo una «reavivación del difunto» gracias al recuerdo protegido en el seno de un núcleo social (o familiar, pues considérese la familia como una institución en la que el muerto pervive). La muerte y su cualidad *interruptora* de la vida humana como tiempo biográfico.

En *La felicidad humana*, también Marías dejó patente pinceladas sobre la biografía cuando arguyó que «la muerte es un ingrediente de la vida humana, posible en todo momento, inevitable en su conjunto. [...] todo el mundo está seguro de que morirá, pero nadie puede estar seguro de que con la muerte terminará absolutamente su realidad»[228]. Escribir «terminar absolutamente» bien podría traducirse como *télos*, y negar, por ende, ese «terminar absolutamente» como *péras*. La negación es indicio de

---

226 José Antonio Marina se interesó en mencionar que lo propio del ser humano «no es "sobre-vivir", sino "super-vivir". Esto no quiere decir vivir por encima de nuestras posibilidades, lo que sería quimérico, sino por encima de nuestras realidades. Lo nuestro es aspirar a un proyecto de vida que, antes de existir en la realidad, sólo existe en nuestra mente» [José Antonio MARINA, *Anatomía del miedo. Un tratado sobre la valentía*, Anagrama, 2006, p. 191]. Idea que se me presenta hermosa a la vez que convincente, aunque se empleen los términos indistintamente.
227 Robert HERTZ, *La muerte y la mano derecha*, Alianza, 1990, p. 90.
228 Julián MARÍAS, *La felicidad humana*, Alianza, 1987, pp. 324-325.

biografía. Es en vano el pueril gesto de esconder la mirada y rehuir encararse con la muerte, pues, aunque se procura, y en ocasiones se logra, alejarla insolentemente del vivir de cada cual, el óbito golpea con fuerza la vida hasta hacerle a uno morir biológica e incluso biográficamente. Marías prosiguió arrojando luz a la idea en *Introducción a la filosofía* a partir de la distinción entre biografía y muerte biológica:

> La muerte o extinción de la persona sería *consecutiva* a la muerte biológica, pero en modo alguno *una* con ella; por tanto, la presunta aniquilación del hombre que muere es una inferencia, una interpretación o *teoría*, nada evidente y que sería menester justificar. Como la muerte no *es* la aniquilación —lo más que cabría pensar es que ésta se *siga* forzosamente de aquélla—, la cuestión de la pervivencia queda abierta, es en todo rigor cuestionable, y el *onus probandi* no recae exclusivamente sobre el que afirma la inmortalidad, sino también —tal vez más aún— sobre el que la niega, es decir, sobre el que afirma la aventurada teoría de que la muerte biológica del organismo sea necesariamente acompañada de la destrucción del alguien *de quien* era ese organismo[229].

En la misma línea se capta la problemática que da cabida el entendimiento de la biografía. Reséñese lo mencionado. En la orilla opuesta del río se encuentra la muerte biológica, en conclusión, ésta que afecta al organismo, al envoltorio corporal, y que hace estallar el equilibrio de las funciones vitales. Pero no se debe identificar la persona íntegramente con lo biológico. Al decir de Enrique Bonete, quien realizó sesudas lecturas sobre la filosofía de Marías, «vivir para el hombre es un *hecho biológico* —a semejanza con los animales— mas también un *hecho biográfico*. [...] la *muerte biográfica* no se deja atrapar del todo por la explicación científica; la muerte personal, aunque vinculada a la muerte

---

229 Julián MARÍAS, *Introducción a la filosofía*, Revista de Occidente, 1947, p. 422.

corporal, de ningún modo se ha de identificar con ésta»[230]. Es más, si la muerte, si morir es *fin* de la vida biológica e *interrupción* de la biográfica, es un fin y una interrupción propiamente de uno, y no del *otro*. Pero el *otro* altera la vida de uno, influye, tiene un impacto fundamental. Naturalmente, el difunto, «a pesar de la muerte, sigue existiendo dentro de nuestro proyecto de seres personales vivientes; da la impresión que tales personas queridas permanecen como realidad con la cual seguimos proyectando parte de nuestra vida. Así pues, podemos concluir que es viable pensar la inverosimilitud de la aniquilación total de la persona humana»[231]. Los muertos, aun *muertos*, acompañan a los vivos. La muerte del muerto no es letal. Los muertos *están ahí*, son miembros imperceptibles y sigilosos que, sin embargo, *viven* a su especial y única manera, y suman a la vida con su «presencia», anidando en el recuerdo gracias a la biografía que atesoraron. Tras tamaña injusticia de sus cuerpos, fallecieron no por agotamiento biográfico, sino biológico.

Sobre ello y en tal sentido, acentuó Arregui la siguiente visión: no se muere «porque la vida biográfica haya alcanzado su plenitud, entre otras razones porque la vida biográfica es un proceso indefinido en cuanto que el hombre siempre puede seguir proyectando y proponiendo nuevos fines»[232], se muere porque el envoltorio corporal cae derrotado de algún modo. Visto así, lograr rozar siquiera la perfección o la completitud del ser no se hace imposible con la muerte en aquel borroso confín, pues el ser mismo, recalcó el filósofo easonense, toma su morir sin llegar a ser jamás pleno o completo biográficamente hablando. «La actividad de ser persona constituye una intimidad exclusivamente propia: de la que brotan un sinfín de aportaciones todas ellas novedo-

---

230 Enrique BONETE, «El dolor y la muerte en Julián Marías», en Enrique ANRUBIA (ed.), *Filosofías del dolor y la muerte*, Comares, 2007, p. 107.
231 *Ibid.*, pp. 109-110.
232 Jorge V. ARREGUI, «¿Es la muerte un acontecimiento de la vida?», *Thémata. Revista de Filosofía*, 8, 1991, p. 155.

sas, originales; y que está abierta a un futuro interminable, y a un destino eterno. En suma, porque su coexistencia es inagotable e inacabable»[233], explicó Juan A. García González e incide en la cualidad de «intimidad» y originalidad (*original*) de la persona y en su co-existir —en tanto que el ser humano coexiste con otros seres humanos— «inagotable e inacabable», fruto de su cualidad de ser biográfico.

Es indispensable, además, reflexionar cómo la fenomenología y el materialismo, también el existencialismo, han procurado observar el origen del morir y la muerte en la consciencia humana, cómo se percibe la muerte y cómo es «vivenciada». Adorno se pronunció sobre esto al afirmar que se sumarían, en lo esencial, «al materialismo las experiencias del cadáver, de la descomposición, de lo animal. [...] Esta especie de experiencias —que no aparecen en ninguna analítica existencial de la muerte— son propiamente lo que recuerda el materialismo»[234]. Motivo de sobra y de peso para considerar que el hombre no sólo puede morir biológicamente, al no ser la muerte exclusivamente un proceso biológico para los seres humanos. No sería, pues, demasiado simplista aducir que si así fuera, «si el hombre pudiera ser activo absolutamente respecto de su propia muerte, si ésta fuera puramente un acto biográfico, entonces el hombre sería inmortal»[235 y 236]. La muerte no sólo estriba en un proceso biológico, sino biográfico;

---

233 Juan A. García González, *El hombre como persona. Antropología filosófica*, Ideas y Libros, 2019, p. 55.
234 Theodor W. Adorno, *Terminología Filosófica II*, Taurus, 1976, p. 134.
235 Arregui, *El horror de morir, op. cit.*, p. 202.
236 Es imposible, se dice, convertir la muerte en un acto biográfico, sin más, en un acto de autoposesión humana. De hecho, estos postulados son ejemplificados con el caso del suicidio, pues el ser que acude al suicidio no muere por un acto puro de voluntad, es decir, no fallece porque éste *decida* llevar a cabo tal acto. El suicida no tiene capacidad ni poder de poner fin a su vida biológica, sin más. El suicida ha de dinamitar su vida biológica; su voluntad, por sí sola, es incapaz. Por un acto puro de voluntad o decisión el suicida no muere, sino que debe buscar en lo externo a él, algo que cause su muerte.

y así como sería un error de grandes dimensiones considerarla sólo en su nivel biológico, lo sería considerarla sólo en su aspecto biográfico. En conclusión y según García González, «la muerte es biológica, no biográfica. Acontece porque la vida recibida no da más de sí; no porque se le hayan acabado los recursos a la persona para añadir más vida a la recibida»[237]. El hombre *debe* morir porque es un organismo vivo al que interrumpen y porque no es plenamente activo de su propia muerte. Al ser humano no se le agotan los recursos para la edificación de su proyecto vital, desarrollo de su biografía. Tal vez, morir sea el precio a pagar por ser organismos pluricelulares sujetos a las leyes naturales. Récese, como sí rezó Chauchard, para torear, «sea como fuere, que la armoniosa necesidad de nuestra muerte en el cuadro de las leyes naturales no nos lleve al pesimismo»[238].

---

237 García González, *El hombre como persona, op. cit.*, p. 228.
238 Chauchard, *op. cit.*, p. 130.

CAPÍTULO 12

DE LA MUERTE BIOGRÁFICA

Próximo estás a olvidarlo todo, próximo a que todos se olviden de ti[239].

La muerte del hombre, se dijo, es biológica y no biográfica. Sin embargo, ¿cabe afirmar un morir biográfico y no sólo biológico? ¿Tiene sentido morir biográficamente? Históricamente, una eficaz práctica se aplicó como severo castigo en la Antigua Roma, la *damnatio memoriae*, una locución latina cuyo significado en español sería «condena de la memoria». Los romanos acostumbraban a reverenciar a sus antepasados, a decorar villas y monumentos con episodios heroicos que marcaron su memoria, a preservar los apellidos de generación en generación con el fin de inmortalizar al difunto. Coger el poder inmortalizador y revertirlo en mortificador era una pesadilla nociva. Tal punición nació como herramienta del Senado, un método de venganza contra emperadores tiranos. Perjudicaba al «damnificado», por ejemplo, con la confiscación de sus bienes materiales; a sus familiares, que en ocasiones se les obligaba al destierro u ostracismo; y, en

---

239 MARCO AURELIO, *Meditaciones*, Libro VII, §21, Alianza, 2020, p. 129.

casos extremos, a la persecución y al exterminio de sus partidarios. Cuando se decretaba la *damnatio memoriae* se procedía a la anulación de las leyes dictaminadas por el difunto condenado: efigies, mosaicos, pinturas, monedas, placas, obras literarias, odas, poesías, panegíricos, etcétera. «Morir en vida» era la principal función de la drástica repulsa romana. Arrestar la biografía. Dañar la memoria. Hacer ruinas cuanto se levantó. No obstante, aunque la severidad de la condena fuese la deseada, memorable y sobresalientemente fructífera, si el condenado vivía, su proyecto biográfico proseguía.

El ser humano fallece biológicamente y eso es una realidad irrebatible. Ahora bien, ¿es posible morir biográficamente? Con cierto laconismo, apuntó certero Ferrater Mora que «la muerte se cierne sobre nosotros cuando nuestras posibilidades de vivir como hombres se van cerrando»[240], siendo posible, «en alguna medida, morir antes de cesar, y cesar antes de morir»[241]. «Vivir como hombres» y morir «como hombres» biológica y, además, biográficamente guarda relación con cómo acontecen las pérdidas de identidad de la persona. Tráigase a colación la paradoja del «Barco de Teseo», «que sigue siendo *el mismo* —sustancialmente— aun cuando se le hayan ido sustituyendo todas sus piezas por otras equivalentes y acaso de mayor tamaño»[242], así lo describió el pensador Gustavo Bueno, y es harto probable, por no decir seguro, que la razón por la que «un organismo vivo sea el mismo a lo largo del tiempo no es la permanencia de una materia concreta, sino la continuidad espacio-temporal»[243]. Basta, *lato sensu*, la «continuidad espacio-temporal» para que el envoltorio corporal del ser humano sea dueño de una identidad. Ser *el mismo* ser humano gracias a la continuidad espacio-temporal. Es decir,

---

240 FERRATER MORA, *El ser y la muerte, op. cit.*, p. 169.
241 *Idem.*
242 Gustavo BUENO, *El mito de la cultura*, Prensa Ibérica, 2004, p. 180.
243 ARREGUI y CHOZA, *Filosofía del hombre, op. cit.*, p. 437.

aunque el organismo mute, el ser humano pierde su «*el mismo*», su identidad, si la biografía de la persona se frena en seco o se desvanece en los trágicos casos de alzhéimer severo e irreversible, los comas terminales y demás situaciones en las que el *yo* queda mermado, donde con claridad se manifiesta un olvido dañino de la historia de la persona, donde se difumina hasta esfumarse la persona. Empero, en tales casos, el organismo, el cuerpo, el llamado plano biológico, prosigue su curso, manteniéndose con vida. Un acontecimiento sobremanera horrible y desagradable.

Lo reconoció Laín Entralgo al escribir que «hay, en efecto, varios modos de morir, y uno de ellos, distinto de la "muerte biológica" o pérdida de la vida terrena, es la "muerte biográfica"»[244]. Se es, más a menudo de lo que desearía, plenamente consciente de cuanto entraña la muerte humana: derrota inevitable, desaparición, aniquilación (total o parcial), amargas despedidas, dolor personal y ajeno, angustia existencial, etcétera. Mas no por ello concibe abandonar su realizarse. La muerte horroriza. El horror del riesgo de morir es *in aeternum*. Se desea vivir con la esperanza de «escribir una biografía», de prosperar biográficamente. A tal deseo una sombra se le cruza, y «sólo arrostrando con resolución la posibilidad de una "muerte biológica" puede ser evitada con seguridad la caída en una "muerte biográfica"»[245]. Tan vital es «llegar a ser» como «lo que ya se es». Tan vital es la biografía que «se escribe» como la ya «escrita». La persona posee una consciencia lúcida del morir, sabe del riesgo de morir; sólo la persona alberga la capacidad de evitar ese riesgo, esa «caída en una "muerte biográfica"» y *pervivir* tras su muerte.

Marías, a tenor de lo expuesto sobre las formas de morir, escribió que «la tentación más probable es reducir la muerte humana a la muerte corporal o biológica; la segunda tentación es suponer una realidad distinta en el hombre —su "alma" o "espíritu"—,

---

244 Laín Entralgo, *Antropología de la esperanza, op. cit.*, p. 136.
245 *Ibid.*, p. 139.

cosa o sustancia pero no material, que no moriría, que estaría "exenta" de la muerte»[246]. Sí conviene mencionar la biografía, el legado, que de sí mismo se deja en quienes a su lado no fallecen, su muerte biológica no trucida al *yo*. Y no como alma o espíritu propiamente —las comillas en el texto de Marías son cruciales para comprender la dubitación que maneja el autor acerca de lo que sobrevive a la muerte y perdura del hombre—, sino como *algo* indefinido, pero de lo que se posee constancia de su perdurabilidad. Habida cuenta de que «la muerte corporal, inexorable, no es *mi* muerte»[247], pues «la muerte es algo que "me" pasa, en mi vida»[248], la segunda tentación cobra sentido en el ser humano:

> La muerte es algo que *me* acontece, es decir, que me pasa *a mí*. La muerte biográfica significa que *yo muero* o mejor, como decimos en español, *yo me muero*. No se puede eludir la muerte, no se puede escapar a la muerte; [...] la condición de la existencia de la muerte es que esta acontezca, es decir, que le pase a *alguien*, y este alguien —*yo, tú*— se muera efectivamente. [...] no sabemos qué es morir, porque lo interpretamos desde fuera de mi vida. [...] Lo más atroz de la pena de muerte es que no sabemos qué es, no sabemos «a qué» se condena al hombre a quien se sentencia a muerte y se ejecuta. No se trata de «hacerle daño», ni de «destruirlo», ni de «quitarlo de enmedio»; se trata de hacer *que muera*, personal y biográficamente; y no sabemos qué es eso[249].

Que la muerte, entonces, sea *algo* que por naturaleza acontezca a uno, sea *algo* que a uno le ocurre, la muerte biográfica es *algo* «configurador», *algo* «condicionador», «*yo me muero*», dijo Marías, recalcando el «*yo*» y el «*me*». En *The Ethics of Killing*

---

246 Julián MARÍAS, *Antropología metafísica*, Revista de Occidente, 1970, p. 297.
247 *Ibid.*, p. 299.
248 *Idem*. Cáptese aquí, alcanzado tal punto, el trasfondo de la sentencia de Simmel sobre la «muerte configuradora» desde el primer momento del proyecto vital humano.
249 *Ibid.*, p. 300.

se profundiza con brillantez el inmediato anterior argumento sobre la muerte biográfica de manera más técnica o científica. El autor, Jeff McMahan, respaldó una idea no exenta de críticas, sin embargo, no por ello innecesaria para la dilucidación de la muerte biográfica: «Cuando una persona cae en un PVS [*Persistent Vegetative State*], cesa su existir. Lo que permanece es un organismo humano vivo pero desocupado»[250], asimismo, continuó escribiendo más adelante, «este organismo bien puede estar vivo, pero nunca contendrá la existencia de una mente, un yo, o una persona»[251]. Lo que, en principio, quiso consolidar el profesor de la Universidad de Oxford es el dictamen de que un cuerpo humano no contendrá una persona que se proyecte vitalmente o que teja su biografía si se encuentra en un estado vegetativo persistente. Lacónicamente formulado por Canetti, «alguien que no se reconoce y, sin embargo, sigue respirando»[252]. Algo, en apariencia, convincente. *La muerte de la persona, que no causa a su vez un cese biológico, da lugar a la muerte de la vida biográfica.* El propio McMahan planteó en la obra que «en el caso de un paciente con la enfermedad del Alzheimer, por ejemplo, puede llegarse a un punto en el cual no hay una respuesta correcta de sí o no a la pregunta ¿sigue siendo una persona?»[253]. Aclárese sin embargo que, para el profesor estadounidense, ser persona consiste en poseer autoconciencia, en ser un cuerpo con una vida mental cuya conexión se enlaza de

---

250 Jeff McMahan, *The Ethics of Killing. Problems at the Margins of Life*, Oxford University Press, 2002, p. 446. Traducción propia del inglés: «When a person lapses into a PVS, he ceases to exist. What remains is a living but unoccupied human organism». [El corchete es mío].

251 *Ibid.*, p. 451. Traducción propia del inglés: «This organism may well be alive, but it will never support the existence of a mind, self, or person».

252 Elias Canetti, *El corazón secreto del reloj. Apuntes 1973-1985*, Muchnik, 1987, p. 57.

253 McMahan, *op. cit.*, p. 45. Traducción propia del inglés: «In the case of a patient with Alzheimer's disease, for example, a point may be reached in which there is no correct yes-or-no answer to the question, "Is he still a person?"».

manera psicológica. En consecuencia, se es persona cuando el cerebro comienza a generar conciencia de sí, a crear la conciencia de un *yo* y una actividad mental que posibilita el autorreconocimiento, por lo que la muerte del *yo* sería el resultado de un fallo irreversible del funcionamiento cerebral. «Comenzamos a existir cuando nuestro cerebro desarrolla la capacidad de generar conciencia y actividad mental —esto es, cuando una mente empieza a existir asociada al organismo— y dejamos de existir cuando nuestro cerebro pierde esa capacidad de forma, en principio, irreversible»[254]. Lo cual, no sólo el morir mismo es protagonista, sino además diversos asuntos como conocer el umbral que separa la vida de la muerte —el instante exacto en que se fallece— o los criterios que anuncian la muerte definitiva —defunción neocortical o troncoencefálica, por ejemplo— relucen en un debate que, a día de hoy, no sólo se sostiene, sino que se aviva.

Schumacher formuló, entre otros asuntos, las problemáticas y desafíos a los que se enfrentan los tanatólogos y el mundo sanitario en general, pero también los teóricos responsables de los estudios que orbitan la muerte y el morir —en concreto, disciplinas como la filosofía y la antropología salen a la superficie mediática adoptando una postura esencial en las investigaciones tanatológicas— cuyos enfoques se centran en sentar las bases y los criterios que precisan una correcta interpretación y apreciación del fin de la vida humana. En cuanto a la muerte biológica, precisada en el presente capítulo en contraposición a la muerte biográfica o muerte personal, el profesor de la Universidad de Friburgo de Suiza escribió que

---

254 *Ibid.*, p. 439. Traducción propia del inglés: «We begin to exist when our brains develop the capacity to generate consciousness and mental activity —that is, when a mind first begins to exist in association with the organism— and we cease to exist when our brains lose that capacity in a way that is in principle irreversible».

el llamado criterio funcional clásico o tradicional, que define la muerte humana como la cesación irreversible del latido cardíaco y de la respiración espontáneos coloca a los médicos en una situación delicada respecto a la eutanasia y la adquisición de órganos para trasplantes, esta última muy demandada. Esto conduce a la necesidad cada vez más urgente de cambiar de criterios que definan «cuándo» ocurre la muerte[255].

Lo clásico o lo tradicional, por suerte o por desgracia, cae en un desfase temporal gracias, eso sí, a los avances en biotecnología aplicada a la medicina y a las ramas sanitarias. ¿Cuál es el umbral y dónde se sitúa a la hora de determinar el momento exacto en que ocurre la muerte? Las tecnologías apoyan la búsqueda del conocimiento, sin embargo, siempre ojo avizor de sus implicaciones en el ámbito humano. Schumacher, sabedor de los impedimentos que revelan los asuntos tanáticos, ilustró cómo el encéfalo humano se compone, «en primer lugar, por el cerebro o neocórtex, que contiene los hemisferios cerebrales y el núcleo basal y que posibilita el ejercicio de las llamadas facultades mentales; en segundo lugar, por el tallo cerebral, formado por los centros que regulan las funciones respiratoria y cardiovascular, entre otras; y finalmente, por el cerebelo, que coordina el movimiento»[256]. Esta somera descripción del mapa cerebral, no obstante, no entraría en conflicto con las palabras antes referidas por McMahan. El mencionado «ejercicio de las llamadas facultades mentales» conformarían la actividad y la vida de la persona, aunque ésta carezca de las «funciones respiratoria y cardiovascular» y del «movimiento». Con tal paisaje, la muerte de la persona se declararía con el cese definitivo de las funciones del cerebro, es decir, la irreversible muerte cerebral. Al cesar dichas funciones que facultan la «actividad» del cerebro —en concreto, el neocórtex y el tallo cerebral o tronco encefálico—, se interrumpe

---

255 Schumacher, *op. cit.*, pp. 39-40.
256 *Ibid.*, p. 42.

la vida de la persona, que fallece. En suma, la persona muere al producirse la muerte neocortical.

Sin embargo, a su vez, Schumacher explora otro debate de la muerte biológica: la muerte troncoencefálica, «la muerte en un nivel estrictamente biológico, dicho de otro modo, como la cesación permanente de las funciones interactivas del organismo entendido como una unidad»[257]. El organismo, entonces, ha de morir totalmente como unidad —y esto incluye, por cierto, al neocórtex y al tronco encefálico— y no, como es defendido por quienes se posicionan del lado de la muerte neocortical, únicamente por el cese de las funciones relativas al neocórtex y al tallo cerebral. «El tallo cerebral (o tronco encefálico) tiene un significado crucial porque, a diferencia de las estructuras neocorticales, es responsable de la capacidad integradora del organismo humano entendido como una unidad y de la coordinación de los distintos órganos y subsistemas que constituyen esa unidad orgánica»[258]. Así, la persona moriría no sólo cuando se produjera una muerte neocortical, sino cuando se produjera una muerte de la persona como «unidad orgánica». La muerte (biológica) sería, en líneas generales, el cese irreversible y permanente del funcionamiento del organismo, en su totalidad, marcado por la ausencia de consciencia.

No se ha realizado la distinción entre «persona» y «ser humano», pues su uso ha sido en todo momento sinonímico. No obstante, por precaución, aclárese que no todo ser humano es persona, pero sí toda persona es un ser humano. El «ser humano» sería definido desde lo estrictamente biológico, no así ocurriría con la «persona», en cuya descripción se recogería, entre otros, el uso de las facultades mentales, la conciencia, la consciencia y la autoconsciencia, la racionalidad, la responsabilidad moral, la dimensión ética, la sensibilidad como fundamento, etcétera. Ahora bien, Schumacher, sí realizó esa distinción para aventurarse con firmeza

---

257 *Idem.*
258 *Idem.*

en la muerte biográfica o personal. El autor comentó que las críticas hacia la muerte neocortical y la troncoencefálica llaman la atención a numerosos pensadores, número cuyo crecimiento no frena, que definen «la muerte como la pérdida irreversible de aquello que es esencial, no a un organismo humano, sino a una persona; dicho de otro modo, la pérdida del "yo" personal»[259]. Tal enmienda persigue declarar la muerte de un ser humano o una persona como esa pérdida irreparable de sus propiedades esenciales, así pues, de conformidad con John P. Lizza, «los criterios para la muerte de una persona o un ser humano vendrán determinados por la pérdida de las propiedades que se consideren esenciales para la naturaleza de las personas o los seres humanos»[260]. En su obra *Ensayo sobre el entendimiento humano*, y en concreto el parágrafo 9 del capítulo XXVII, John Locke definió a la persona como «un ser pensante inteligente dotado de razón y de reflexión, y que puede considerarse a sí mismo como el mismo, como una misma cosa pensante en diferentes tiempos y lugares; lo que tan sólo hace en virtud de su tener conciencia, que es algo inseparable del pensamiento y que, me parece, le es esencial»[261]. La consideración del sí mismo, la autoconsciencia, como cosa pensante, inseparable, por consiguiente, de su pensamiento y de la consciencia.

Sin embargo, una vez más Schumacher se posicionó sobre el asunto: la muerte biológica se aleja, «de manera progresiva», de la biográfica o personal. La persona no es solamente un organismo ni una unidad orgánica. La persona no es sólo biología. La muerte letal de una persona, se ha repetido desde el púlpito, surge con

---

259 *Ibid.*, p. 45.
260 John P. Lizza, *Persons, Humanity, and the Definition of Death*, The John Hopkins University Press, 2006, p. 32. Traducción propia del inglés: «The criteria for the death of a person or human being will therefore be determined by the loss of whatever properties are deemed essential to the nature of persons or human beings».
261 John Locke, *Ensayo sobre el entendimiento humano*, Fondo de Cultura Económica, 1999, p. 318.

la inexistencia de su autoconsciencia y su consciencia, aunque su organismo viva, pues no muere una propiedad de la persona, sino la persona. Jacques Ruffié lo ejemplificó brillantemente al confesar que

> En algunos casos es posible mantener en vida ciertos órganos que continúan asegurando su función gracias a una asistencia respiratoria y circulatoria, alimentaria (por infusión intravenosa), etcétera. Los riñones, el hígado, el páncreas, el corazón pueden así vivir un tiempo de forma independiente. Pero las lesiones del encéfalo siguen persistiendo. Incluso si el corazón continúa latiendo y los riñones secretando, el sujeto permanece mentalmente muerto. Ha perdido definitivamente toda conciencia. Para el biólogo de hoy la muerte verdadera corresponde a la incapacidad del encéfalo para continuar sus funciones[262].

Las citas de McMahan, unas páginas atrás, sobre el estado vegetativo persistente y la pérdida de la persona lucen imprescindibles en el discurso del presente capítulo: al morir la persona, cabría agregar que aquello que resiste y vive es el «envoltorio corporal», dígase así su «carne y hueso», pervive un cántaro vacío, un hogar abandonado o, metafísicamente hablando, un cuerpo sin alma. Con la enfermedad del alzhéimer ocurre algo similar. Sucede porque, en palabras de Schumacher, «la persona no es una propiedad de un ser que se adjunta a uno u otro cuerpo humano orgánico individual, sino que es fundamentalmente el sustrato que hace posible el ejercicio concreto, empíricamente verificable, de la llamada propiedad personal y que de este modo manifiesta lo que la persona es»[263]. La persona en absoluto es una «propiedad de un ser» encajable en otro organismo individual.

En verdad, la muerte biográfica es una condena draconiana, pues ésta no afecta al organismo vivo en el plano físico-biológico,

---

262 Ruffié, *op. cit.*, pp. 268-269.
263 Schumacher, *op. cit.*, 2018, p. 68.

sino a la persona y a su proyecto vital y sus planes de vida. La muerte mata no al organismo, sino a la persona. No mata a *algo*, sino a *alguien*. Tal concepción de la muerte humana al margen de lo biográfico sería, pues, inadmisible. Mas ese *fin final* o esa *letalidad* de la vida se llama «muerte» y pertenece al plano biológico, de ningún modo al biográfico. Histórica y tradicionalmente se ha conocido la muerte por multitud de nombres y, para mayor escarnio, algunos son, hoy día, desconocidos o se han olvidado con el pasar del tiempo. No obstante, el auténtico y tenebroso nombre de la muerte es *el que no debe ser nombrado*, por hacer alusión a J. K. Rowling, y el que la propia Muerte desconoce. La poeta danesa Inger Christensen pasó a poesía la interrogación:

> Quién sabe
> si la muerte
> sabe en su fuero interno
> que se llama
> de otra manera[264].

---

264 Inger CHRISTENSEN, *El valle de las mariposas*, Sexto Piso, 2020, pp. 145-147. Traducción del danés: «Hvem ved / om ikke døden / ved med sig selv / at den hedder / noget andet».

INADMISIBILIDAD DE LA MUERTE
Y LA MORTALIDAD

Capítulo 13

LA PANDEMIA, EL HOSPITAL
Y LA MUERTE HIGIÉNICA

Qué oscuridad… qué oscuridad. Ahora toda la vida es en negro. El dolor me oculta el horizonte, lo llena todo. Se acabó esa fase en que la enfermedad lo hace a uno mejor, ayuda a entender las cosas […] Ahora es un torpor áspero, estancado, doloroso. Indiferencia ante todo. ¡*Nada*!… ¡*Nada*![265].

La muerte fue en tiempos pretéritos silenciada, fue tabú *ayer*, antes de la pandemia, y podría seguir diciéndose que lo es *hoy*, a pesar de la pandemia. Antes de que el maremoto mundial pandémico ocasionado por el virus SARS-CoV-2 y la enfermedad que provoca (la COVID-19) irrumpiera en la vida, prácticamente nadie, salvo un grupúsculo casi invisible, osaba hablar y cavilar sobre la muerte, que era sentida, entre otras razones de peso, como algo reservado en exclusiva para el futuro, tiempos por venir, nunca para *hoy*. Tomás Moro anotó sin paliativos una verdad de tonalidad heideggeriana innegable: «Nunca deberíamos de mirar a la muerte como una cosa lejana si consideramos que, aunque ella no se da prisa por

---

265 Alphonse DAUDET, *En la tierra del dolor*, Alba, 2003, p. 77.

alcanzarnos, nunca cesamos nosotros de darnos prisa yendo hacia ella»[266]. Las personas «enterraban», valga la palabra, la muerte en el olvido, se deseaba sentirla y percibirla higiénica, lejos del marchar de los vivos y a salvo de manchar sus vidas. Se procuró silenciar la muerte, con todo el arsenal de remedios y a toda costa. Tiempo ha que murió *la belle époque* de la muerte. Una sociedad con remedios para el dolor físico, pero sin remedios para el dolor existencial,

> resulta ser una sociedad de la supervivencia. En vista de la pandemia, la enconada lucha por la supervivencia experimenta una radicalización viral. [...] La pandemia vuelve a hacer visible la muerte, que meticulosamente habíamos reprimido y desterrado. La omnipresencia de la muerte en los medios de masas pone nerviosa a la gente[267].

Así lo hizo saber Han. En estrecho vínculo se encuentra, pues, ese destierro de la muerte con el resurgimiento de su terror durante los momentos más duros de la pandemia, por otro lado, algo inimaginable. Dillard ofreció orientación al decir: «Sólo me olvidé de señalar que es la muerte quien hace girar el globo»[268]. No me olvidaré de señalar: ¿la muerte, en serio, hace rotar el orbe? Una cosa es segura: los hombres que manejen la muerte, manejarán el mundo.

El andamiaje pandémico que se desplegó resultó ser, con algún matiz, una escandalosa obra de ingeniería de siniestro mecanismo. No obstante, «en la civilización occidental de nuestros días, que cultiva a fondo el individualismo, se rechaza la muerte»[269]; y sépase que tal sentenciosa frase fue escrita sin que Thomas tuviera en mente el período pandémico vivido. Hoy, el ser humano se favorece de «una estrategia del *ocultamiento*: silenciar

---

266 Tomás Moro, *Piensa la muerte*, Cristiandad, 2006, p. 81.
267 Byung-Chul Han, *La sociedad paliativa. El dolor hoy*, Herder, 2021, p. 29.
268 Dillard, *op. cit.*, p. 262.
269 Thomas, *La muerte, op. cit.*, p. 55.

la muerte, maquillar u ocultar el cadáver, trivializar el morir en su repetición metafórica»[270], y un quejumbroso etcétera. A lo largo de los siglos, en las pandemias de agresividad nada desdeñable, la protagonista desenmascarada fue la muerte y no únicamente por el número de pérdidas, sino porque la sensación de lejanía con respecto a la propia muerte, la muerte de cada cual, disminuía con pasmoso dramatismo, producía vértigo por su cercanía. «Tres grados de muerte»[271] diríase que habitaron: «la *muerte cotidiana* —omnipresente, tomada como referente metafórico para reflexionar sobre la futilidad de la vida— se convirtió progresivamente en *muerte olvidada*, escondida, alejada como asunto de otros. En contraste irrumpe la *muerte pandémica*, agresiva, arrolladora, una muerte que ya no solo concierne a los demás, sino a mí, pues recuerda que yo, claro está, también soy mortal», escribí. Los tres grados de «sentir» o «vivir» la muerte se personaron en un breve lapso temporal, trastocando los esquemas vitales de las personas. Entretanto, cabe reconocer que la Historia de la Humanidad ha sido azotada por pestes, epidemias y pandemias virulentas y plagas arrasadoras cuyos estragos bíblicos a día de hoy todavía restallan. Y, a fin de cuentas, los seres humanos siguen su camino siendo lo que, en esencia, fueron[272]. Sin embargo, narró la rabina francesa

---

270 *Ibid.*, p. 57.

271 Véase Raúl LIMÓN, «Las consecuencias de la "higiénica" y "encubierta" muerte por covid», *El País*, 24-4-2021.

272 Asimismo y en relación con la muerte, Thomas expuso una serie de *constantes* en la Historia: «Por ejemplo, el horror al cadáver en descomposición (que toma en nuestros días el pretexto de la higiene); la asociación entre la muerte y la iniciación (sobre todo en caso de guerra); el prestigio otorgado a la muerte-fecunda (arriesgar la vida, dar su sangre por la patria, por la fe, por el ideal político); el mantenimiento de la muerte-renacimiento (el hombre se sobrevive por la herencia cromosómica; se preocupa de legar su nombre; esperanza del más allá para el creyente); importancia otorgada a la muerte maternal (amor a la Tierra Madre, donde se espera ser inhumado [...]); el lugar de la muerte en la vida económica (oficios de la muerte) o en el arte fúnebre (la muerte en el arte y el arte en la muerte); las relaciones entre muertos y vivos (ocultismo y espiritismo, creencia en el alma inmortal, fiesta anual de los muertos, culto

Delphine Horvilleur que la pandemia de 2020 sí que supuso una serie de alteraciones, sobre todo, en los rituales funerarios y en los duelos:

> La pandemia también ha alterado los ritos funerarios y el acompañamiento en el duelo. Al igual que todas las personas que hacen compañía a quienes están muriendo, estos últimos meses he sido testigo de situaciones que jamás hubiera imaginado vivir. Visitas a enfermos con mascarillas y guantes que nos privan de una cara, una sonrisa o una mano tendida a quienes se marchan; un aislamiento impuesto a nuestros mayores para resguardarlos de una muerte que pese a todo irá a visitarlos pero los hallará desesperadamente solos; entierros a puerta cerrada donde se cuentan los presentes con los dedos de una mano, donde se les niega a los deudos un abrazo o un apretón de manos. Hemos tenido que vivirlo y convencernos de que ya meditaríamos sobre ello más tarde. Demasiado tarde[273].

Se perjudicó en su mayoría la relación del ser humano con la muerte. En la obra de Norbert Elias que data de 1982, *La soledad de los moribundos*, se insiste en la existencia del tabú actual —y atiéndase al doble sentido del término «actual», esto es, con relación a la época en que escribió la obra y al presente en que se originó la debacle de 2020— de la muerte y sopesó un fenómeno sociológico de gran magnitud en tiempos de pandemia. Y lo cierto es que, de acuerdo con Horvilleur, sí hay diferencias en las épocas y sí trastocó la pandemia la vida cotidiana del siglo XXI. La obra muestra ciertas costumbres sociales en torno a cómo en la Edad Media, época oscura de tristes y heroicos acontecimientos, la muerte deambulaba por las calles y casas de las gentes de entonces.

---

de los santos, sustitutivo del culto de los antepasados) tales son, a pesar de las modificaciones provocadas por las diferentes condiciones de vida, las supervivencias "primitivas" en la civilización de hoy» [THOMAS, *Antropología de la muerte, op. cit.*, p. 13].

273 Delphine HORVILLEUR, *Vivir con nuestros muertos*, Libros del Asteroide, 2022, pp. 16-17.

Era oscura hasta el punto de que la personificación de la Muerte se representó con la túnica negra de los frailes al dar la extremaunción. Se veían cuerpos putrefactos sin sorpresa, con frecuencia, y la gente llegó a acostumbrarse a la gélida presencia de los cadáveres, abandonados a merced de las bestias. Elias escribió que,

> como sociedad, la Edad Media se presenta como una era sobremanera inquieta. La violencia era un hecho cotidiano; las disputas, más enconadas; la guerra era antes la regla; la paz, antes la excepción. La peste y otras pandemias barrían la faz de la Tierra. A millares morían, en medio del dolor y la inmundicia, hombres, mujeres y niños, sin ayuda ni consuelo[274].

No obstante, las desemejanzas con el presente son palmarias. En los meses en que el COVID-19 asoló con especial dureza el mundo, multitud de moribundos fallecieron sin la ayuda justa ni el consuelo necesario y, sin embargo, tal vez la muerte siga siendo aún más imaginada o representada que, por así decir, *vivida*. La paradoja es que, aun cuando la pandemia nos ha vuelto a acercar la muerte, ni nuestras prácticas en torno a ella ni nuestras ideas prepandémicas sobre el óbito han cambiado sustancialmente, con todo y con ello, tampoco podemos afirmar que la pandemia haya sido irrelevante en la concepción y el concepto de la muerte. Hoy se fallece, por lo común, en los hospitales y la sociedad es higiénica en exceso para los asuntos tanáticos que orbitan, para colmo, en torno al morir de uno. Sin embargo, cuán cerca hemos rozado el devastador sentimiento medieval. «La vida se hace más larga, la muerte se aplaza más. Ya no es cotidiana la contemplación de moribundos y de muertos. Resulta más fácil olvidarse de la muerte en el normal vivir cotidiano. A veces se habla hoy en día de que la gente "reprime" la muerte»[275], aclaró juiciosamente Elias. Se habla

---

274 Norbert ELIAS, *La soledad de los moribundos*, Fondo de Cultura Económica, 2009, p. 38.
275 *Ibid.*, p. 29.

de «represión» porque la gente se aferra a la vida con sumo terror, por miedo a morir o a verse amenazado en todo momento por un peligro mortal. Y ese peligro mortal se apoya en el riesgo. Sufrir un riesgo mortal en el despreocupado vivir cotidiano es una posibilidad tan desconocida como cercana y, a la vez, remotísima. Sin embargo, el riesgo existe por ridícula y minúscula que sea dicha posibilidad. El posible riesgo mortal no se asemeja al azar de una «ruleta rusa» —consiste en colocar una bala en el tambor de un revólver y girar el cilindro a fin de desconocer el lugar del proyectil al apretar el gatillo—. Literal y metafóricamente hablando, la posibilidad se dispara en tal macabro juego, pues es el riesgo mortal es enormemente mayor, como mayor es el riesgo de recibir la cornada de un toro si se corre en un encierro bajo la influencia del síndrome de Pontius, por ejemplo. Escribió Jankélévitch que «la sombra de esa pequeñísima posibilidad, esa mínima preocupación es lo que hace peligroso el peligro y apasionante la aventura. La muerte es lo peligroso de todo peligro, lo malo de toda enfermedad, aun cuando ésta sea una calentura de nada, un benigno dolor de cabeza o el furúnculo más insignificante»[276]. En la pandemia reciente, el número de balas en el revólver, por seguir con el ejemplo, aumentó: se pasó de jugar diariamente con una única bala a jugar con cuatro o cinco. El riesgo mortal creció hasta alcanzar niveles insospechados, y a raíz de esos dramáticos niveles la sensación de la brusca inminencia y cercanía de la muerte emergió, como emergieron el miedo y el pánico. Y bien que alegar que la muerte proporciona «aventura» a la vida es lo mismo que decir que la muerte (o, por mejor decir, nuestra condición mortal) es el acicate de la existencia humana, porque «para poder correr una aventura hay que ser mortal y vulnerable de mil maneras; es preciso que la muerte pueda penetrar en nosotros por todos los poros del organismo,

---

276 Vladimir JANKÉLÉVITCH, *La aventura, el aburrimiento, lo serio*, Taurus, 1989, p. 19.

por todas las junturas del edificio corporal»[277]. La mortalidad, la finitud y la vulnerabilidad reúnen en sí lo humano. El hombre, gracias a la muerte, se embarca en la aventura de vivir la vida. Con pasmosa sencillez y una seguridad en apariencia plena, las personas esquivan la muerte si los tiempos que corren son sosegados. *Se piensa (por no pensar la muerte) en la inmortalidad de la vida, en la mortalidad de la muerte.* Año a año se confecciona una imagen errónea de la vida, una imagen edulcorada que aspira a la perfección de la vida y cuanto hay en ella, como la idea que recoge la noción popular de «hiperfelicidad», una imagen «expurgada de toda oscuridad y maldad. La juventud, la salud y el vigor se han convertido casi en un culto. Los anuncios publicitarios muestran a jóvenes bellos jugando en las playas al sol y no existen la maldad ni la muerte ni la enfermedad. Resulta perturbador admitir la muerte y la pérdida»[278]. El riesgo mortal, por ejemplo, en un anuncio televisivo resulta grotesco y chocante, alarmante, pero tan pronto impacta en la audiencia como lo nubla o lo empaña la mecánica del olvido. A fin de revertir la soporífera actitud humana, cuantiosos anuncios de aparente gran calado se emiten por televisión, radio o como vídeos-exprés en Redes Sociales y nada, no conmueven al hombre ni remueven su *consciencia* ni su *conciencia*. Ciego ante el peligro. Nada parece exacerbar; todo parece ubicarse en la lejanía. No es casualidad que dicha actitud germine en el seno de la Humanidad justo cuando ésta atraviesa la *época de la virtualidad*, de (in)salvable distancia humana, de quedadas a través de videoconferencias a kilómetros, de contenido basura e irrisorio, y de relaciones de cristal: amorfas, superfluas y líquidas en sentido baumaniano. Y no es cuestión de culpar sin fundamento estas conexiones telemáticas, producto positivo del avance tecnológico, la culpa —si hubiera un culpable— recae en quienes suplen

---

277 *Ibid.*, p. 20.
278 Francisco J. VARELA, *El sueño, los sueños y la muerte. Exploración de la conciencia con S.S. el Dalai Lama*, José J. de Olañeta, 1998, p. 141.

con inusual satisfacción las relaciones en persona por el hecho de hablar y verse, «en la vida compartida por videoconferencia la imagen es una proyección en un plano bidimensional y lo central es el discurso. Percibimos entonces que no es el mero hablar lo que nos comunica. Necesitamos de corporalidad, de copresencia, simplemente un estar-con-los otros»[279]. La voz y la imagen son insatisfactorias si se compara con el «estar-con-los otros». Estas corporalidades en compañía, estas presencias acompañantes, precisamente son informantes en la vida: informan e invitan al viviente a vivenciar la vida, a lanzar las mallas para capturar experiencias, a sentir la vida más viva y auténtica, cercana. Y al extrapolar esto a las relaciones —experiencias, vivencias— que nos vinculan con la muerte, uno descortina un funesto telón que esconde una vergonzosa realidad: «El contacto que tenemos con esa experiencia es televisivo, mediático, telemático. A diferencia de todas las epidemias anteriores, no vemos morir ni la muerte es apta [...]. Solo vemos asépticas instalaciones hospitalarias y a los enfermos conectados a máquinas, cercados por mamparas plásticas. Distancia. Como mucho vemos ataúdes o ya sus cruces en los cementerios»[280]. Ceguera. Si es evidentemente claro que las relaciones sociales no deben reducirse a lo virtual, todavía más éstas que guardan relación con la muerte, tan «vital» en la vida humana. Y para evitar a toda costa ese riesgo mortal se escoge, normalmente, olvidar. Como si olvidar fuera un comando rudimentario y de ejecución sencilla. Es, no obstante, una peligrosa actitud que, más tarde o más temprano, pasa una gran factura imposible de pagar. Según reconoció Ariès,

> en un mundo sometido al cambio, la actitud tradicional ante la muerte aparece como un rompeolas de inercia y de continuidad. Está ahora tan difuminada en nuestras costumbres que a

---

279 Rita Segato, *Expuesta a la muerte. Escritos acerca de la pandemia*, Metales Pesados, 2023, p. 33.
280 *Ibid.*, p. 45.

duras penas podemos imaginarla y comprenderla. La actitud antigua en que la muerte está a la vez próxima, familiar, y disminuida, insensibilizada, se opone demasiado a la nuestra, en que causa tanto miedo que ya no osamos decir su nombre. [...] hoy se ha vuelto salvaje mientras que antes no lo era. La muerte más antigua estaba domada[281].

La crisis pandémica, entre otros factores globales de envergadura —sin ánimo de comparar, repárese en el conflicto bélico entre Rusia y Ucrania y, en especial, en la invasión rusa del territorio ucraniano en febrero de 2022—, portó bajo el brazo una petrificación diaria. Como un zarpazo metafórico estos acontecimientos dejan el mundo inmóvil. Se produce un proceso desnarcotizador de la consciencia tanática de la cual hace gala el ser humano. Con la pandemia, sin ir más lejos, la muerte emergió del olvido y del silencio en que se encontraba e irrumpió en la sociedad como el relámpago que antecede al trueno. Se produjo, por mejor decir, un brusco estancamiento del proceso que tiene por meta la asepsia del morir. Antaño, en un pasado nada lejano,

también el nacimiento y la muerte —como otros aspectos animales de la vida humana— tenían un carácter público en mayor medida que hoy; eran acontecimientos sociales, menos privatizados de lo que están hoy en día. No hay nada más característico de la actitud actual hacia la muerte que el temor que muestran los adultos a familiarizar a los niños con los hechos relacionados con ella. [...] Se les ocultan a los niños los hechos más sencillos de la vida por un oscuro sentimiento de que su conocimiento podría dañarlos, hechos que forzosamente han de acabar por conocer y por comprender[282].

Natural podrá ser el morir y la muerte y, sin embargo, se persigue con insistencia borrarla del mapa, sin más. Porque

---

281 Ariès, *El hombre ante la muerte*, *op. cit.*, p. 32.
282 Elias, *op. cit.*, p. 42.

el óbito provoca no sólo horror, sino repugnancia. En ocasiones, la muerte causa un grave traumatismo. A propósito de lo escrito, Elias arguyó que, «*grosso modo*, en las sociedades más desarrolladas los peligros en la vida de las personas, incluido el peligro de muerte, se han hecho más previsibles, y en esa misma medida se ha atemperado la necesidad de poderes protectores sobrenaturales»[283]. Durante décadas, en tiempos prepandémicos o en que las pandemias no asolaban el mundo, los hombres toreaban los peligros del día a día y se sentían más cómodos y seguros que nunca. En tal comodidad, las personas han desmontado casi en su totalidad los pilares que soportaban las necesidades con base en las creencias en poderes «divinos» para aspirar a la salvación. El merecido protagonismo del ascenso científico-tecnológico, máxime en lo que a mejoramiento clínico-sanitario se refiere, ha sido el gran «culpable».

Así las cosas, el a veces obsoleto sentimiento del Medievo, que durante tiempo arraigó en la sociedad occidental, es impensable en tanto que improbable se piensa que sería tal panorama en nuestros días. Sin embargo, la caótica situación pandémica puso en solfa las formas en que fallecían las personas, insertas en la cómoda cotidianidad en la cual se permitían la licencia de ocultar los «hechos que forzosamente han de acabar por conocer y por comprender». A la luz de lo escrito, Javier Sádaba meditó sobre cómo la cotidianidad fabrica un sentimiento de relajación y comodidad que hace lucir invisible a las cosas y las hace, pues, «inexistentes» o «irreales». «En la boca de mucha gente la expresión "vida cotidiana" aparece como un insólito descubrimiento, como el "paraíso perdido" que, al estar tan cerca, no hemos sido capaces de reconocer»[284], porque la cotidianidad juega con el acto de magia del ocultamiento y desocultamiento. Cuanto más cerca se muestra el paraíso cotidiano, menos se aprecia por

283 *Ibid.*, p. 28.
284 Javier Sádaba, *Saber vivir*, Libertarias, 1984, p. 37.

ser precisamente cotidiano. Es, como mínimo, curioso el hecho de no haber reparado en la vida cotidiana, ni en su estética ni el gozo que produce ese vivir. En relación con la muerte, la comodidad de la vida cotidiana camufla los dolores. Justamente porque las comodidades que la sociedad del presente nos ofrece, con la vida humana reducida teóricamente de peligros, han ablandado la entereza humana ante la muerte, haciéndonos más delicados de cara al óbito.

En nuestra historia no tan remota, el giro tanático fue abismal e irremediable. En algún punto, el temor y el tabú social actuales tienen un origen en esa higiénica manía con la que se gestionan las consecuencias del morir. Sírvame la nada somera historia de la muerte para desarrollar la idea. «Nuestra sociedad, siendo mortal, rechaza la muerte. Y así como la muerte ocultada o escamoteada es la *muerte en otro lugar, fuera del lenguaje, fuera de la naturaleza, fuera del hogar*, el difunto, a su vez, obedece al mismo principio de *desplazamiento-evacuación*: es *obsceno* y proscrito, está de más»[285]. El difunto está-de-más. Un moribundo de los siglos pasados fallecía en su hogar; los familiares, portadores de ropajes sucios y botas embarradas, entraban y salían de la estancia sin el menor asomo de espanto por la ausencia de cuidado; el cuidado por la higiene era mínimo, mal que pesara a los médicos de la época. No obstante, cabe afirmar que eran, cuando menos, muertes «acompañadas», cercanas a la calidez de su hogar y sin la preocupación de esconder a la persona en sus horas finales. «A raíz de la ascendente profesionalización de la medicina, se intensifican la disimulación y el encubrimiento: las personas actúan como si hubiesen acordado restarle importancia a la enfermedad, aun cuando esta, en lugar de dar signos de mejora, va empeorando, con peligro de muerte»[286]. Al parecer, una medida aplicada con

285 THOMAS, *La muerte, op. cit.*, p. 87.
286 Marco SANZ, *La emancipación de los cuerpos. Teoremas críticos sobre la enfermedad*, Akal, 2021, p. 41.

aires de plebiscito. Ante el doliente, un cambio en el comportamiento opera en la mayoría de las personas. Se aniña al paciente de manera automática y se le oculta su estado de salud. Antaño, la despreocupación por mostrar sin prejuicios la información del inminente fallecimiento del enfermo era mayor.

En la vida de hoy, es mayor y más seria la atención a las fases finales de la vida de una persona. Gracias a las pesquisas de Elisabeth Kübler-Ross, de las mentes más hábiles en materia tanatológica, se estudiaron con mayor rigor y profundidad las fases finales de los moribundos, aquellas cuyo destino creído lejano se presentaba inminente. Antes bien, la psiquiatra hizo hincapié en que «quizá tengamos que volver al ser humano individual y empezar desde el principio: intentar concebir nuestra propia muerte y aprender a afrontar este acontecimiento trágico pero inevitable, con menos irracionalidad y menos miedo»[287]. Dígase, sin rodeos, que eran muertes más abiertas y conscientes por parte de los seres cercanos y del propio moribundo. «Siempre se moría en público. [...] Hoy ya no tiene más que un sentido trivial, porque realmente hay muchas posibilidades de morir en la soledad de una habitación de hospital»[288],

---

287 Elisabeth KÜBLER-ROSS, *Sobre la muerte y los moribundos*, Grijalbo, 1994, pp. 29-30. Acerca de las aludidas fases, Horvilleur escribió, en mi opinión acertadamente, que «una de las más famosas modelizaciones de las emociones del final de la vida es la de Elisabeth Kübler-Ross. Según ella, más o menos todos los pacientes pasan por las cinco mismas fases ante la inminencia de la muerte: un periodo de negación, seguido de un arranque de ira y posteriormente de una forma de negociación que el enfermo inicia justo antes de que la depresión se apodere de él. Y solo a raíz de esta última etapa puede surgir una forma de aceptación de la muerte» [HORVILLEUR, *op. cit.*, p. 148]. En suma, se diría que las fases descritas por la psiquiatra nacida en Zúrich se traducirían en «negación, ira, negociación, depresión y resignación». Por expresarlo de otro modo, la mayoría de los enfermos terminales irían diciendo, en este orden: "tiene que haber un error", "qué injusticia", "dejadme vivir al menos hasta tal o cual fecha señalada", "¿para qué?", y "ya estoy preparado"» [*Idem.*]. Es lo que se conoce como Modelo de Kübler-Ross.
288 ARIÈS, *El hombre ante la muerte, op. cit.*, p. 24.

afirmó Ariès. Acúdase a la visión sociológica de Richard Sennett, quien, además, aludió al pensamiento del historiador de Blois, «la manera más apropiada de morir era decir una palabra, si era posible, a cada persona que había en la habitación, o hacer un movimiento de reconocimiento con la mano o los ojos, pero nada más. En la vida, como en el arte, el momento de la muerte tiene que ser un momento de meditación más que de depresión»[289]. El paso de morir en el hogar a morir entre salas de un hospital ha influido en el tratamiento del hombre con la muerte, y de modo más peculiar con *su* muerte. El trato del vivo con el muriente y, más tarde, con el muerto y su cadáver.

El hospital, entonces, pasa a ser un lugar ambiguo, no cabe duda, borroso o confuso si se prefiere. Se muere en éste porque «se ha convertido en un lugar en el que se procuran cuidados que no pueden procurarse en casa»[290], no al menos para el ciudadano de a pie, y tal arenga es, sin riesgo de caer en el error, una verdad innegable. Entiéndase la pulcritud con que, en situaciones normales, es manejado el óbito. Hay desemejanzas entre morir en la calidez del hogar, alrededor de familiares y seres allegados —la frase ecuménica «Morir en compañía»[291] suele oírse a menudo—,

---

289 Richard SENNETT, *Carne y Piedra. El cuerpo y la ciudad en la civilización occidental*, Alianza, 1997, p. 183.

290 Philippe ARIÈS, *Historia de la muerte en Occidente. Desde la Edad Media hasta nuestros días*, Acantilado, 2000, p. 85.

291 Con la expresión «en compañía» aludo a la posibilidad de una muerte «acompañada», es decir, en la que el moribundo está acompañado de familiares y amigos en los últimos momentos de su vida. Recuérdese la cita de Heidegger: «*Nadie puede tomarle al otro su morir. Bien podría alguien ir a la muerte por otro.* [...] *La muerte, en la medida en que ella "es", es por esencia cada vez la mía*» [HEIDEGGER, *Ser y tiempo, op. cit.*, §47, 240, p. 257]. La muerte es intransferible, cada vez mía y de nadie más, siempre muere uno en soledad, siempre es uno quien muere. Hasta cierto punto, sin embargo, los instantes finales sí pueden vivirse «en compañía», acompañado, pese a morir, morir al final uno y ser el *otro* un espectador. Ser de despedidas. El hombre siempre se despide en soledad. «La soledad está al acecho en la vida del hombre en todas las separaciones: el hombre es un "animal de despedidas". [...] Partir, cambiar, envejecer..., todo es "morir un poco". Por fin, está la despedida de la muerte.

y morir en un hospital, donde la limpidez y el riguroso empeño en «camuflar» al moribundo y, una vez alcanzado el desenlace, al cadáver es la práctica moral, social y culturalmente admitida, esperada y deseada, en ocasiones por el moribundo inclusive. Y no morir «en compañía», a menudo también, está en consonancia con la inadmisibilidad de la muerte del moribundo del lado de los familiares. En numerosos casos, el ser que se encuentra *ad portas mortis* se enfrenta al rechazo del familiar, incapaz de compadecerse y, menos todavía, de empatizar con él. «Sorprende el número de enfermos de cáncer cuyos amigos y parientes les evitan y cuyos familiares les aplican medidas de descontaminación, como si el cáncer fuera una enfermedad infecciosa»[292], idea que lamentó Susan Sontag. En tal coyuntura, el hospital brinda una alternativa auxiliadora al familiar, que se «libra»[293] del cuidado y la atención a ese enfermo de cáncer, de su futuro cadáver y del sentimiento de pánico que engendran los alrededores de la muerte. Como si de una muerte contagiosa se tratara. En relación con la descontaminación del cadáver y según Rudolf Otto, esos «reflejos sentimentales que se dan naturalmente ante el muerto son de dos clases: de un lado, el asco hacia lo hediondo, corrupto, repugnante; de otro lado, la turbación, inhibición de la propia voluntad vital, el temor a la muerte, el horror que se experimenta inmediatamente a la vista de un muerto, sobre todo si es de la propia especie»[294], pues

---

Sin silenciar los pasos del camino que nos dan directos avisos de muerte: el sueño, la enfermedad, la culpa; despedidas del diario lleno, del tiempo de vigilia; despedidas del vigor, de la inocencia. Por "animal de despedidas", es el hombre "animal de soledad"» [Saturnino Álvarez Turienzo, *El hombre y su soledad. Una introducción a la ética*, Sígueme, 1983, p. 48].

292 Susan Sontag, *La enfermedad y sus metáforas*, Muchnik, 1980, p. 11.

293 Este manejo cultural de la muerte, por ejemplo, es diametralmente opuesto al vivido por la tribu de los Toraja, oriundos de Indonesia, donde el cadáver del familiar se conserva, cercano a la familia, es sacado del ataúd, paseado por las calles y exhibido ante decenas de miradas vecinas y extranjeras.

294 Rudolf Otto, *Lo santo. Lo racional y lo irracional en la idea de Dios*, Alianza, 2005, p. 157.

a ésta «turbación» le acompaña, al final de los finales, la cruda realidad de morir en soledad.

Profundícese en este segundo nivel, no en la «compañía» del moribundo, sino en la muerte en el hospital. Es indiscutible que, con mayor frecuencia, se muere en los hospitales —al menos en España y en los llamados países del primer mundo en general— y que, por lo común, quienes pisan un hospital portan bajo el brazo esperanzas de salir de éste con vida, de vivir. Una estadística extrapolable a cualquier país desarrollado es la que brindó Morin: «La muerte fue expulsada de los domicilios: hace cincuenta años, el 80% de los fallecimientos se producían en casa; en 2007, el 80% de los fallecimientos se producen en el hospital»[295]. El hospital, entonces, se escuda en ser un «templo de sanación». Con la pandemia del COVID-19, dicha simbolización ha sido puesta en entredicho: los moribundos se hacinaron en pasillos sin posibilidad de ser atendidos y de sanarse; las personas que acudían con síntomas llegaban, a su vez, con falsas esperanzas o, en casos contados, con un «Adiós» en sus labios y despidiéndose, si acaso había posibilidades, de sus familiares; médicos exhaustos reivindicaban tiempos de descansos o relevos para dar más de sí y atender a los pacientes con el trato que merecían; profesionales sanitarios contagiados por el virus, enfermos que hacían enfermar, y más que transmitir calma y seguridad, comunicaban nerviosismo e intranquilidad. Los acontecimientos vividos rompieron en gran medida con la asunción del hospital como templo de sanación. El trágico período pandémico hizo recalcar, más que nunca, el carácter paradójico de los hospitales. A despecho de la fecha de publicación (1976), resultan anacrónicas las palabras de Joaquín Santo-Domingo en su obra *Psicosociología de la muerte*, en éstas reafirmó que

---

295 MORIN, *La Vía, op. cit.*, p. 279.

el hospital de hoy, más todavía que el de ayer, no es sólo la institución que prolonga la vida, sino que al terminar fatalmente perdiendo su batalla es también fábrica de muertes. Sin embargo, de la misma manera que el médico, el hospital debe aparecer como el defensor de la vida por encima de todo, y el mero hecho de admitir la necesidad de asistir a la muerte lleva implícito el reconocimiento de su fracaso como institución en cierto sentido[296].

Los hospitales y los médicos cubren las carencias sanitarias del hogar. Es inviable para el ciudadano de a pie, se dijo, que una casa disponga de las tecnologías biosanitarias y los cuidados proporcionados por el personal cualificado del hospital. En comparación con los cuidados que pueden brindarse en el hogar, el hospital se desmarca como mejor procurador de condiciones para salvar la vida de la persona, para rescatarla de una enfermedad mortal. ¿El proceso de higienización de la muerte, que busca la asepsia del morir, está en tal caso justificado? Sea en la cómoda cotidianidad o en circunstancias extraordinarias dignas de novelas distópicas, el contexto de morir en el hospital es, por así decirlo, el precio a pagar por la esperanza de salvarse en manos del profesional personal sanitario. La elección del traslado del moribundo al hospital frente a la permanencia en el lugar de residencia es, por regla general, apropiada y aconsejable. Se escoge trasladarse al hospital, salvo en casos excepcionales como aquellos en que la persona enferma se encuentra al borde de un acantilado irremediable y opta, consciente de lo que implica su decisión, poner punto final a su vida en el hogar.

Es curioso, cuando menos, cómo la mayoría de la gente no tiene por deseo morir en el hospital «dado que muy pocos de los profesionales que trabajan allí tienen la experiencia o la formación para apoyarles a ellos y a su familia en el proceso. Por eso, morir en casa o en un centro de cuidados paliativos con profesionales que

---

296 Joaquín Santo-Domingo, *Psicosociología de la muerte*, Castellote, 1976, p. 15.

han recibido formación para ofrecer atención al final de la vida parece una alternativa mucho mejor»[297], como sugirieron Nicole Piemonte y Shawn Abreu. Un acertado argumento en defensa del hospital gravita en torno a la idea de «templo de sanación» y no de «cuna de cadáveres». Es menester refrescar que «el hospital es un lugar para arreglar y rescatar, un lugar en el que la gente muere en urgencias tras esfuerzos heroicos, no un lugar en el que las familias se hacinan en pequeñas habitaciones, entre máquinas, soportes y tubos intravenosos, para ser testigos de los últimos momentos de sus seres queridos»[298]. En tales casos, los familiares del paciente escogen sacrificar la esperanza de curación por una muerte en casa, aunque son pocos los casos. Los murientes, huérfanos de esperanza, lanzan un reclamo: «tanto desde el camastro de un hospital como desde la lujosa clínica asciende el grito de los moribundos que suplican que se les regrese a su casa»[299], en especial si resulta ser su casa natal, remarcó Morin, pues el sentimiento hogareño en las horas finales no deja de resplandecer por más que la llama vital se mitigue. Se prioriza en ciertos casos la muerte en el hogar, en la intimidad de la casa donde hicieron vida.

No obstante, así como aflora la cara salvífica del hospital, germina la cara oculta, desconocida para un sinfín de personas. Según Iván Illich, en los hospitales de hoy, de tecnología biosanitaria avanzada, «la negligencia pasa a ser "error humano aleatorio", la actitud encallecida se convierte en "indiferencia científica", y la incompetencia se transforma en "falta de equipo especializado"»[300]. El progreso sanitario «moderniza» o «actualiza» el lenguaje. Al tecnologizarse, se gesta una higienización de la dimensión humana, una especie de asepsia ética que contamina lo humano. «Con la

---

297 Nicole PIEMONTE y Shawn ABREU, *La muerte y el morir*, Cátedra, 2022, p. 96.
298 *Ibid.*, p. 42.
299 Edgar MORIN, *El hombre y la muerte*, Kairós, 2003, p. 131.
300 Iván ILLICH, *Némesis médica. La expropiación de la salud*, Barral, 1975, p. 27.

despersonalización del diagnóstico y la terapéutica, el ejercicio profesional impropio ha dejado de ser un problema ético y se ha convertido en un problema técnico»[301]. La técnica y la despersonalización del hospital, entonces y acorde con el pensamiento del polémico pensador austríaco, emergen como culpables, no son cuestiones humanas, sino técnicas. Lo humano queda relegado o arrinconado. La despersonalización del hospital, la escasez de «mano humana», arma de doble filo, originó el paso de lo ético (lo humano) a lo técnico (la máquina, lo tecnológico). Para un gran número de personas, tal paso, tal rumbo despersonalizador, juega en detrimento de la llamada «muerte digna» (*Dignified death*), «morir con dignidad» (*Died with dignity*), pues la persona muere, por así decirlo, despersonalizada. La eutanasia o «muerte dulce» a menudo está relacionada con un digno morir. Léase a uno de los máximos exponentes españoles en el asunto, Bueno, quien comentó que, «cuando se dice, como argumento principal de los defensores de la eutanasia, que todo hombre "tiene derecho a una muerte digna", ¿qué se quiere decir? O se pide el principio, o es mera retórica: pues muerte digna no es sólo muerte sin sufrimiento»[302] y, así vista, la eutanasia como ejemplo de muerte digna plantea serios problemas e impasses. Estas circunstancias no arropan al paciente moribundo, sino que lo desangelan y lo desnudan ante un dolor un tanto especial. Barbara Ehrenreich lo relató con suma clarividencia:

> Hace dos años me encontraba sentada a una mesa en un patio sombreado en compañía de amigos, todos de más de sesenta años, cuando la conversación derivó hacia el tema de la muerte, algo lógico dadas nuestras edades. La mayoría de los presentes afirmaron que no temían a la muerte, solo al sufrimiento que pudiera acarrear. Hice lo que pude para asegurarles que eso

---

301 *Idem.*
302 Gustavo Bueno, *El sentido de la vida. Seis lecturas de filosofía moral*, Pentalfa, 1996, pp. 200-201.

podía minimizarse o eliminarse insistiendo en una muerte no médica, sin el tormento de las intervenciones heroicas por prolongar la vida unas pocas horas o días. Es más, ahora disponemos de los medios para hacer el final de la vida más confortable, si no directamente agradable: centros de cuidados paliativos, analgésicos, fármacos psicodélicos e incluso, en algunos lugares, leyes que permiten el suicidio asistido. Al menos para aquellos que tienen acceso a estas cosas, hay poco que temer en cuanto a sufrimiento personal[303].

El dolor, así pues, entra en escena ligado a la despersonalización, pero no en un plano individual, sino más bien colectivo. El sufrimiento se palía a toda costa, se desea evitar sin miramientos. Al advertir esta realidad vinculada al hospital, Illich reiteró una constante antropológica y cultural, que en «todas las culturas enseñan el sufrimiento como arte que le permite a uno hacer frente en profunda soledad al tipo de dolor físico que no puede evitarse. La civilización médica enseña que el sufrimiento es innecesario porque el dolor puede eliminarse técnicamente»[304]. Al decir de Ehrenreich e Illich, se asiste al hospital con el ánimo de prolongar la vida y zafarse del dolor gracias, en gran medida, al avance médico-tecnológico. Habitualmente, así acontece. Sin embargo, «uno muere en el hospital porque los médicos no han logrado curarlo. Se va o se irá al hospital ya no para curarse, sino precisamente para morir»[305], morir, eso sí, de manera indolora. «Por una parte se oculta la muerte, se disimula el hecho de que todos nosotros salimos un día a escena para representar nuestro último drama. Se disimula el hecho de que el hospital se ha convertido en un paso obligado de la vida, un lugar de muerte,

303 Barbara EHRENREICH, *Causas naturales. Cómo nos matamos por vivir más*, Turner, 2018, p. 227.
304 ILLICH, *op. cit.*, p. 121.
305 ARIÈS, *Historia de la muerte en Occidente*, *op. cit.*, p. 85.

es decir el lugar manifiesto del fracaso de la clínica»[306], como arguyó Jacques Attali. El terror al dolor cobra un protagonismo indeseado. Adolecer en el hospital se siente un descalabro fuera de lugar, algo intolerable, inadmisible. E inadmisible se le presenta a uno el error médico, el error humano, que se pone en entredicho. Con harta frecuencia, y no es descabellado imaginarse la escena, al médico o al enfermero se le acusa de *mala praxis*, negligencia médica, incumplimiento de su juramento hipocrático o desidia profesional marcada por la omisión de socorro o la irresponsabilidad. Así la cosa, al personal sanitario se le cubre el rostro con una máscara diabólica, olvidando por completo que es éste el encargado de remediar las averías fisiológicas del paciente.

No obstante, y al margen de esa máscara injusta, el médico adquiere un rol que roza lo divino y actúa en consecuencia. «La autoridad moral da al médico un derecho a controlar y dirigir, derivado de la bondad y rectitud consustancial al "ethos" de su labor. La sociedad espera de ellos que, en cuanto médicos, busquen el bien del paciente»[307]. El miedo en los pacientes trabaja en perjuicio de la *buena praxis*[308] y la imagen digna y real de los sanitarios. La sanidad y los hospitales salvan vidas y atemperan y remedian el dolor, pero la salvación del horror que genera sentir dolor, de morir uno u otro y de morir entre inhumana agonía es,

---

306 Jacques ATTALI, *El orden caníbal. Vida y muerte de la medicina*, Planeta, 1981, p. 203.

307 José Manuel RIBERA, *Reflexiones sobre la propia muerte*, Mezquita, 1982, p. 56.

308 *Primum non nocere*. Hans Küng recordó de manera concisa el juramento hipocrático, aquel que Hipócrates les hizo jurar a los discípulos aprendices de la medicina: «En la práctica médica tiene un reconocimiento universal el principio: "*Salus aegroti suprema lex*: ¡Que la salud del enfermo sea la norma suprema!". La "Declaración de Ginebra" de la Asociación Médica Mundial compromete al médico con las siguientes palabras: "*The health of my patient will be my first consideration* [El bienestar de mi paciente será mi primera preocupación]". Y el Código Internacional de Ética Médica exige: "*A physician shall act in the patients best interest when providing medical care* [En la atención médica, el médico debe actuar en el mejor interés del paciente]"» [Hans KÜNG, *Una muerte feliz*, Trotta, 2016, p. 49].

a juicio de una gran masa, incurable. A veces, hasta la conducta que la profesión adopta con respecto a los cadáveres es injustamente reprochada. Tal reproche parte de la siguiente cuestión: ¿es el cadáver de un hombre que perdió la vida algo más que un mero cuerpo yerto? Según Heidegger, «el mismo cadáver ahí presente sigue siendo, desde un punto de vista teorético, un objeto posible de la anatomía patológica, cuya manera de comprender queda orientada por la idea de la vida. Lo meramente-presente es "más" que una cosa material *sin vida*. En él comparece un *no-viviente* que ha perdido la vida»[309]. El maestro de la Selva Negra arrancó lo terrible del cadáver, lo extirpó sin temor. La fenomenología de la muerte, si la hubiere, o la fenomenología del ser que perdió la vida y se tornó cadáver, esquiva lo catastrófico que hay de la muerte del ser como finado. Como consecuencia, los estudiosos y eruditos de la medicina, la enfermería, la tanatología y demás ramas de la sapiencia más práctica cercanas a la muerte, se les presenta el cadáver como un mero «utensilio», eso sí, con una finalidad asistencial, con cierto sentido clínico. Rara vez se instruye al personal médico-sanitario en materia filosófica o, por mejor decir, en la dimensión humana del paciente. Y aunque la muerte es la tónica predominante de los estudios médico-sanitarios, se descuida con harta frecuencia el carácter finito de la persona-paciente y la fragilidad de su mortalidad. En todo caso, sí existe una especie de liturgia en torno al fallecido, sí se nimba el cadáver, respetándolo con suma profesionalidad, salvando de él su carácter de «*no-viviente* que ha perdido la vida».

Con el tiempo, la muerte sufrió una progresiva descomposición y padeció una metamorfosis harto irreversible, desapareció del imaginario social y de las prácticas otidianas que permitían asumir su inexorable «presencia» en aras de una *economía de la vida* y no *de la muerte*. Han llevó a cabo una interpretación cruda, aunque no exenta de la justa dosis de realidad:

---

309 HEIDEGGER, *Ser y tiempo*, *op. cit.*§47, 238, p. 255.

La muerte se ha afirmado o se ha reprimido a favor de *la vida efectiva, segura, que se orienta por lo que permanece y es idéntico,* y a favor del capital futuro. Pero los muertos que la muerte deja como un residuo no reciclable ni economizable, esta materia inútil, vuelven a mermar la efectividad de la vida[310].

La muerte obligada al ostracismo en el mundo que reina. El tabú aflora con viveza. Tabú, claro está, porque la economía de la vida se facilita cortando los lazos de unión que hay entre la vida y la muerte. La meta a alcanzar es alejar la muerte del campo de visión humano, reprimirla con crudeza, «capitalizar» la muerte. El muerto, como finado, es eliminado de la consciencia humana y es marcado como «objeto inservible», remanente del que deshacerse. Una *muerte higiénica*: manejo del «residuo no reciclable ni economizable», de la «materia inútil», con higiénico pudor, con limpieza. El pensamiento haniano guarda una peculiar sintonía con el de Jean Baudrillard, cuando escribió en *El intercambio simbólico y la muerte* que «toda nuestra cultura es higiénica: su objetivo es expurgar la vida de la muerte. Es a la muerte que apuntan los detergentes de cualquier lejía. Esterilizar la muerte a cualquier precio, vitrificarla, refrigerarla, climatizarla, maquillarla, "señalarla", acosarla con el mismo encarnizamiento que al mugre, al sexo, al deshecho bacteriológico o radioactivo»[311]. Razón suficiente para cubrir el cadáver, para procurar hacerlo visible y cómodo al ojo, exhibirlo con suma discreción y, finalmente, desecharlo en beneficio de una plácida economía de la vida. La imagen es primordial. «Un muerto vestido de uniforme podemos contemplarlo con más frialdad que a un hombre con traje de paisano caído en una lucha callejera»[312], aseguró Ernst Jünger. Esta visión de la vida y la muerte causa

---

310 HAN, *Caras de la muerte, op. cit.,* p. 28.
311 Jean BAUDRILLARD, *El intercambio simbólico y la muerte,* Monte Ávila, 1980, p. 212.
312 Ernst JÜNGER, *Sobre el dolor,* Tusquets, 1995, p. 46.

pavor. ¿Será uno un vestigio de lo que *fue* y su cuerpo yerto un desperdicio del cual librarse?

La muerte es tan postergada y desterrada al olvido, como temida cuando hace «acto de presencia». De hecho, y pese a sonar irónico, «nos consolamos como si pudiéramos escapar de la muerte»[313], mencionó Emmanuel Lévinas. La inmensa mayoría de los occidentales «no asumimos la muerte, nos enfrentamos a ella o, simplemente, la encubrimos»[314], creyó con firmeza Maillard. A mi juicio, no erró. Encarar a la muerte; lidiar con la muerte; matar la muerte. Se fallezca en el hospital o en la calidez de la cama, morir acongoja. Adrede fue la muerte ocultada tras sudarios de ignorancia y, al menos en los países desarrollados, en Occidente, aun siendo noticia en medios de comunicación, se tuvo la esperanza de materializar la asepsia del morir. La muerte se desea sobremanera higiénica, sin vislumbre de suciedad y cada vez limpia, de cara a experimentar lo menos posible las secuelas que ésta produce en la envoltura carnal. Los hospitales, en honor a la verdad, aun siendo espadas de doble filo, han paliado en buena medida ese temor. No obstante, la presencia de la muerte, hoy, es arrojada a un continuo silencio, pues «quien entiende erróneamente la vida, siempre entenderá erróneamente la muerte»[315]. Casi en vano es el intento de paliar el sentir trágico de morir que reina por encima de la comodidad y la cotidianidad que presenta la vida de nuestro tiempo y en lo sucesivo a nuestro tiempo. Tal vez, se retorne al trágico sentir del Medievo que rememora la frágil vulnerabilidad de la existencia. Hoy día, una muerte similar a la magistralmente narrada en la obra de Lev Tolstói, con el poderoso telón de fondo filosófico que encierran los últimos días del muriente, es a poco inhabitual.

---

313 Emmanuel Lévinas, *Dios, la muerte y el tiempo*, Cátedra, 2005, p. 63.
314 Maillard, *Poemas a mi muerte, op. cit.*, pp. 8-9.
315 Lev Tolstói, *Aforismos*, Fondo de Cultura Económica, 2019, p. 265.

CAPÍTULO 14

LA MUERTE DE IVÁN ILICH.
HEROÍSMO DEL *YO* Y DEL AMOR

> ¡Gracias al cielo! la crisis,
> el peligro ya ha pasado,
> y la prolongada dolencia
> ha terminado por fin;
> y la fiebre llamada "Vivir"
> ha sido vencida al fin[316].

En el argot marino, la zozobra es la amenaza proveniente del viento o del mar que pone en apuros a una embarcación y alarma la navegación. En la jerga existencial, la zozobra sería la amenaza proveniente de la vida y la muerte que pondría en riesgo al ser y alertaría a su existencia. En *La muerte de Iván Ilich*, novela vitoreada con frecuencia, se avista una zozobra con aires derrotistas que anega a cualquier lector enfermo de «fiebre llamada "Vivir"». Ariès estudió en profundidad y a través del cristal antropológi-

---

316 Edgar ALLAN POE, *Poesía completa*, Hiperión, 2010, p. 253. Traducción del inglés: «Thank Heaven! the crisis— / The danger is past, / And the lingering illness / Is over at last— / And the fever called "Living" / Is conquered at last».

co los instantes finales del protagonista Iván Ilich[317] y los puso en tela de juicio: cómo el agonizante moribundo, sus seres cercanos y los denominados los *otros* —los demás, los que están de-más—, padecen una suerte de «experiencia» del morir y cómo Ilich, únicamente el protagonista, siente la amenaza que la muerte del plano físico-biológico y biográfico hace pesar sobre él. Antes que nada, esclareció los detalles de la enfermedad del burócrata: «Es larga, y los olores, la naturaleza de los cuidados la vuelven repugnante [...]. Durante la segunda mitad del siglo XIX, de forma bastante general, la muerte deja de seguir siendo vista como bella, se subrayan incluso sus aspectos repugnantes»[318]. Resuenan, acaso, las palabras citadas de la obra de Thomas al inicio del primer capítulo. En la segunda mitad del siglo XIX, la muerte carcome cuanto envuelve con su manto, no ya únicamente su propio concepto, y emerge en el Viejo Continente, sobre todo, una crisis de la muerte que socavará, en palabras de Thomas, «los puntos de apoyo del intelecto». La individualidad juega al desastre y a la desesperada, procurando, cuando menos, no caer en las fauces nihilistas de las que presume la muerte y acercándose a ésta no tanto por la vía intelectual, sino «olfateándola como un animal a fin de penetrar en su guarida». Empero la repugnancia que rodea la muerte desde entonces cobra un especial protagonismo. Tolstói narra en su obra una muerte sucia, un espectáculo nauseabundo que admirar por su severidad, un vacío vital impío y una soledad arrolladora. Pormenorizado por Ariès, la muerte

se vuelve inconveniente, como los actos biológicos del hombre, como las secreciones del cuerpo. Es indecente hacerla pública. No se tolera ya dejar a cualquier entrar en una habitación que

---

317 Puntualícese que Ariès usó la traducción francesa de la obra del escritor ruso, *La mort d'Ivan Ilitch*, donde se apellida al protagonista como Ilitch (y no Ilich). Si bien tal variación no trasiega en absoluto en el trasfondo del discurso, no está de más la advertencia con objeto de evitar confusiones.
318 Ariès, *El hombre ante la muerte, op. cit.*, p. 472.

huele a orina, a sudor, a gangrena, donde las sábanas están sucias. Hay que prohibir el acceso, salvo a algunos íntimos, capaces de superar su repugnancia, y a los indispensables procuradores de cuidados. Una imagen nueva de la muerte está formándose: la muerte fea y oculta, y ocultada por fea y sucia[319].

La muerte se vuelve en la obra de Tolstói «asquerosa», por rescatar el término al que recurrió Kant, «despierta *asco*». Justamente, se narra cómo «comienza entonces una larga noche en que Iván Ilitch debe asumir en silencio los sufrimientos y fealdades del mal físico, y la angustia metafísica. Nadie le ayuda en la travesía del túnel, salvo el joven mujik que le cuida»[320]. Si bien la belleza de siglos pretéritos abandona la muerte, una mugre intolerable la cubre aquí y ahora. Centellean las «fealdades del mal físico» mezcladas con la cruel «angustia metafísica» que entraña el morir. La muerte es «fea y oculta, y ocultada por fea y sucia», según Ariès, quien prosiguió su justificación:

> Los progresos rápidos del bienestar, de la intimidad, de la higiene personal, de las ideas de asepsia, han vuelto a todos y cada uno más delicados: sin que se pueda nada contra ello, los sentidos no soportan ya los olores y los espectáculos que, todavía a principios del siglo XX, formaban parte, junto con el sufrimiento y la enfermedad, de la cotidianidad. Las secuelas fisiológicas han salido de la cotidianidad para pasar al mundo aséptico de la higiene, de la medicina y de la moralidad[321].

El esbozado clima de crudeza e impureza, de ausencia de limpieza ante las secuelas que orbitan la cercanía de una muerte inminente, aparenta ser natural y enmarcado en el nivel biológico, en la caída del organismo vivo y en las repercusiones que conlleva esta corrupción. Sin embargo, la postura humana

---

319 *Ibid.*, pp. 472-473.
320 *Ibid.*, p. 471.
321 *Ibid.*, p. 473.

ante la muerte propia palpable en la obra de Tolstói se presenta en un nivel sociocultural. Entre la naturaleza y la cultura se produce una cautelosa ruptura. Clyde Kluckhohn afirmó que «una cultura es un almacén de los conocimientos reunidos del grupo. [...] Una criatura humana nace con menos instintos y más plasticidad. Su tarea principal es aprender las respuestas que han elaborado personas que no verá nunca, personas que han muerto hace mucho tiempo»[322]. La cultura es como un dardo tranquilizador, instala al ser humano en una suerte de seguridad y estabilidad cuyos cimientos descansan sobre los hábitos, las costumbres y las tradiciones; el ordenamiento de las clases que edifican la sociedad; los mitos y las creencias; la identidad de aquellos que viven en esa cultura; etc. Asimismo, es menester indicar del ser humano que, «una vez que ha aprendido las fórmulas proporcionadas por la cultura de su grupo, la mayor parte de su conducta llega a ser casi tan automática e irreflexiva como si fuera instintiva»[323]. Naturalmente, es el hombre la realidad más influyente en la vida del hombre. Dado lo anterior, el antropólogo estadounidense resaltó el rol de la cultura cotejándolo y ejemplificándolo con la función de un mapa: «La cultura es como un mapa. De la misma manera que un mapa no es un territorio, sino una representación abstracta de una región particular, así también una cultura es una descripción abstracta de tendencias hacia la uniformidad en las palabras, los hechos y los artefactos de un grupo humano»[324]. La cultura como cartografía de lo propiamente humano. Cabe destacar el contraste entre aquello que es estrictamente natural, «lo que la naturaleza ha hecho del hombre, y lo cultural, lo que el hombre ha hecho de sí mismo. La naturaleza aparece en este planteamiento como lo dado al ser humano de antemano, mientras que la cultura es considerada

---

322 Clyde KLUCKHOHN, *Antropología*, Fondo de Cultura Económica, 1981, p. 34.
323 *Idem.*
324 *Ibid.*, p. 39.

como lo adquirido por él a través de su actividad»[325]. Así y todo, la cultura media entre lo puramente biológico y lo que cae en tierra de lo biográfico, ubicado en el plano sociocultural. Léase con atención y en relación con lo escrito el comentario de Ingolf U. Dalferth:

> Los hombres se enfrentan de forma muy diferente con los infortunios y el crimen, con el sufrimiento y la tristeza, con la calamidad y la decepción, con el temor y el miedo, con la enfermedad y la muerte, y toda cultura hasta cierto punto compleja ofrece un espectro de estructuras de sentido en las que tales experiencias se dejan interpretar y en las que toda cultura, gracias a estas experiencias, o tal vez precisamente a pesar de ellas, puede ser vivida[326].

De antemano, este enfoque conduce a la inadmisibilidad rotunda de la muerte biológica. Mas el hombre nunca tiene la imperiosa necesidad de soportar lo puramente biológico de la muerte y del morir «desde cero» y «sin respaldo». Las formas en que se maneja o «se vive» la muerte, así como cualquiera de sus alrededores, están integradas en el plano cultural. Diríase que la cultura es mediadora entre lo biológico y lo que viene a definirse como la existencia biográfica de cada cual. Visto así, que la cultura medie entre los factores biológicos y biográficos sugiere que

> ninguno de nosotros, los occidentales modernos, se enfrenta a su muerte como a un hecho puramente biológico. Para nosotros, afrontar el término de nuestra vida es encarar una determinada enfermedad, tras una precisa terapia, en un ambiente concreto, rodeados de unos artefactos y no de otros. Nadie ha asumido nunca la muerte en general, sino una muerte particularizada por una situación concreta. [...] Esta mediación de la cultura

---

325 ARREGUI, *El horror de morir, op. cit.*, p. 102.
326 Ingolf U. DALFERTH, *El mal. Un ensayo sobre el modo de pensar lo inconcebible*, Sígueme, 2018, p. 44.

entre el proceso biológico y el plano biográfico es ignorada con demasiada frecuencia. A nadie le va a tocar asumir en su vida la muerte general, sino una muerte concreta en concretas situaciones determinadas por el sistema cultural[327].

Razón por la cual, si cada muerte se encuentra máximamente particularizada por una coyuntura específica y, a su vez, está supeditada al lugar y al tiempo en que sucede, siendo así el morir en el Paleolítico lejanamente distinto al morir en el Renacimiento o en un hospital del siglo XXI, entonces, tales desemejanzas entre una y otra no podrían ser, sin más, accidentales. Según observó Derrida, «cada cultura se caracteriza por su manera de aprehender, de tratar, podría decirse, de "vivir" el tránsito. Cada cultura tiene sus propios ritos fúnebres, sus representaciones del moribundo, sus prácticas del duelo o de la sepultura, su propia evaluación del precio de la existencia, de la vida colectiva o de la vida individual»[328]. La cultura la revelan los *otros*. La sobria lectura de *La muerte de Iván Ilich* supone un punto de inflexión idóneo para el esclarecimiento del rol que desempeñan el muriente y el *otro* en el óbito. En la novela, se otorga *vida* a un personaje marcado precisamente por la ausencia de vida. Fases y escenas previas a dar su último aliento, su resuello final, el protagonista se percata del rasgo principal que le marcó: el vacío (vital). De acuerdo con Max Scheler, «si tuviéramos siempre presente la muerte y el corto tiempo que vamos a morar aquí, no tomaríamos de seguro tan acalorada e importantemente [...] los asuntos del día, nuestro trabajo, nuestras ocupaciones terrenas y con ello todo lo que sirve para la conservación y desenvolvimiento de nuestra vida individual»[329]. Tal horror vivió el personaje principal. Tolstói reflejó en su obra que «la existencia personal es un paréntesis que

327 ARREGUI, *El horror de morir, op. cit.*, p. 109.
328 Jacques DERRIDA, *Aporías. Morir —esperarse (en) los «límites de la verdad»*, Paidós, 2000, p. 49.
329 Max SCHELER, *Muerte y supervivencia*, Encuentro, 2001, pp. 34-35.

interrumpe la permanencia señera de la nada; sin embargo, ésta continúa actuando, no renuncia, arrastra al ser, casi jugando con el existir exhibiendo su decadencia»[330], una decadencia hiriente que el hombre siente ante la inminente muerte. Se refleja el morir de forma literaria, claro está, evidenciando una soledad glacial sentida al repensar la vida humana desde la muerte, una mirada a la agotadora angustia existencial que reporta el morir y el saberse mortal. El novelista ruso aspiró a establecer una nueva concepción de la muerte, devolviéndole a la muerte su dimensión vital para la vida humana.

El señor Ilich, inmerso en su calamidad, «se hunde en su soledad y en su sueño, y no comunica más con su entorno. Se vuelve contra la pared, acostado de lado, con una mano en la mejilla, reproduciendo por instinto la postura de antiguos moribundos cuando habían terminado con los hombres»[331]. Se hace, por así decirlo, prisionero de su desgracia, mártir de la decadencia. Se viste de mártir, se cree mártir, se convence a sí mismo del papel que juega respecto al papel que juega el *otro*. Diríase que la máscara con la cual sale al escenario está cosida con hilo irrompible a su rostro. Y la actitud que adopta «pasa a la agresividad. Su estado empeora, su sufrimiento aumenta. Una mañana, su mujer llega, habla de remedios, él se vuelve y le responde *con una mirada de odio*»[332]. La vida le vuelve la espalda y él le vuelve la espalda a la vida. Su reacción es de renuncia, la esperanza de vivir se torna «fiebre de "Vivir"», como poetizó Edgar Allan Poe. El desdichado personaje aguarda la muerte, pero no como el mayor mal sobre la faz de la tierra. Søren Kierkegaard reconoció la radicalidad del dolor y que cuando no cabe escapatoria, el doliente, el agonizante, deposita sus esperanzas en llevar a término su vida. «Cuando la muerte es el mayor de todos los peligros, se tienen esperan-

---

330 Farré, *op. cit.*, p. 384.
331 Ariès, *El hombre ante la muerte, op. cit.*, p. 476.
332 *Idem.*

zas de vida; pero cuando se llega a conocer un peligro todavía más espantoso que la muerte, entonces tiene uno esperanzas de morirse»[333]. Ante el dolor que sólo el personaje soporta, la desolación le anega y la culpa cobra protagonismo. Solo. Ahora no la vida, sino el otro le vuelve la espalda y la reacción de Ilich ante tal dolor es volver su espalda, renunciar a la esperanza de compañía, de ser acompañado en sus últimos momentos de vida, de consuelo. Sin embargo y en ocasiones, el vivir (o el sobrevivir) del *otro* resulta tanto más devastador que el hecho de morir desangelado, desesperanzado. Morir en soledad es morir con la única compañía de los demonios que moran en cada cual. Acerca de la soledad atroz que acompaña al moribundo protagonista, León Chestov escribió que

> la muerte corta todos los hilos sensibles que nos atan a nuestros prójimos, y la condición primera, el comienzo de la regeneración de un alma humana es la soledad, una soledad que no podría ser más completa en el fondo de los mares, en el centro de la tierra, la soledad que no soportan, en cuyo seno perecen las legalidades, las regularidades, todas las substancias ideales. Su honesta existencia de funcionario no podía salvarlo a Iván Ilitch en el juicio final[334].

En la cita del máximo exponente del existencialismo en Rusia no se aprecia el retorno a la realidad del contexto, de su condición de moribundo, pues la soledad obnubila al personaje principal de la obra. Entonces, con el transcurrir de las interminables horas, brota una dimensión *concienciadora* que sale a la luz con timidez. El *otro*, como otro *yo* que será superviviente tras el fallecimiento del yacente, es sentido con lástima, y el protagonista comienza un proceso de aflicción en tanto que emerge la preocupación por el *otro*. Pelayo Fueyo concentró en un aforismo la magnitud de

---

333 Søren KIERKEGAARD, *La enfermedad mortal*, Trotta, 2008, p. 38.
334 León CHESTOV, *Las revelaciones de la muerte*, Ediciones SUR, 1938, p. 184.

esa consciencia tanática: «El moribundo les dice a sus parientes: "Os acompaño en el sentimiento"»[335]. Éste, sabedor del final que tristemente le aguarda, es consciente del dolor que impregnará a sus seres queridos a la hora de marchar. La consciencia de la mortalidad permite la capacidad de la despedida. Despedirse, en infinidad de casos, cierra grietas y sana heridas a supervivientes y murientes. «Acompañar en el sentimiento» es un signo de humanidad. El verdadero acompañamiento en el dolor por la pérdida es signo de compasión y empatía, un gesto humano, en su mayoría. Todavía más si quien nos acompañará en el dolor es quien morirá. El encontrarse próximo a su final, el moribundo reta a la némesis de la vida: la muerte. Se toma consciencia de la condición que soporta y soportará, y del dolor que origina y originará en el *otro*. A fin de diluir el sufrimiento que gotea cada instante en presencia del moribundo, se escoge salvar, en la medida de lo posible, al *otro* de sentir una muerte que, por justicia, no le corresponde. Arguyó atinadamente Ariès que

cuando Iván Ilitch sale de su silencio agresivo de varios días o semanas, abre de nuevo los ojos, se vuelve hacia su entorno, ve a su hijo que le besa la mano, a su mujer «con la boca abierta, sus mejillas y su nariz mojadas de lágrimas». La situación se invierte en[t]onces en relación a la que había sido a principios del siglo XIX. Es él quien tiene piedad de ellos. Comprende que debe irse. Pide que se haga salir a su hijo, porque la vista del sufrimiento y de la muerte puede impresionar a los niños, y su presencia en aquel espectáculo horrible y como obsceno ya no es admitida[336].

Con enorme maestría, Tolstói consiguió reflejar en su obra el desmoronamiento del ser consciente de su propio morir, una muerte marcada por el tiempo y el espacio, por las lamentaciones a consecuencia del dolor físico y biológico, pero también emocio-

---

335 Pelayo Fueyo, *La muerte, la poesía*, La Isla de Siltolá, 2019, p. 55.
336 Ariès, *El hombre ante la muerte, op. cit.*, pp. 476-477. [El corchete es mío].

nal y existencial. La supervivencia descarnada de los supervivientes es la marca de agua de la obra del novelista ruso. El *otro* se revela vital para la vida de cada cual, y entre las hojas de *La muerte de Iván Ilich* se anuncian dos senderos: el *yo* y el *otro*. Han confesó que, «ante la muerte, en lugar de un heroísmo del yo se desencadena un *heroísmo del amor*»[337]. Sin embargo, mal que pese, para el resto de personajes no exige la situación un lamento doloroso por su muerte, sino, más bien, el «adiós» del señor Ilich brinda un codiciado puesto vacante y un sentir grotesco por la propia salvación. Similares sensaciones, por cierto, exuda la obra *La metamorfosis* de Kafka. En la muerte de Gregorio Samsa no se llora una trágica vida ni una dramática muerte, no hay disculpa, lamento o conmoción, no se lee arrepentimiento ni hay indicio de culpa. Cruda ataraxia ante el cadáver de un ser humano marcado por la desdicha. Sí brota, acaso, la imperturbabilidad, el sosiego y el reposo de los familiares:

—¿Muerto? —dijo la señora Samsa, mirando interrogativamente a la asistenta, no obstante poderlo comprobar todo por sí misma, e incluso averiguarlo sin necesidad de comprobación ninguna.
—Esto es lo que digo —contestó la asistenta, empujando todavía un buen trecho con el escobón el cadáver de Gregorio, cual para probar la veracidad de sus palabras.
La señora Samsa hizo un movimiento como para detenerla, pero no la detuvo.
—Bueno —dijo el señor Samsa—, ahora podemos dar gracias a Dios[338].

En la brevísima conversación que mantienen los testigos del cadáver —el señor y la señora Samsa y la asistenta— se reflejan tres actitudes a destacar, cercanas al sentimiento que reina en

---

337 Han, *Muerte y alteridad, op. cit.*, p. 106.
338 Franz Kafka, *La metamorfosis*, Alianza, 2006, p. 107.

la obra de Tolstói. La primera, el empujón con el escobón de la asistenta al cuerpo representa la falta de compostura y decoro por el fallecimiento del joven Samsa, la impertérrita inconsciencia del hecho en sí, que ahora no es sino un insecto fenecido. La asistenta, luego, se deshace del cadáver. La segunda, el ademán de la señora Samsa de detener a la asistenta, pero sin alcanzar a detenerla, resulta a todas luces una actitud desoladora; si bien, en un primer momento, nace el sentimiento de respeto[339] por la persona que antes fue, de inmediato cesa y tolera que se produzca el empujón. La tercera y última, el desafortunado e inoportuno comentario que espetó el señor Samsa y que manifiesta una cruel indiferencia: «Bueno, [...] ahora podemos dar gracias a Dios». —Y quizá hasta podría continuarse la frase: «[...] de librarnos del calvario que contrajimos con Gregorio»—. Tal comentario no es de agradecimiento por librarse el doliente de su dolor, sino por librarse el superviviente del dolor que en él generaba el moribundo. En

---

339 Sobre el respeto se diría que ningún ser que *fuera* es *ahora* más o menos que otro, sino igual a ojos de la muerte. *Una muerte igualadora.* Al margen de las mencionadas obras, el respeto por el cadáver se hace notar. Escribió apropiadamente Schopenhauer que «el respeto que sentimos ante un muerto es afín al que nos inspira un gran sufrimiento, y cada caso de muerte se nos presenta en cierta medida como una especie de apoteosis o una canonización; por eso no contemplamos sin respeto ni siquiera el cadáver del hombre más insignificante y, por muy extraña que pueda sonar la observación en este lugar, la guardia presenta armas ante cualquier cadáver» [SCHOPENHAUER, *El mundo como voluntad y representación II, op. cit.*, §49, 732, p. 695]. Y sentenció Ferrater Mora que «al morir parece que se ejecuta el acto supremo de la existencia; los diversos momentos del vivir se hacen entonces más comprensibles, de suerte que quedan como impregnados con la claridad de un súbito mediodía. El respeto a la muerte, entendido como respeto a todo difunto, sea amigo o enemigo, familiar o extraño, es primariamente el respeto a esa peculiar nobleza que la vida cobra cuando ha sido rematada. Por eso el conocido respeto al cadáver es algo más que la piedad, y algo más también que el temor suscitado por la presencia de lo desconocido; es el respeto a la misma vida que parece haber cumplido, quisiéralo o no, su terrenal destino» [FERRATER MORA, *El ser y la muerte, op. cit.*, p. 155. El autor se cita a sí mismo en «Muerte e inmortalidad», *Sur*, 10, núm. 80, 1941]. Ante cualquier cadáver el respeto florece, sea por el propio cadáver, sea por la vida que *fue.*

la novela de Tolstói, el fallecimiento de Ilich produce, más bien, un sentimiento de calma, liberación y satisfacción en quienes «permanecen en pie», en quienes siguen firmes en el curso de la vida que atesoran. Gregorio Samsa e Ilich son el indeseado *otro*. No son un «uno impersonal», como tal, sino que representan la lejana figura del *otro*. Son un *yo* que muere, mas no son el *yo* que resiste a la muerte junto al muriente o al cadáver. Canetti escribió en *Masa y poder* que «el espanto ante la visión de la muerte se disuelve en satisfacción pues no es uno mismo el muerto. Este yace, el superviviente está de pie»[340]. La sentencia de Canetti trajo consigo recuerdos de un poema de Emily Dickinson:

> No era la Muerte, pues yo estaba de pie,
> Y todos los Muertos, estaban tendidos[341].

La muerte del *otro*, y no la muerte propia de cada cual, causa en el superviviente una silenciosa satisfacción que, a veces con vergüenza, viene a decir: «Sigo vivo», «Me he librado», «No era mi hora»[342]. Esos pensamientos exudan un aroma a calma y satisfacción, sí, pero también soportan la pesada carga de una dolorosa lápida grabada con un lóbrego «*Memento mori*», el «existir "desde" la constante posibilidad de morir, advirtiendo lo que ésta

---

340 Elias CANETTI, *Masa y poder*, Muchnik, 1981, p. 223.
341 Emily DICKINSON, *Poemas*, §510, Cátedra, 2010, p. 175. Traducción del inglés: «It was not Death, for I stood up, / And all the Dead, lie down».
342 Por lo pronto, y a raíz de la satisfactoria soledad que se desprende de la muerte tras el huracán que ésta resulta ser, Ortega y Gasset escribió: «La idea de la muerte, que implica toda una biología, una psicología y una metafísica, nos explica, nos permite saber a qué atenernos con respecto a esta soledad que nos queda de una compañía en que estuvimos. Y, por una transposición muy frecuente en poesía, el poeta romántico dirá: / ¡Qué solos se quedan los muertos! / ¡Como si fuera el muerto quien se queda solo de los vivientes, cuando el que se queda solo del muerto es precisamente el que se queda, el que sigue viviendo! La muerte es, por lo pronto, la soledad que queda de una compañía que hubo; como si dijéramos: de un fuego, la ceniza» [José ORTEGA Y GASSET, *En torno a Galileo*, en *Obras completas V*, Revista de Occidente, 1964, pp. 62-63].

significa»[343]. No obstante, Ilich sí toma consciencia de su propia existencia y singularidad, de su *yo* más propio, «desde» la posibilidad inminente de su fallecimiento. Y como «la muerte es, de todas las vivencias humanas, la que más cercanía tiene con la nada»[344], según Holzapfel, morir se experimenta como la sumersión por excelencia en las aciagas aguas de la Nada, como la catastrófica nihilización de un *yo*, como la letal negación de cuanto uno es y, al «nadificarse», deja de ser. Y los recuerdos, a los cuales se aferra el individuo, no hacen sino insinuar que todo cuanto el *yo* fue, desaparecerá. Escribió Han:

> Todo recuerdo que vuelve a apropiarse de mi pasado en cuanto que *mío*, por así decirlo, hace crecer la muerte. Se experimenta como una dolorosa caída en la nada. Cuanto más se aferra Iván Ilich a su yo, tanto más terrible se le presenta la muerte. Todo recuerdo, toda evocación de *su propio* pasado le duele, pues la muerte extinguirá por completo todo lo que es *suyo*. [...] El énfasis heideggeriano del yo le resulta ajeno al moribundo Iván Ilich. La inmediata cercanía de la muerte tampoco es objeto de la analítica heideggeriana de la muerte[345].

El crecimiento de la muerte (ese hacer «crecer la muerte») se produce, según Han, cuando el recuerdo ejerce una apropiación del pasado que es de uno, justo por ser de uno mismo, «en cuanto que *mío*». Lo causado por el recuerdo afincado en el pasado produce una «sensación» de caída en la Nada, una «experiencia» demoledora tanto como dolorosa. Mas no sólo ocurre con el recuerdo, Ariès insistió en que «indudablemente el moribundo se enternece con su vida, con los bienes poseídos y los seres amados. [...] El lamento de la vida está asociado pues a la simple

---

343 Pedro Laín Entralgo, *La espera y la esperanza. Historia y teoría del esperar humano*, Revista de Occidente, 1957, p. 276.

344 Cristóbal Holzapfel, *Nada. Y un anejo sobre la nada según Max Stirner de Miguel Carmona*, RIL, 2018, p. 19.

345 Han, *Muerte y alteridad, op. cit.*, pp. 109-110.

aceptación de la muerte próxima»[346]. El dolor por *dejar de ser el ser que se es*, naturalmente, es cada vez hondo y desalentador, tanto más cuanto más cercano es su desenlace. Un énfasis del *yo* que cada vez más comienza a ser ajeno al moribundo. Ahora bien, ¿qué papel desempeña el *otro* en el morir del *yo*? ¿El *otro* lograría librar de soledad la muerte del *yo*? Han narró cómo el señor Ilich

> siente que Gerassim, que ha estado atendiéndolo toda la noche, se compadece de su dolor. Gerassim está sano, pero su salud no ofende a Iván. No *está de pie* como superviviente junto al *yacente* y moribundo Iván Ilich, sino que este siente en el criado la compasión de alguien que no le quiere sobrevivir. Los otros, por el contrario, le ofenden, pues se presentan como supervivientes[347].

Anotó la observación previa a raíz de las siguientes palabras que Tolstói escribió: «Guerásim hacía todo ello con tiento y sencillez, y de tan buena gana y con tan notable afabilidad que conmovía a su amo. La salud, la fuerza y la vitalidad de otras personas ofendían a Iván Ilich; únicamente la energía y la vitalidad de Guerásim no le mortificaban; al contrario, le servían de alivio»[348]. La postura, el rol, el papel del *otro*, el calor, la compasión, el acompañamiento de su mujik, etcétera, son «condenas reparadoras», son oasis aliviadores, escondrijos del *yo* que pronto ve al *otro*, al «*otro deseado*», con singular conmoción. El sentimiento plasmado por Tolstói encuentra su reflejo, con suma claridad, en la obra *Esta salvaje oscuridad. La historia de mi muerte* de Harold Brodkey, en ésta se representa la crudeza, la carencia de la esperanza, se desea con fervor adueñarse a cada instante de su muerte, ser, por mejor decir, partícipe de ella. «Me gustaría sentir

346 Ariès, *El hombre ante la muerte*, op. cit., p. 21.
347 Han, *Muerte y alteridad*, op. cit., p. 111.
348 Lev Tolstói, *La muerte de Iván Ilich*, Alianza, 2018, p. 76.

que mi muerte tiene algún sentido, que no es un accidente, que me pertenece a mí y no a quienes hablan de ella»[349]. El escritor estadounidense se sinceró:

> No soporto bien estar enfermo, no soy feliz por depender de los demás [...] Es como vivir el propio funeral, como vivir la pérdida en su forma más pura y vasta; además de ser desconocida, en esta cruel oscuridad no se puede entrar como uno mismo. Uno ya pertenece por entero a la naturaleza, al tiempo: la identidad era un juego. [...] veo que es casi todo un sinsentido [...] Uno quiere vislumbres de lo real[350].

¿Quién soporta o, peor aún, tolera estar enfermo? ¿Quién, y piénsese con sinceridad, siente felicidad al enfermar? ¿Quién no ha padecido molestias tan molestas que ha llegado a pensar que la vida es un sinsentido o algo irreal, una pesadilla absurda de la que se desea despertar? ¿Acaso, cuando se enferma, no se anhela la pronta recuperación? En especial, si la enfermedad es grave, cuánto más se implora volver al bienestar y eliminar de raíz el dolor. Es una grosera injusticia. Es un nocivo mal en las carnes. En consonancia con los comentarios de Brodkey y Tolstói, la filósofa Simone de Beauvoir escribió que «todos los hombres han de morir, pero para cada uno de ellos su muerte es un accidente y, por más que lo sepa y lo consienta, es una violación injustificable»[351]. Cuéntese que Ilich, sin sombra de duda, «en algunos instantes, después de prolongados sufrimientos, lo que más anhelaba —aunque le habría dado vergüenza confesarlo— era que alguien le tuviese lástima como se le tiene lástima a un niño enfermo. Quería que le acariciaran, que le besaran, que lloraran por él, como se acaricia y consuela a los niños»[352]. El contacto humano,

---

349 Harold Brodkey, *Esta salvaje oscuridad. La historia de mi muerte*, Anagrama, 2001, p. 161.
350 *Ibid.*, pp. 168-174.
351 Simone de Beauvoir, *Una muerte muy dulce*, Edhasa, 1989, p. 106.
352 Tolstói, *La muerte de Iván Ilich, op. cit.*, p. 78.

la caricia, la compasión, la comprensión, la piedad, el consuelo...
¿No atemperan los alientos, alivios vitales, el horror de morir?
Sin embargo, esta pirámide de consolación que se vuelca en un
apogeo del amor, según Heidegger, no hubiera hecho sino alejar
la existencia de la muerte auténtica. Desear los alivios vitales,
como la caricia o el consuelo, es un rasgo de inautenticidad, de
inmadurez. ¿Acaso es lo suficiente infantil el deseo de morir
entre consuelos? Se exige una resolución heroica a sí mismo. El
heroísmo del yo al que Heidegger aspiró[353], en la obra de Tolstói se
torna a *heroísmo del amor.* Han lo narró de tal forma:

> El jubiloso final de *La muerte de Iván Ilich* evoca el final de la
> muerte. La obra termina con el *resplandor* lumínico generado
> por el trabajo de sobreponerse al duelo: un trabajo que está
> impregnado de moralidad. El moribundo Iván Ilich elige ser el
> *héroe amoroso.* Este heroísmo del amor lo libera de sucumbir
> a la muerte. Para este héroe que ya no siente temor ni temblor
> el amor se convierte en la fórmula salvífica y mágica que hace
> que la muerte desaparezca como por encanto. En relación con
> la muerte uno quizá siempre habrá sido un mago, quizá uno
> siempre se habrá entonado a sí mismo una canción mágica. El
> amor que se presenta como sentido infinito e inmortal promete
> el «final de la muerte». [...] el moribundo Iván Ilich triunfa sobre
> la muerte. Se debe superar la muerte con la fuerza del amor[354].

Inextricable se presenta la aspiración de otorgar laxa inmortalidad al amor, mas no irrealizable. El amor viaja de «pecho en
pecho» con pasmosa nitidez. La fuerza del amor siembra en

---

353 En contraposición al heroísmo del *yo* o heroísmo de la muerte heidegge-
    riano encontraríamos el heroísmo de la libertad spinoziano. La proposición
    número 67 de su *Ética demostrada según el orden geométrico* reza como sigue:
    «El hombre libre en ninguna cosa piensa menos que en la muerte, y su sabidu-
    ría no es meditación de la muerte, sino de la vida» [Baruch Spinoza, *Ética
    demostrada según el orden geométrico*, Proposición 67, §217, Trotta, 2000, p.
    218]. Aquel que vive, pues, según dicte la razón no le guía el temor a la muerte.
354 Han, *Muerte y alteridad, op. cit.,* pp. 117-118.

el prójimo una heroicidad amorosa, un entregarse por amor. El amor, diríase así, dona laxa inmortalidad y es semillero de supervivencias supraterrenales. Ante el desmoronamiento del ser, en el lugar que ocupa el *heroísmo del yo*, emerge un *heroísmo del amor*. Calma y paz respiran quienes sobreviven a Iván Ilich, incluso antes de exhalar el hálito final. Llegado el caso, si fracasa la intensa y dramática labor de «aprender» a sobreponerse al propio morir, si se rompe la promesa de supervivencia, si nadie posee la fortaleza del alma del muriente Ilich, si el amor no empapa de inmortalidad la vida del moribundo, si no rocía gota alguna o si por más heroico que uno sea se muere a disgusto, qué menos que desear una muerte tardía si hay salud, dulce y digna, un morir sosegado, en calma, al abrigo de los seres amados. Para el protagonista, la atención y preocupación de su criado Guerásim es un asilo de consuelo, pues canaliza el calor de la afabilidad. Al fin y al cabo, el señor Ilich anhela la lástima, el «consuelo de tontos», valga la expresión, las caricias y los besos. Anhela el ardor del amor. Frenar el desgarrador, angustioso, desagradable y draconiano desmoronamiento del ser, sevicia de la vida.

Remárquese que no se arrodilla Ilich ante lo impostergable; que para el resto de personajes, él es el *otro* que ha de morir, sí o sí; y que el final del protagonista, después de sucumbir a tan inhumano padecimiento, se vive con tristeza manchada de paz. Uno acude con bizarra calma a un funeral si de antemano sabe que nada le incumbe, salvo algunos protocolos comunes como el llorar por la pérdida o dar el «más sentido pésame». La muerte del *otro* entraña un extraño consuelo sumamente íntimo. La numerosa mayoría de seres humanos escogen enterrarla y alejarla del día a día. Hans-Georg Gadamer habló sobre «la tendencia a la represión de la muerte, que tiene sus raíces en la propia vida. Por eso desplaza por completo la experiencia de la muerte hasta marginarla de la vida pública»[355] y se reserva para el espacio privado y para el dolor de los seres cercanos.

A modo de cierre, el silencio ante la inminencia de la muerte mana a borbotones. Por su lado, Nigel Barley sopesó sobre el «papel interpretado» por el superviviente en los funerales: «Hoy en día el luto se ve como un asunto "privado". La familia siempre solicita que "se respete su dolor". […] en los funerales la regla es que ahora todos tenemos que ser "actores del método", hemos de vivir nuestro papel y mascullarlo entre dientes»[356]. Silencio. Reina el silencio. Si bien estas palabras pueden hacer rechinar los dientes de los familiares del difunto, en términos generales, aquellos que lo sobreviven hacen acto de presencia como «actores» de un protocolo «no escrito», pero ampliamente extendido y consabido. No se alude al dolor sentido, ni a la verdad o la falsedad, ni a cómo manifiestan el sobrepeso que el funeral de un ser querido supone. No. Se hace alusión, y el mundo verá no se exagera, al «actor» cuyo guion lleva por título «Salvación», cuyo sincero sentir es de liberación. La muerte se presencia de golpe en la consciencia, pero su atención se dirige al *otro* y no a uno mismo. En *La muerte de Iván Ilich*, ¿quién, sino él, toma consciencia de su *yo final* más íntimo, de su identidad arruinada, de su existencia o su individualidad colapsadas por su desaparición? Kafka escribió que «la primera señal de un incipiente conocimiento es el deseo de morir»[357]. Ese «deseo de morir» no se ajusta sólo a las edades tempranas de un ser humano, aunque, desde luego, emerja con estrepitosa intensidad por una precipitada valoración de la existencia, más bien acontece cuando es la vida percibida como una maldición invencible, y cuando es la muerte concebida como la solución más rápida y conclusiva. Para otorgar sumo

---

355 Hans-Georg GADAMER, *El estado oculto de la salud*, Gedisa, 1996, p. 81.
356 Nigel BARLEY, *Bailando sobre la tumba. Encuentros con la muerte*, Anagrama, 2000, p. 33.
357 Franz KAFKA, *Meditaciones*, Busma, 1984, p. 88.

esplendor a la muerte, ¿se ha de morir como *héroe del amor*? ¿Es necesario guardar silencio como hizo Ilich? Respondió Ariès a la pregunta: «Indudablemente en la actualidad todavía el silencio se extiende hasta el final, los moribundos siguen el mismo camino que Iván Ilitch»[358].

---

358 Ariès, *El hombre ante la muerte, op. cit.*, p. 476.

CAPÍTULO 15

EL ROSTRO DEL *OTRO*.
PINCELADAS DE ALTERIDAD

¡Yo!... —exclamó la *Muerte* con cierto terror sarcástico—. ¡Dios me libre!... Yo no lo he matado... Él se ha muerto[359].

La cita de Alarcón sugiere una privilegiada y malentendida posición de la muerte —en la narración fantástica, se presenta personificada: la *Muerte*— que, con pasmosa frecuencia, el ser humano descuida. Por la muerte uno muere, mas ¿es la muerte (o la *Muerte*) la que «mata» o, en cualquier caso, la que genera dolor? Sí cabe hablar de dolor por la pérdida; por la amargura que acompaña el vacío tras morir un ser amado; por el adiós temprano, sin necesidad, espantosamente pronto tal vez, de un hijo; por la simbólica rotura del hilo invisible que une y aúna a los enamorados; por la agonía de los instantes finales, descritos con impecable crudeza en la ilustre obra de Tolstói. Tales escenarios, no obstante, no guardan relación con la *Muerte* presentada por Alarcón, ésta, más bien, vestiría de Caronte para la vida, para Dios.

---

359 ALARCÓN, *op. cit.*, p. 242.

191

Lévinas, en *El tiempo y el Otro*, concibió la muerte como aquel «acontecimiento» cuyo dueño no sería el ser, pues se nos escapa y no nos pertenece, el ser no es dueño de dicho acontecimiento, pues sencillamente deja de ser sujeto. Cuando la muerte aparece en escena, *no se puede*, es decir, el poder (e incluso el poder *ser*) se incapacita, se pulveriza el dinamismo, «el sujeto ya no es dueño del acontecimiento»[360]. En la citada obra, Lévinas respondió a la subjetividad moderna alegando que el ser humano es visto como un ente mortal, sexuado y genealógico. Sobre lo escrito, anotó García González que

> la muerte es la alteridad que nos sobreviene, el futuro que destruirá, desde fuera, externamente, nuestro presente. No *la posibilidad de la imposibilidad* heideggeriana, sino la imposibilidad como tal, aquello sobre lo que nada podemos: ni siquiera la poderosa voluntad del superhombre nietzscheano puede con la muerte. La muerte es lo ajeno, lo extraño, lo totalmente otro. Y sin embargo, por extraña que sea la muerte, el hombre es un ser mortal [...] un sujeto expuesto a la muerte, que la padece, a la cual está sometido, y así es constituido pasivamente como humana subjetividad. Si la existencia retornara eternamente, de algún modo nos mantendríamos; pero entonces la muerte no sería una completa alteridad, y no nos alteraría completamente[361].

«Alteridad que nos sobreviene», como *lo otro foráneo*. Que el hombre sea mortal dice demasiado. La muerte es lo ajeno, lo «totalmente otro», exterior al hombre, y sin embargo el ser humano resiste cual ciudad sin murallas, indefenso ante el peligro. En su celebérrima obra *Ser y tiempo*, Heidegger aclaró que «la muerte es una posibilidad de ser de la que el Dasein mismo tiene que hacerse cargo cada vez. En la muerte, el Dasein

---

360 Emmanuel LÉVINAS, *El tiempo y el Otro*, Paidós, 1993, p. 118.
361 Juan A. GARCÍA GONZÁLEZ, *Introducción a la filosofía de Emmanuel Lévinas*, Cuadernos de Anuario Filosófico, 2001, p. 59.

mismo, en su poder-ser *más propio*, es inminente para sí. En esta posibilidad al Dasein le va radicalmente su estar-en-el-mundo. Su muerte es la posibilidad del no-poder-existir-más»[362], por lo cual y según el pensador de Meßkirch, la muerte es *la posibilidad de la imposibilidad*, vistas así las cosas, «el Dasein es incapaz de superar la posibilidad de la muerte. La muerte es la posibilidad de la radical imposibilidad de existir [*Daseinsunmöglichkeit*]. La *muerte* se revela así como la *posibilidad más propia, irrespectiva e insuperable*»[363]. Cada uno ha de hacerse cargo *su* muerte, «la posibilidad del no-poder-existir-más», la suya propia. La muerte es la posibilidad «imposibilitadora», es la posibilidad de la imposibilidad de toda posibilidad[364]. Mi muerte es la auténtica muerte y ésta reduce la coexistencia porque es irreferencial. Mas, frente a esta idea heideggeriana de la muerte emerge una resistencia: el amor, que debe prometer una «victoria sobre la muerte»[365], según Lévinas. Si el amor promete una victoria sobre la muerte, entonces, la muerte auténtica no es mi muerte, sino la del *otro*. El filósofo de Kaunas aseguró que el amor no es

---

362 HEIDEGGER, *Ser y tiempo, op. cit.*, §50, 250, p. 267.
363 *Ibid.*, §50, 250-251, p. 267.
364 El filósofo italiano Gianni Vattimo tomó el bisturí para trazar las tesis básicas del pensamiento heideggeriano en torno al *Sein zum Tode*, causante de una refinada tribulación en el lector. En su séptimo capítulo, «Dasein y temporalidad. El ser para la muerte», comentó que «el primer aspecto de la muerte que se nos impone es su carácter insuperable. La muerte, a diferencia de las otras posibilidades de la existencia, no sólo es una posibilidad a la cual el *Dasein* no puede escapar, sino que, frente a toda otra posibilidad, está caracterizada por el hecho de que más allá de ella nada más le es posible al *Dasein* como ser en el mundo» [Gianni VATTIMO, *Introducción a Heidegger*, Gedisa, 1998, p. 48]. En el logrado estudio vattimiano se resume dicha delineación ontológica: «Por un lado, la muerte es la posibilidad más propia y, por lo tanto, más auténtica [...] del *Dasein*; por otro lado, por cuanto nunca puede ser experimentado como "realidad" (por lo menos mi muerte), ella es auténtica posibilidad, es decir, posibilidad que continúa siendo permanentemente tal, que no se realiza nunca, por lo menos mientras el *Dasein* es. La muerte es pues *posibilidad auténtica* y *auténtica posibilidad*» [*Ibid.*, p. 49].
365 LÉVINAS, *El tiempo y el Otro, op. cit.*, p. 134.

una fuerza que pueda rechazar a la muerte inscrita en mi ser. Pero no es mi no ser el que es angustioso, sino el del amado o el del otro, más amado que mi ser. Lo que denominamos, con un término algo adulterado, amor, es fundamentalmente el hecho de que la muerte del otro me afecta más que la mía. El amor al otro es la emoción por la muerte del otro. Es mi forma de acoger al prójimo, y no la angustia de la muerte que me espera, lo que constituye la referencia a la muerte. Nos encontramos con la muerte en el rostro de los demás[366].

Amar es sentir la muerte del *otro* más dolorosa que la muerte propia, amar al *otro* es la emoción por su muerte, una emoción más sentida. El *otro* se revela y la muerte, que no mi muerte, se encuentra en su rostro. Llama forzosamente la atención que «*mi* relación con la muerte está formada también por las repercusiones emocionales e intelectuales del conocimiento de la muerte de los demás»[367]. En pocas palabras, la muerte según el pensamiento levinasiano responde a la *referencialidad*, de un *yo* con el *otro*, de uno con los demás. Decir «nos encontramos con la muerte en el rostro de los demás» es asumir la *referencia* y reconocer que el *otro* es un maestro que enseña un conocimiento, a buen seguro, indeseable para una incontable mayoría. Saber de la muerte es un incómodo incordio. La muerte según la vio Heidegger, en cambio, no responde a la *referencialidad*, sino a la *irreferencialidad*.

En la filosofía heideggeriana, la muerte, se dijo, es intransferible, *irreferencial*. La muerte queda definida por esa marca de intransferibilidad, de *irreferencialidad*. Morir por alguien, morir con el fin de salvar la vida de alguien, quebranta la intransferibilidad de la muerte. Recuérdense las palabras del pensador de la Selva Negra citadas con anterioridad:

366 Lévinas, *Dios, la muerte y el tiempo, op. cit.*, p. 126.
367 *Ibid.*, p. 21.

Nadie puede tomarle al otro su morir. Bien podría alguien ir a la muerte por otro. Sin embargo esto siempre significa: sacrificarse por el otro «*en una causa determinada*». Semejante morir por... no puede empero significar jamás que de este modo le sea tomada al otro su muerte. El morir debe asumirlo cada Dasein por sí mismo. La muerte, en la medida en que ella «es», es por esencia cada vez la mía[368].

Uno no posee la capacidad de morir por el *otro*. En la naturaleza humana la muerte no es transferible. Ésta es la contraposición de «mi muerte», en cuanto que es la propiamente mía, y de la muerte por sacrificio (o muerte sacrificial) que se produce, por ejemplo, durante los períodos bélicos. Sin que se enceguezca el discurso, como señaló Canetti, «la masa guerrera actúa siempre como si todo *fuera* de ella fuese *muerte*»[369]. En tal caso, la supervivencia no es individual, sino colectiva; no se busca la supervivencia individual, se aspira a sobrevivir como masa, la subsistencia de la masa. La mismidad del *yo* resulta subsumida por la masa. El conjunto prima sobre el individuo. Esa muerte y esa guerra son inauténticas, quien resiste victoriosa es la masa y no el sujeto, el *yo*, cuya vida personal puede concluir y no sobrevivir, por ejemplo, a una herida mortal en el corazón del enfrentamiento.

Asimismo, Han llegó a la conclusión de que la muerte según Heidegger conduce «a una hipertrofia del yo. La muerte *es* el yo. A *"mi morir"* le sigue la frase *"yo soy"*. El yo se contrae, se cierra convulsivamente en la resolución: *"Yo seré mi yo más propio"*»[370]. Dicha «hipertrofia del yo» presenta unas desemejanzas con Lévinas que son palmarias. Lévinas, se dijo, desenmascara el reverso de la teoría heideggeriana al afirmar que *la mort, c'est l'autre*. Han clarificó esta idea:

368 HEIDEGGER, *Ser y tiempo*, op. cit., §47, 240, p. 257.
369 CANETTI, *Masa y poder*, op. cit., p. 67.
370 HAN, *Muerte y alteridad*, op. cit., p. 119.

En Lévinas la muerte conlleva un movimiento contrario a aquella muerte entendida como posibilidad de poder ser sí mismo de la que hablaba Heidegger. Ante la muerte no puedo seguir siendo yo. [...] En Lévinas, con la muerte se inflama un heroísmo del amor. Este heroísmo del amor genera un sentido infinito, que se eleva por encima de la finitud del ser. [...] Ni en Heidegger ni en Lévinas uno muere *serenamente*[371].

No se muere con *serenidad* porque si para uno la muerte «inflama» el *yo*, para otro «inflama» el *otro,* que corre el tupido velo que lo ocultaba y se deshace su invisibilidad. Al ocurrir tal cosa se comprende que «la proximidad del prójimo es la responsabilidad del yo para con otro»[372]. Se produce, de ahí, un avance clave acerca de cómo la muerte es la muerte del *otro*: la entrada de la responsabilidad para con el *otro*. «Soy responsable de la muerte del otro hasta el punto de incluirme en la muerte. Esto se ve mejor quizá en otra proposición más aceptable: "Soy responsable del otro en la medida en que es mortal". La muerte del otro es la primera muerte»[373]. La perspectiva levinasiana no aspira, en contraposición a Heidegger, a depositar el dramatismo del ser en la muerte propia, en el morir que es de cada cual, sino que se impulsa (o se «inflama») en presencia de la muerte del *otro*. Como consecuencia de la mortalidad del *otro*, uno está «obligado» a la responsabilidad, a ser «responsable de la muerte del otro», algo similar a como si uno cumpliera la condena del *otro* antes que la suya propia. En el rostro del *otro* se topa uno con la mortalidad y ésta obliga u ordena al *yo* a la responsabilidad. Lévinas aseguró que «una responsabilidad hacia el prójimo que consiste en soportar su desgracia o su fin *como si se fuera culpable*. Es la proximidad definitiva. *Sobrevivir como culpable.* [...] morir. En la culpabilidad

371 *Ibid.*, pp. 119-120.
372 Emmanuel Lévinas, *Entre nosotros. Ensayos para pensar en otro*, Pre-Textos, 2001, p. 216.
373 Lévinas, *Dios, la muerte y el otro, op. cit.*, p. 57.

de superviviente, la muerte del otro es asunto mío. *Mi muerte es mi participación* en la muerte de los demás, y en mi muerte muero esa muerte que es culpa mía»[374]. Así, aquello que sería «mi morir» sería «morir por el otro», claro está, sin derrumbar el *yo* enfático. No pierde esa muerte ni su dramatismo ni su carácter heroico. No obstante, mi muerte gana sentido desde la muerte del *otro*.

Según Heidegger, ya sólo el «morir por» se refiere a «sacrificarse por el otro», pues la intransferibilidad (o la irreferencialidad) de la muerte elimina la idea de que la muerte *sea* el *otro*. Con claridad lo ejemplificó Derrida al escribir que uno es capaz de morir por el *otro*, de «morir por él en una situación en la que mi muerte le da un poco más de tiempo para vivir, puedo salvar a alguien tirándome al agua o arrojándome al fuego para librarle provisionalmente de la muerte, puedo darle mi corazón en el sentido literal o en sentido figurado para asegurarle una cierta longevidad. Mas no puedo morir en su lugar, darle mi vida a cambio de su muerte»[375]. Sentí por primera vez cristalina tal idea al leer *Las crónicas de Narnia. El león, la bruja y el armario*. En la obra, Lewis narró el pacto que realizó Aslan, el León, con la Bruja: sacrificarse para salvar la vida del joven Edmund Pevensie. Sacrificarse por el *otro*, morir por el *otro*. En la Mesa de Piedra, justo antes de clavar el afilado cuchillo que le causaría la muerte, la Bruja le susurra a Aslan una vil realidad:

> Ahora voy a matarte a ti en su lugar conforme a nuestro pacto para cumplir los dictados de la Magia Profunda y aplacar sus iras. Pero cuando estés muerto, ¿qué va a impedirme matarle también a él? ¿Y quién me lo quitará de las manos entonces? Comprende que me has entregado Narnia para siempre, has perdido la vida y no has salvado la suya[376].

374 *Ibid.*, p. 53.
375 Jacques DERRIDA, *Dar la muerte*, Paidós, 2000, p. 48.
376 C. S. LEWIS, *Las crónicas de Narnia. El león, la bruja y el armario*, Alfaguara, 1995, p. 139.

El León pierde *su vida* sin salvar la del *otro*. Sin embargo, gracias a una magia más profunda que la Magia Profunda conocida por la Bruja, Aslan renace. Sepárese ahora el mundo mágico del real: entregar la vida para «salvar» la del *otro* no libra a ese *otro* de su muerte, en tal caso, uno muere y el *otro* morirá más tarde o más temprano. Morir por el *otro* es un sacrificio ético. Temer por la muerte del *otro*, o temer por el *otro*, según Lévinas, constituye las dimensiones éticas e interpersonales de la muerte. Y el amor, claro está, juega un papel protagonista, como se aprecia en la obra de fantasía del escritor británico.

La muerte «actúa» como lo contrario del *yo*, como la negación de la afirmación que es vivir. «La angustia ante la muerte, experimentada como el final del yo, se torna en una ciega cólera contra todo lo que no es el yo»[377], razón por la que la destrucción de cuanto no sea *yo* se hace cada vez presente. La sobreimportancia del *yo*, que desea fervientemente sobrevivir a la muerte, torear su propia mortalidad, emborrona la imagen del *otro*, que se desenfoca al graduar la vista. Esto da lugar a la hipertrofia del *yo*. En ese condicionarse y reforzarse crece la angustia por la impotencia ante el desaparecer que no es posible burlar. La muerte, entonces, es imposibilidad de poder. Rotunda imposibilidad de poder.

Lévinas es, a juicio de Han, «injusto» con la muerte humana al percibir en ella sólo negación. Por su parte, el filósofo de Seúl aludió a una «finitud» que, *eo ipso*, es «positiva»: una dimensión ética implicada en que la preocupación por la muerte de los *otros* prevalece sobre la angustia por la muerte del *yo*. El Heidegger de *Ser y tiempo* no tuvo en cuenta dicha dimensión, reduce la preocupación por la muerte del *otro* a la angustia que esa muerte ajena despierta en mí por mi propia muerte o al alivio de constatar que la muerte ajena significa, al menos, mi superviven-

---

377 HAN, *Muerte y alteridad, op. cit.*, p. 10.

cia como *yo* frente al *otro*. El armazón filosófico heideggeriano reduce la autenticidad ante la muerte a la consciencia heroica que uno asume de su propia muerte (*heroísmo del yo*), pero no parece percatarse que más heroica todavía es la muerte ajena (*heroísmo del amor*).

Dirigirse al *otro* es algo así, válgame el símil, como una orden infiltrada en la consciencia del *yo*. Esa orden infiltrada luce y actúa como un ladrón, de ahí que pueda hablarse en términos de «rehén»[378]. Ser, por así decirlo, «rehén del *otro*» significa ser forzado por el *otro*, ser atraído forzosamente por el *otro*. Despedirse, pues, del «para sí» con el objeto de dirigirme al *otro*. Despedirse del mundo finito sería, entonces y según el pensamiento levinasiano, dirigirme al otro. Esta «despedida» —este «adiós» («hacia Dios») del mundo finito— origina una excedencia de sentido, de significado, en tanto que abandono temporal, «que no se puede integrar en el ser. Lévinas llama "gloria" a este "excedente de significado"»[379]. Han prosiguió detallando la idea de «gloria»:

---

378 Suena con fuerza en Bauman (y en su idea de amor líquido) el vocablo «rehén» o «rehén del *otro*». Su filosofía remarca la unión inseparable de dos seres «y cada uno de ellos es la gran incógnita de la ecuación del otro. Eso es lo que hace que el amor parezca un capricho del destino, ese inquietante y misterioso futuro, imposible de prever, de prevenir o conjurar, de apresurar o detener. Amar significa abrirle la puerta a ese destino, a la más sublime de las condiciones humanas en la que el miedo se funde con el gozo en una aleación indisoluble, cuyos elementos ya no pueden separarse. Abrirse a ese destino significa, en última instancia, dar libertad al ser: esa libertad que está encarnada en el Otro, el compañero en el amor» [Zygmunt BAUMAN, *Amor líquido*, Fondo de Cultura Económica, 2005, p. 21]. Diríase, pues, que ser «rehén» del *otro* no es necesariamente una connotación negativa, más bien, el otro encarna la libertad como «compañero en el amor» y en virtud de «abrirse a ese destino» el miedo comienza su proceso de difuminación. Con las matizaciones que se desee, ese proceso de difuminación del miedo es, en puridad, una fantasía o un sueño imposible: amar y pensar en el amor es caer en la cuenta del horror que entraña la muerte del ser amado. Con todo, las palabras de Bauman no yerran en absoluto.

379 HAN, *Muerte y alteridad, op. cit.*, p. 186.

199

La «gloria» me eleva por encima de la muerte y la finitud, por encima del «dilema ser-nada». Este *resplandor de la gloria* habrá sido obra del duelo. Como es sabido, el duelo trabaja en el *resplandor*. Es afín a aquella «luz» que desencadena el grito jubiloso del moribundo Iván Ilich: «¡Fin de la muerte!». Sin duda Lévinas no conoce la *despedida absoluta*, la despedida sin «a-dios», sin aflicción y sin anhelo[380].

Una Nada sin benevolencia que el «grito jubiloso» espanta. No hay caída absoluta en el «ser-nada»[381]. Es en *Dios, la muerte y el tiempo* donde Lévinas anotó sobre la Nada de la muerte. «Incluso en la angustia, incluso a través de la angustia, la muerte sigue sin ser imaginada. Haber vivido la angustia no permite *concebirla*. *La nada ha desafiado al pensamiento occidental*»[382]. La muerte, se dijo anteriormente, es radical negatividad. Lévinas escribió que «la nada de la muerte es innegable, pero la relación con la muerte como nada es, en todo caso, una negatividad radicalmente distinta a la negatividad imaginada por la filosofía griega y, en particular, por Aristóteles»[383], quien no concibió la Nada como *pura, simple* y *perfecta* Nada, y «si la muerte es nada, no es ésta una nada pura y simple. Conserva la realidad de una parte perdida. El "nunca más" —*never more*— revolotea como un cuervo en la noche lúgubre, como una realidad en la nada»[384], como el maullido agreste del gato negro de Poe que alumbra el letal no-ser. Y «¿no es acaso la nada una forma de perfección?»[385],

---

380 *Ibid.*, p. 187.
381 Recuérdese la sentencia «*Ex nihilo nihil facit*» atribuida a Parménides o, también, «*Ex nihilo nihil fit*» o «no hay cosa que se engendre a partir de nada por obra divina jamás» [LUCRECIO, *op. cit.*, Libro I, §145-150, p. 130] de Lucrecio, quien sugirió, además, que «no se convierte en nada ningún ser, sino que todos mediante separación se convierten en corpúsculos de materia» [*Ibid.*, Libro I, §245, p. 134], pues nada regresa a la Nada.
382 LÉVINAS, *Dios, la muerte y el otro, op. cit.*, p. 187.
383 *Ibid.*, p. 188.
384 Emmanuel LÉVINAS, *De la existencia al existente*, Arena, 2000, p. 107.
385 Thomas MANN, *Muerte en Venecia*, Plaza & Janés, 1999, p. 54.

se preguntó Thomas Mann. Se insiste en que «una nada como la de la muerte, pensada rigurosamente, *no está llena de nada.* Es la nada absolutamente indeterminada, que no hace alusión a ningún ser, y no un caos que aspira a la forma: la muerte es muerte de alguien, y el "haber sido" de alguien no está presente en el moribundo sino en el superviviente»[386]. En esa «muerte de alguien» lo que muere es un individuo, un sujeto, una persona en concreto, un *yo,* un *tú.*

---

386 LÉVINAS, *Dios, la muerte y el otro, op. cit.,* p. 188.

CAPÍTULO 16

YO Y TÚ, TÚ Y YO.
AMORES INTERCULTURALES

Desde que hay poetas que cantan al amor ¿cómo puede haber algo todavía que decir sobre el amor?[387].

La creación humana ha pergeñado imaginarios en torno a las realidades, y a los sentimientos que surgían de éstas, desde ángulos variopintos. Entre las más hermosas creaciones se halla la cosmovisión poética. La belleza de los «cantos» de los poetas, bajo los auspicios del amor, no encuentra rival ni en la muerte ni en la libertad. Ríos de tinta corrieron para (re)buscar en el amor el más celeste ardid contra la muerte. ¿Cabe agregar más a los cantos enamorados, odas al amor, de los poetas? Jamás hubo jardín de bella bonanza tan abundante y vasto en el que sembrar inagotables cantidades de coloridas flores. El auténtico enamorado no pide más a la vida salvo *amar auténticamente* y por lo siglos de los siglos. Al agregar más, más se abre el amor y más poderoso se clava con firmeza ante la muerte. El amor, o eso se aventuraron a reivindicar y celebrar tanto literatos como poetas, es reconstruc-

---

387 JANKÉLÉVITCH, *La muerte, op. cit.*, p. 20.

203

ción, restauración, reintegración y un largo etcétera. Eros y amor, aunque no son términos sinonímicos, vistos desde el mismo ángulo adquieren ambos un componente semántico sobremanera profundo e intenso. Así se concibe el amor, el Eros, por tanto, como restauración del ser humano. «El *Eros* irriga mil redes subterráneas presentes e invisibles en cualquier sociedad, suscita miradas de fantasmas que se levantan en cada mente. Opera la simbiosis entre la llamada del sexo, que procede de las profundidades de la especie, y la llamada del alma que busca adorar»[388], describió Morin con vena poética. Adunar especie (sexo) y alma (amor). Un retorno a su origen liga al Eros con la creación, la *poiesis*: engendrar belleza según el cuerpo y el alma.

Se hacen eco los pensamientos de Freud en torno a Eros como pulsión creadora y a Tánatos como pulsión destructora. En el imaginario freudiano de la teoría psicoanalista, la pulsión de vida (Eros) está enfrentada a la pulsión de muerte (Tánatos) o deseo de apagar la lucha por la vida. Esta pulsión se desemeja del estímulo, «sería un estímulo para lo psíquico [...] siempre como una fuerza constante. Puesto que no ataca desde afuera, sino desde el interior del cuerpo, una huida de nada puede valer contra ella»[389]. En la práctica, las pulsiones de vida y de muerte se enlazan con armonía, a pesar de estar enfrentadas. Biológicamente, «la pulsión sexual es la encarnación de la voluntad de vivir»[390], del hálito vital que brega por resistir. Así, según el intelectual de Příbor, dos clases de pulsiones se presentan: «las eróticas, que quieren aglomerar cada vez más sustancia viva en unidades mayores, y las pulsiones de muerte, que contrarían ese afán y reconducen lo vivo al estado inorgánico. De la acción eficaz conjugada y contraria de ambas surgen los fenómenos de la vida, a que la muerte pone término»[391]. Es decir, unas pulsiones

---

388 Edgar Morin, *El método. La humanidad de la humanidad. La identidad humana*, Cátedra, 2003, p. 45.
389 Freud, *Obras completas. Volumen 14, op. cit.*, p. 114.
390 Sigmund Freud, *Obras completas. Volumen 18*, Amorrortu, 2006, p. 49.
391 Sigmund Freud, *Obras completas. Volumen 22*, Amorrortu, 1991, p. 99.

«que quieren conservar y reunir —las llamamos eróticas, exactamente en el sentido de Eros en el *Banquete* de Platón, o sexuales, con una conciente ampliación del concepto popular de sexualidad—, y otras que quieren destruir y matar; a estas últimas las reunimos bajo el título de pulsión de agresión o de destrucción»[392]. Y son a todas luces complementarias a la par que contrarias, puesto «que nunca una pulsión perteneciente a una de esas clases puede actuar aislada [...] Así, la pulsión de autoconservación es sin duda de naturaleza erótica, pero justamente ella necesita disponer de la agresión si es que ha de conseguir su propósito»[393].

La imperativa relación simbiótica de la pulsión creadora y de la destructora es, aunque hermosa como cuento que contar, en cierto sentido sombría. La vida reclama muerte y la muerte reclama vida. La razón de la vida es su postergo, su inacabable camino, y el fin de la muerte no es otro que el cese de ese postergo, que ser el escollo en ese camino. Sin embargo, para que curso de la creación continúe, la existencia de la muerte ha de ser indiscutible; y para que la muerte exista, ha de haber inevitablemente vida. En el ser humano, sin ir más lejos, esa lid se mantiene candente. En el mito del andrógino se descubre el Eros como impulso creador, reparador y unificador. Creación y destrucción hay en la historia que Aristófanes le relata a Erixímaco:

> Tres eran los sexos de las personas, no dos, como ahora, masculino y femenino, sino que había, además, un tercero que participaba de estos dos, cuyo nombre sobrevive todavía, aunque él mismo ha desaparecido. El andrógino, en efecto, era entonces una cosa sola en cuanto a forma y nombre, que participaba de uno y de otro, de lo masculino y de lo femenino, pero que ahora no es sino un nombre que yace en la ignominia[394].

---

392 *Ibid.*, pp. 192-193.
393 *Ibid.*, p. 193.
394 PLATÓN, *Banquete,* 189e, en *Diálogos III. Fedón, Banquete, Fedro,* Gredos, 1988, pp. 222.

El andrógino, ser arcano de origen mitológico, era la unión entre el varón y la mujer que albergaba el poder de crear vida. El mito narra el castigo que Zeus le impuso a las personas —consistió en partirlos, dividirlos, por la mitad— por la arrogante osadía de pensarse superiores a los dioses. Desde aquel entonces, cada mitad es consciente de la inexistente autosuficiencia, esto es, no encontrarse completo por la falta de la otra mitad, la mitad de sí mismo, de sentir una «suerte de muerte».

Zeus y los demás dioses deliberaban sobre qué debían hacer con ellos y no encontraban solución. Porque, ni podían matarlos y exterminar su linaje, fulminándolos con el rayo como a los gigantes, pues entonces se les habrían esfumado también los honores y sacrificios que recibían de parte de los hombres, ni podían permitirles tampoco seguir siendo insolentes. Tras pensarlo detenidamente dijo, al fin, Zeus: "Me parece que tengo el medio de cómo podrían seguir existiendo los hombres y, a la vez, cesar de su desenfreno haciéndolos más débiles. Ahora mismo, dijo, los cortaré en dos mitades a cada uno y de esta forma serán a la vez más débiles y más útiles para nosotros por ser más numerosos. Andarán rectos sobre dos piernas y si nos parece que todavía perduran en su insolencia y no quieren permanecer tranquilos, de nuevo, dijo, los cortaré en dos mitades, de modo que caminarán dando saltos sobre una sola pierna". […] Así, pues, una vez que fue seccionada en dos la forma original, añorando cada uno su propia mitad se juntaba con ella y rodeándose con las manos y entrelazándose unos con otros, deseosos de unirse en una sola naturaleza, morían de hambre y de absoluta inacción, por no querer hacer nada separados unos de otros. Y cada vez que moría una de las mitades y quedaba la otra, la que quedaba buscaba otra y se enlazaba con ella, ya se tropezara con la mitad de una mujer entera, lo que ahora precisamente llamamos mujer, ya con la de un hombre, y así seguían muriendo[395].

---

395 *Ibid.*, 190c-191b, pp. 223-225.

Zeus, piadoso, frente al castigo severo decidió escuchar y socorrer a los hombres, que le explicaban su deseo de «llegar a ser uno solo de dos, juntándose y fundiéndose con el amado. Pues la razón de esto es que nuestra antigua naturaleza era como se ha descrito y nosotros estábamos íntegros. Amor es, en consecuencia, el nombre para el deseo y persecución de esta integridad»[396]. Juntarse y fundirse con el amado es símbolo de creación, de vida. Eros es una fuerza unificadora entre cada una de las mitades originarias. Si estas mitades volvieran a juntarse, entonces regresarían a la plenitud, a la felicidad. El Eros desenfunda su poder salvador, sanador, y auxilia las mitades. Visto así, «que el *eros* pretenda la unión significa que pretende restaurar al ser humano en su unidad originaria anterior al castigo. Por eso su primera manifestación es el comienzo de una aventura arqueológica, como se dijo al estudiar la afectividad, que a su vez apunta a la creación, a la *poíesis*»[397]. Con relación al mito del andrógino, obsérvese cómo la superación del castigo originario impuesto por Zeus a los seres humanos se asemeja al pasaje bíblico de Adán y Eva narrado en el *Génesis*. La serpiente engañó a Eva y Dios se presenció en el Paraíso, porque «incluso en el jardín del paraíso en la tierra está presente la tumba con la inscripción que avisa de la presencia discreta de la muerte»[398]: «¿Has comido acaso del árbol del que te prohibí comer?" […] "La mujer que me diste por compañera me dio del árbol, y comí." Dijo, pues, Yahveh Dios a la mujer: "¿Por qué lo has hecho?" Y contestó la mujer: "La serpiente me sedujo, y comí."»[399]. Causa del pecado original.

A causa de la desobediencia que cometieron, comer el fruto del árbol prohibido, Dios castigó a Adán y a Eva con la muerte —sujetos a la condición mortal— y el dolor, entre otros males,

---

396 *Ibid.*, 192e, p. 228.
397 Choza, *Manual de Antropología Filosófica, op. cit.*, p. 365.
398 Lluís X. Álvarez, *Estética de la confianza*, Herder, 2006, p. 170.
399 *Génesis*, 3:11-13, en *Biblia de Jerusalén*, Desclée de Brouwer, 1986, p. 16.

y los expulsó del Edén: «Con el sudor de tu rostro comerás el pan, hasta que vuelvas al suelo, pues de él fuiste tomado. Porque eres polvo, y al polvo tornarás»[400]. No obstante, diversas lecturas no sitúan la muerte como castigo divino *stricto sensu*, sino como una elección humana. Según Ingolf U. Dalferth, la expulsión que incapacita al ser humano de vivir eternamente se debe a la elección humana. En razón de lo escrito, «la muerte y la mortalidad del hombre son, más que un castigo por la desobediencia cometida, una medida para restablecer la diferencia entre creador y criatura. [...] La muerte no ha de entenderse, por consiguiente, como castigo por el pecado de la desobediencia humana, sino como la característica que ha elegido el hombre mismo para apuntalar su propia condición como criatura»[401]. La coincidencia con el mito del andrógino es clarísima. En ambos se percibe una separación divino-terrenal, celeste-mundanal, una lejanía entre dioses y humanos. En la narración bíblica sobre el hombre y la mujer del Edén de las religiones abrahámicas se expresa una actividad creadora (*poiesis*). Lo que Eros origina en uno es la «presencia» de un *yo* en el *otro*.

La vida es razón diferenciadora porque sólo los vivos aman y sólo a la muerte le compete la destrucción irrevocable de la individualidad y de la presencia del *otro*. La ausencia del *otro* trucida lo único capaz de unir los *yo*. La autoconsciencia o consciencia de sí se comprende mediante el *yo*, opuesto en lo esencial al *no-yo*, y a raíz de éste nace la consciencia del *otro* amado. En la tradición hindú es posible observar la profunda imbricación y co-pertenencia del binomio vida-muerte. Se pone de manifiesto, desde la mitología, la concepción cíclica y circular de la temporalidad hindú vertebrada en la alternancia recurrente entre vida, muerte y renacimiento. El dios Śiva y Kālī, la diosa terrible del hinduismo —como la diosa negra es descrita en el *Mahānirvāna*

---

400 *Ibid.*, 3:19, p. 17.
401 DALFERTH, *op. cit.*, p. 86.

Tantra, pues «tal como los colores desaparecen en lo negro, así todos los hombres y formas desaparecen en ella»[402]—, simbolizan el ciclo de la vida y la muerte remarcando la necesidad de renacer con la actividad depredadora de vidas humanas que se les atribuye. Kālī crea y destruye a la vez, y sustenta al cosmos, conserva la existencia. Un proceso cíclico[403]. En las *Upaniṣads*, la muerte es entendida como un suceder, *suceder-se* si se hace mención al *yo*, pues la vida es fugaz, pasajera, no es sino una continuidad de seres que tal como aparecen, desaparecen. Según la óptica budista, lo que vendría a considerarse *yo*, no sería más que una ilusión de continuidad producida por la sucesión de impresiones mentales; el error radica en identificarse con éstas. Ese *yo-desaparecido* se torna comprensible si atendemos especialmente al budismo *mahāyāna*.

En referencia a la fragmentación del *yo* y a la imposibilidad lógica de asumir la propia muerte como negación del *yo*, se podría mencionar esa impronta de las doctrinas budistas en la formulación *no-yo*. En particular, la noción de *anātman* —*no-yo*; derivación de la negación («*an-*») de *ātman*, que es la parte del *aliento* que corresponde a cada cual y es exclusivamente individual— es una problemática que reside en la (auto)conciencia del ser humano. Tal idea acoge en sí un entramado metafísico que tiene como punto central la idea de muerte. Según Maillard, es posible

---

402 MAILLARD, *Contra el arte y otras imposturas, op. cit.*, p. 267.
403 Un breve esbozo acerca de la idea del proceso cíclico la ofreció Maillard: «La pareja cósmica, el dios Śiva y la diosa Kālī, copulando en un campo de cremación. Alrededor, unas piras que arden. Śiva yace, dormido, inerte, con expresión tranquila y el miembro viril erecto. Kālī, acuclillada sobre él, está armada con su espada, con la que se ha degollado. [...] Kālī, que aquí lleva el nombre de Cinnamastā, la decapitada, copula con su esposo para generar el universo al tiempo que lo destruye con su espada. Detiene el poder que genera el universo y se abreva de él, bebe su propia fuerza para volver a generar. De la parte superior de la cabeza de Śiva brota el río sagrado, el Ganges, que fluye sobre la hierba donde los perros se entretienen con trozos de carne o huesos hurtados en las piras» [*Ibid.*, p. 279].

abordar conceptualmente el *no-ser*, pero imaginarlo, pensarlo, es como poco imposible, pues el ser humano se ve carente de poder, de capacidad, para llevar a cabo dicha empresa. «La ausencia del gato, pongamos por caso, es en la mente la imagen del gato y la imagen de su lugar vacío que se combinan en la formulación negativa: no-está»[404]. La autoconsciencia humana debería ser capaz de articularse como no-existiendo y, sin embargo, tal formulación es *impensable*. «No puede imaginarse y no imaginarse a sí misma simultáneamente»[405]. La idea de muerte en el pensamiento maillardiano es un *algo más* que la propia muerte del *yo*. *Anātman* precisamente es una de las nociones más relevantes de las enseñanzas budistas y alude a la insustancialidad de todos los seres, lo que viene a significar una impermanencia del sujeto o una ausencia (*no-yo*). Asimismo, los estudios concernientes al *no-yo* suelen caer dentro del neologismo «Nemología», que proviene de la unión del prefijo *nemo* —del latín *ne-hemō*, es decir, *ne* (no) y *homō* (hombre)—, que significa «nadie», y del sufijo *logía* (λόγος), que significa «estudio». Por consiguiente, la nemología sería, pues, «el estudio de no ser nadie». No confundir, no obstante, con la nomología —proveniente del latín *nomologia* y éste, a su vez, del griego νομος, que significa «ley»—, rama de la ciencia y de la filosofía encargada del estudio de las leyes y de su interpretación.

Las preguntas por la muerte, la mortalidad, el morir, la inmortalidad y la eternidad son las piedras de toque de muchas filosofías. La meditación acerca del *finis vitae* esquiva con garbo la trivialización del vivir, no obstante, esta meditación le concede un dramático sentido a la existencia. Razón por la cual se estudian los imaginarios que envuelven los conceptos y las ideas en torno al *término* (y no *fin*) de la vida humana. De tales estudios se erigieron incluso mundos escatológicos sobre el Más Allá en

---

404 *Ibid.*, p. 278.
405 *Idem.*

relación con el Eros. Las personas que no pertenecen al conjunto denominado los *demás* (los *de-más* o los que «están de más»), o sea, aquellas personas con un lugar especial en el día a día de uno, siendo parte del entorno más cercano, los seres amados, se presentan como subjetividades. Reconocer al *otro* como subjetividad anuncia la posibilidad de una relación intersubjetiva, la relación de un *yo* con el *otro*. Martin Buber sentó las bases que ponen en relación a la intersubjetividad con la autorrealización del individuo, y de éstas destacó su unión. El filósofo vienés sostuvo que «cuando se dice tú, se dice también el yo del par yo-tú»[406]. Así pues, y desde la óptica buberiana, claro está, el *yo* está siempre relacionado con el *ello* —que es el modo de establecer una relación objetual— o con el *tú* —con la forma de establecer una relación personal—. La intersubjetividad se realizaría en el Yo-Tú, «la palabra básica yo-tú promueve el mundo de la relación»[407]. En una palabra: alteridad.

En la literatura especializada sobre Platón, se afirmó que la implicación del principio material entra en escena simbolizada por Penia (Πενία) y Poros (Πόρος), que son madre y padre de Eros en la mitología griega, opuestos entre sí: la primera, es la personificación de la humildad (verdad) y la pobreza (escasez); y el segundo, se relaciona con el camino, el derrotero, y con la artimaña o estratagema para cosechar recursos. Por su origen, Eros alude a una especie de tendencia a alcanzar el Bien que se desea fervorosamente. Se escribe en el *Banquete* que «el amor es, en resumen, el deseo de poseer siempre el bien»[408], y tal enunciación ha sido la estructura vertebral del *amor platónico*: «Así que, en verdad, lo que los hombres aman no es otra cosa que el bien. ¿O a ti te parece que aman otra cosa?»[409], le preguntó Diotima a

406 Martin BUBER, *Yo y tú y otros ensayos*, Prometeo Libros, 2013, p. 11.
407 *Ibid.*, p. 13.
408 PLATÓN, *Banquete, op. cit.*, 206b, p. 254.
409 *Ibid.*, 206a, p. 253.

Sócrates. Del Eros se dice que «era lo amado y no lo que ama. Por esta razón, me imagino, te parecía Eros totalmente bello, pues lo que es susceptible de ser amado es también lo verdaderamente bello, delicado, perfecto y digno de ser tenido por dichoso, mientras que lo que ama tiene un carácter diferente»[410], se aseguró Diotima.

Hay una ligazón entre el Eros y el Bien, siendo, eso sí, el Bien inmaterial. Éste está referido a algo alcanzable y bueno *eo ipso*, pero siempre se alcanza en relación con los *otros*. Si resultase inalcanzable, sería evidente el entristecimiento y la frustración que brotaría en la persona. Tómese nota de la cita de Arregui: «Eros, como deseo de lo que es imperfecto por lo perfecto, no es sino la fuerza que nos hace ir buscando la perfección hasta el conocimiento mismo de las ideas de belleza y bien. [...] Si el amor platónico universaliza, el verdadero amor singulariza»[411]. El amor guarda semejanzas con la felicidad en tanto que *regalo* o *donación*, es búsqueda de la perfección. La persona que *regala* o *dona* entrega un excedente enriquecedor a la persona que lo recibe. Es *dar* algo de uno sin perderlo. No se presenta una disminución como cabría pensar a vuelapluma, porque «donar es dar sin perder»[412], vaticinó Polo. Lo *dado* no se pierde. Cuando se realiza una acción donal saca a la luz su intimidad. Razón por la cual pensar que es el amor una dádiva. Sin embargo, «el hombre no puede darse en una sola vez, no puede amar todo lo que quiere de un solo golpe. No puede dar toda su vida por la simplicísima razón de que no la tiene: la va teniendo poco a poco, día tras día y año tras año; está en el futuro, y por eso ahora no puede darla, sino prometerla. Darse y amar en el hombre, es prometer, prometerse»[413]. Si amar es *darse*, entonces la persona no puede

410 *Ibid.*, 204b-c, p. 250.
411 Arregui, *El horror de morir, op. cit.*, p. 244.
412 Leonardo Polo, *La esencia del hombre*, en *Obras Completas, vol. XXIII*, EUNSA, 2015, p. 60.
413 Jacinto Choza, *La realización del hombre en la cultura*, Rialp, 1990, p. 307.

dar la totalidad de su vida porque la vida es algo que va poseyéndose en el tiempo. El Eros representa el papel crucial que tiene lugar en la autorrealización del individuo. Esta autorrealización está insertada en la complejidad de las relaciones humanas, entre la persona y los *otros*. Una admirable ética interpersonal del amor la brindó Bonete, quien escribió que,

> en realidad, lo más opuesto a la muerte no es la vida, sino el amor. [...] A quien arrebata el poder de la muerte es al ser amado, al prójimo. Y cuando soy yo quien va a morir, lo más horrible es que dejo de ser definitivamente un "alguien" para otros que conmigo han vivido el amor, la amistad, el compañerismo... La muerte es cruel por cuanto jamás respeta los profundos lazos familiares y afectivos que nos unen[414].

La idea expuesta por Bonete guarda parentesco con la frase —que en sus escritos reprodujo, entre otros, Canetti— de Gabriel Marcel: «"Amar a un ser —dice uno de mis personajes— es decir: tú no morirás nunca"»[415]. El amor alza a los seres humanos y les promete una suerte de inmortalidad. «Tú no morirás», según el francés, «es una afirmación que no nos está permitido trascender. Consentir la muerte de un ser es, de alguna manera, entregarlo a la muerte. Y desearía poder mostrar que aquí es aún el espíritu de verdad el que nos prohíbe esta capitulación, esta traición»[416]. Entregar a un ser amado a la muerte, a su muerte, es traicionarlo. Amar es desear que el ser amado jamás fallezca. Sobre la célebre expresión marceliana, el alemán Josef Pieper aclaró que cuando la persona amada muere, el amante «experimenta en sí la muerte que el otro no debía experimentar, y por consiguiente, la vive por dentro, no como algo que sucede fuera. En virtud de

---

414 Enrique BONETE, *¿Libres para morir? En torno a la tánato-ética*, Desclée de Brouwer, 2004, p. 127.
415 Gabriel MARCEL, *Homo Viator. Prolegómenos a una metafísica de la esperanza*, Sígueme, 2005, p. 159.
416 *Idem.*

esta experiencia adquiere una sensación de la muerte al estilo de como la experimenta el mismo moribundo»[417]. Dentro de sus límites, el ser humano posee la capacidad, ahora sí, de *sentir* esa muerte. Cada subjetividad asume en el amor a la otra sumándose a la propia. Es decir, hay dos subjetividades que se identifican sin anularse entre ellas.

En contraste con lo escrito, algunos pensadores han considerado el amor como una especie de embobamiento que inhabilita el razonar con fluidez y claridad. Un estado semejante a una enfermedad mental. Este enfoque fue mencionado por Ortega y Gasset en *Estudios sobre el amor*, alegando que «cuando hemos caído en ese estado de angostura mental, de angina psíquica, que es el enamoramiento, estamos perdidos»[418]. El amor es embobamiento, es incapacidad de pensar avispada y diáfanamente, un poder transformador del mundo que emborrona la muerte, el horror enloquecedor que carcome al ser humano y lo aplasta como se aplasta una hormiga con el pulgar. La persona se encuentra desorientada en su realidad, pues «el mundo entero está como embebido en ella. En rigor, lo que pasa es que el mundo no existe para el amante. La amada lo ha desalojado y sustituido. Por eso dice el enamorado en una canción irlandesa: "¡Amada, tú eres mi parte de mundo!"»[419]. Clámese a los cuatro vientos que, a pesar de los males del mundo, *omnia vincit Amor*.

417 Josef PIEPER, *Muerte e inmortalidad*, Herder, 1970, p. 30.
418 José ORTEGA Y GASSET, *Estudios sobre el amor*, en *Obras completas V*, Revista de Occidente, 1964, pp. 581-582.
419 *Ibid.*, p. 581.

CAPÍTULO 17

EL AMOR Y LA NEGACIÓN IMPERIOSA

Una noche de verano
—estaba abierto el balcón
y la puerta de mi casa—
la muerte en mi casa entró.
Se fue acercando a su lecho
—ni siquiera me miró—,
con unos dedos muy finos,
algo muy tenue rompió.
Silenciosa y sin mirarme,
la muerte otra vez pasó
delante de mí. ¿Qué has hecho?
La muerte no respondió.
Mi niña quedó tranquila,
dolido mi corazón.
¡Ay, lo que la muerte ha roto
era un hilo entre los dos![420].

Poesía de encanto inimitable, la creada por Antonio Machado,
que resume y abarca a las mil maravillas el sentido del amor y por
qué se reza a diario la égloga de las *Bucólicas* de Virgilio «*Omnia*

---

420 Antonio MACHADO, *Poesías completas*, Espasa-Calpe, 1989, pp. 213-214.

vincit Amor; et nos cedamus Amori». Cabe, ahora, llegados a este punto, asegurar que no hay dolor más recio que el causado por la rotura del hilo de un ser con otro ser amado, de un *yo* con el *otro* o, al fin y al cabo, de un *yo* con otro *yo*. Dolido queda el corazón, rezó el poeta sevillano. Vivir es *convivir* y es dispersarse y replegarse en el *otro*. Ese *yo* que nos conforma, ese otro *yo* al que Lévinas ve como dirigiéndose y refiriéndose al *otro*, contiene una belleza sin igual que se inicia al involucrar el rostro como prueba fehaciente de la existencia, justamente, de ese *otro*. Fue Lévinas quien escribió que «el amor no es una posibilidad, no se debe a nuestra iniciativa, es sin razón, nos invade y nos hiere y, sin embargo, el yo sobrevive en él»[421]. Un bélico pulso a la férrea ontología heideggeriana desde la presencia del *otro*. Y, en relación con el Eros, es menester abordar el capítulo desde el plano ontológico y no óntico[422].

El amor, de acuerdo con Alain Badiou, «está amenazado, tal vez muerto, o en todo caso bastante enfermo»[423]. En la obra *La agonía del Eros* de Han, la culpa del actual problema del amor recae en el individualismo de hoy y en el afán por mercadear el amor. El endiablado papel del amor se palpa en tales citas. Reveló

---

421 LÉVINAS, *El tiempo y el Otro, op. cit.*, p. 132.
422 Heidegger distingue lo ontológico de los óntico. Lo «óntico» es adjetivo de «ente» (es decir, de la existencia misma de las cosas, la existencia en sí). Lo «ontológico» es adjetivo de «ser» (es decir, a la interpretación que el ser ofrece en su búsqueda del ente, de las cosas). Abbagnano realiza la siguiente descripción de «Óntico»: «Este adjetivo tiene un significado diferente del de ontológico, que se refiere al ser categorial, esto es, a la esencia o a la naturaleza de lo existente. Así, por ejemplo, la propiedad empírica de un objeto es una propiedad Ó., la posibilidad o la necesidad es una propiedad ontológica. La distinción ha sido subrayada por Heidegger: "'Ontológico' en el sentido que la vulgarización filosófica ha dado a la palabra (y que se abre paso en la confusión radical) significa lo que, en cambio, debería ser denominado Ó., esto es, una actitud hacia el ente, tal como para dejarlo ser en sí mismo, en lo que es y como es. Pero con todo ello aún no se ha planteado el problema del ser, ni tampoco se ha logrado lo que debe constituir el fundamento para la posibilidad de una 'ontología'"» [ABBAGNANO, *op. cit.*, p. 873].
423 Byung-Chul HAN, *La agonía del Eros*, Herder, 2017, p. 9.

el filósofo surcoreano que «hoy está en marcha algo que ataca al amor más que la libertad sin fin o las posibilidades ilimitadas. No solo el exceso de oferta de *otros* otros conduce a la crisis del amor, sino también la erosión del *otro*»[424]. Esa «oferta de *otros* otros» que «conduce a la crisis del amor» hace, a su vez, resonar y reavivar la llama de la filosofía del goce sexual del Marqués de Sade, o cómo uno cosifica a otro y, causa de tal cosificación, lo erosiona, arrancando de éste su cariz salvífico. Si, según Sade, «se llama amor a ese sentimiento interior que nos arrastra, por así decirlo, a pesar nuestro, hacia una persona, que nos hace desear vivamente unirnos a ella..., acercarnos a ella todo el tiempo..., que nos deleita..., que nos embriaga cuando logramos esa unión, y que nos desespera..., que nos desgarra cuando ciertos motivos ajenos nos obligan a romper tal unión»[425], según Sade también, «el temor, o a perder a esa persona, o a ver cómo se enfría, nos angustia constantemente, de suerte que, al adoptar esas cadenas, pasamos insensiblemente del estado más tranquilo de la vida al más cruel, [...] gozaré de la posesión del cuerpo que deseo sin obtener la del alma, que no me sirve de nada»[426]. El filósofo francés escoge soslayar el sufrimiento de entrega al *otro* a cambio de regocijarse en la corporalidad, pues entiende el amor como una quimera, «porque amar y gozar son dos cosas muy distintas, y la prueba de ello es que amamos todos los días sin gozar y gozamos aún más a menudo sin amar»[427]. En el ejercicio de compensación que realiza cavila si merece la pena o no atarse «los grilletes del amor» y restringir sus libertades. La renuncia a esa «metafísica del sentimiento que lo ciega»[428] es acercarse al conocimiento de la felicidad que entiende por verdadero y ahorrarse «la pena inseparable de su peligrosa

424 *Ibid.*, p. 19.
425 MARQUÉS DE SADE, *Juliette o Las prosperidades del vicio*, Cátedra, 2022, p. 499.
426 *Ibid.*, p. 500.
427 MARQUÉS DE SADE, *Justina o Los infortunios de la virtud*, Cátedra, 2021, p. 220.
428 MARQUÉS DE SADE, *Juliette o Las prosperidades del vicio*, op. cit., p. 500.

delicadeza»[429]. Sin embargo, el amor para Sade carece de entidad positiva, no seduce, y aunque tal extremo no haya alcanzado la sociedad, sí hay un menosprecio ostensible del amor y del *otro*. Como dijo Nietzsche, «el amor es el estado en el cual, la mayoría de las veces, el hombre ve las cosas como *no* son»[430]. En la vida de hoy el amor sufre una erosión, «la erosión del *otro*» a la que hacen alusión Han y Badiou, entre otros, por cuanto uno ha de entregar y de padecer a cambio de amar. Y sobre la actual desvirtuación o mutación de los rituales humanos en torno al amor, escribió Baudrillard que la sociedad de hoy se encuentra inmersa en «una cultura de la eyaculación precoz. Cualquier seducción, cualquier forma de seducción, que es un proceso enormemente ritualizado, se borra cada vez más tras el imperativo sexual naturalizado, tras la realización inmediata e imperativa de un deseo»[431]. Reside aquí, en lo dicho, gran parte del problema de esa mencionada erosión del *otro*: la satisfacción inmediata de un deseo sin la preocupación de lo que implica la inmediatez. Por tal razón el amor se encuentra «bastante enfermo».

Es imposible confiar en que no se pretenda envolver, a toda costa, con un cariz salvífico-inmortal al amor si éste se presta a ello. Sería horroroso desprestigiar al *otro*, así como a la muerte. Subráyese, en efecto, que el amor se rebela contra las normas del mundo actual justamente por ser no *una experiencia*, sino *la experiencia* radical, *par excellence*, que deja al descubierto la existencia del *otro*, el *otro* en su alteridad. Hoy, el amor perece como nunca antes se imaginó que perecería; y se proclama casi en cada rincón de la Tierra el «final agónico del amor». La muerte del amor como el *axis mundi* que habitamos. El amor se enfría con una celeridad pasmosa, la duración de la pasión es fugaz y tal

---

429 *Idem*.

430 Friedrich Nietzsche, *El Anticristo. Maldición sobre el cristianismo*, §23, Alianza, 1993, p. 49.

431 Jean Baudrillard, *De la seducción*, Cátedra, 1989, p. 42.

como aparece el amor, desaparece. Según Eva Illouz, la racionalización del amor y los descomunales y fugaces avances en «la tecnología de la elección»[432], en estrecho vínculo con el amor y sus aledaños —webs de citas, videollamadas, chats eróticos, páginas de pornografía, etcétera—, enfrían y hasta congelan el amor auténtico. El otro des-aparece, se esfuma, se atenúa con injusto dramatismo. Esta crítica situación es empujada al silencio o alojada «en la inopia», escrito coloquialmente, pero tal vez con mayor precisión.

En sentido enfático se orienta el amor hacia el *otro*. Han introdujo el milenario término «atopía»[433] para presentar su tesis: «No es casual que Sócrates, como amado, se llame *atopos*. El otro, que yo deseo y que me fascina, *carece de lugar*»[434]. Carecer de lugar: sin lugar, sin referencia, sin ubicación, lo que se comprendería en inglés como «*placelessness*» o «*unclassifiable*». La atopía arroja luz

---

432 «La tercera fuerza cultural que ha contribuido con el proceso de racionalización del amor reside en la intensificación de las tecnologías para la elección, simbolizada por el surgimiento de Internet. Estas tecnologías se superponen con el conocimiento psicológico y se basan en él, que también es una tecnología de la elección, pero que no se centra en artefactos. [...] La racionalización de este proceso de elección muchas veces se pasa por alto debido a la idea generalizada de que la selección de pareja basada en el amor supone una disminución concomitante en los criterios racionales que intervienen» [Eva ILLOUZ, *Por qué duele el amor. Una explicación sociológica*, Katz, 2012, p. 232].

433 «Atopía», del griego ατοπία (formado por α, que significa «sin» o «no», y τοποσ, que quiere decir «lugar» o «sitio»), deriva a su vez del adjetivo *atopos*, cuya traducción sería «poco común». Sócrates, escribió Han, se refiere a sí mismo como *atopos*, pues, y así lo pone en claro el propio filósofo, la conducta con relación a los mitos es, como poco, excéntrica si ésta entra en comparación con las conductas propias de los sofistas. Barthes escribió: «La *atopía* de Sócrates está ligada a Eros [...]. Es *átopos* el otro que amo y que me fascina. No puedo clasificarlo puesto que es precisamente el único, la Imagen singular que ha venido milagrosamente a responder a la especificidad de mi deseo. Es la figura de mi verdad; no puede ser tomado a partir de ningún estereotipo (que es la verdad de los otros)» [Roland BARTHES, *Fragmentos de un discurso amoroso*, Siglo XXI, 1998, p. 42].

434 HAN, *La agonía del Eros, op. cit.*, p. 20.

al concepto de Eros haniano que se caracterizaría en esencia por la inefabilidad —esto es, la imposibilidad de expresión mediante la palabra— que uno vive, que uno experimenta. El Eros logra hacer tambalear la individualidad en sentido narcisista y despoja al *yo* de esa ceguera.

El reconocimiento del ser amado es reconocimiento del *otro*. El amor es la experiencia mejor posicionada para el reconocimiento del *otro* en calidad de *otro* y ejerce éste de libertador: libra al *yo* del narcisismo patológico que le orienta a atenuar con dramatismo al *otro*. Es obligado enunciar que Roland Barthes, en su obra *Fragmentos de un discurso amoroso*, observó con suma claridad cómo el amor verdadero sería «traicionado» con crueldad si se le asignasen elementos triviales, banalidades. «Atópico, el otro hace temblar el lenguaje: no se puede hablar *de* él, *sobre* él; todo atributo es falso, doloroso, torpe, mortificante: el otro es *incalificable* (ese sería el verdadero sentido de *átopos*)»[435]. En el «infierno de lo igual», palabras de Han, ninguna vivencia erótica cabe. En ese inframundo de lo igual, no tiene cabida el *atopos*. Todo es comparado a fin de igualarlo. La atopía del *otro* se inspira entre tanta respiración igualadora.

¿Dónde encontrar cobijo ante la negación absoluta? En el amor, que «pasa a ser una estrategia para sobrevivir. Cuando uno se pasa al otro, cuando uno es el otro, cuando uno ama olvidándose de sí, mi muerte ya no existe. Quien ama no muere. El miedo desaparece»[436]. Henos aquí, con un amor infinito e inmortal, ante la promesa del «final de la muerte». Amar olvidándose de sí, de su propio *yo*, y volcar la totalidad de su ser en el *otro*. Pero, ¿«pasarse» al *otro* sería un haz de vida tras la muerte? Es decir, ¿«ser» en los *otros* o a través de los *otros* (gracias, por ejemplo, al recuerdo o al legado genético) sería «ser», en realidad? ¿Se sobreviviría a la muerte? El amor despierta en Han la idea de una salvaguardia.

435 BARTHES, *Fragmentos de un discurso amoroso, op. cit.*, p. 43.
436 HAN, *Muerte y alteridad, op. cit.*, p. 12.

«Ante la inminencia de la muerte también puede despertarse un amor heroico, en el que el yo deja paso al otro. Tal amor también promete una supervivencia»[437]. Cabe confesar, antes bien, que «quien nunca en su vida ha amado, quien nunca ha regalado totalmente su corazón a otra persona, nada sabe del horror abismal de la muerte que se abre ante nosotros con la muerte del ser querido»[438] y, por ende, nada sabe de esa suerte de inmortalidad que le aguarda. Estas palabras de Dietrich von Hildebrand deslucen el anterior argumento haniano. La no-aceptación de la muerte aplasta la comodidad de la calma, cuyo peso hunde la existencia del *otro* para el *yo* moribundo. La locura hipertrófica del *yo*, que todo reduce a cenizas, arruina el mundo de ese *yo*.

La soledad es un fenómeno ontológico en el pensamiento levinasiano. Gracias a la «relación original con el *otro*» es posible superar la soledad. A través de la muerte y contra ella, al unirse las unas con las otras, las personas tienen la facultad de librarse de la soledad. Lévinas, en cambio, partió del «existir sin existente». La muerte que es «la ausencia de todas las cosas se convierte en una suerte de presencia: como un lugar en el que todo se ha hundido, como una atmósfera densa, plenitud del vacío o murmullo del silencio. [...] Algo que no es sujeto ni sustantivo. [...] Es un hecho anónimo: no hay nadie ni nada que albergue en sí esa existencia»[439]. Reparar en ello es tomar la consciencia como «dueño de esta existencia», dueño único, en soledad. «La relación consigo mismo es [...] la relación con un doble encadenado a mí»[440], consideró Lévinas, pero, según Han, «la conciencia no tiene "compañero"»[441].

Por un lado, de las lecturas de Heidegger se extrae la idea de que la muerte despierta del letargo al ser, a condición de que

437 *Idem.*
438 Dietrich von Hildebrand, *Sobre la muerte*, Encuentro, 1983, p. 20.
439 Lévinas, *El tiempo y el Otro, op. cit.*, p. 84.
440 *Ibid.*, p. 94.
441 Han, *Muerte y alteridad, op. cit.*, p. 123.

éste tome consciencia de sí —el énfasis, a veces exagerado, del *yo* ensombrece la coexistencia: existir es coexistir—. Por otro lado, al leer a Lévinas se observa cómo la soledad ante la muerte se supera en virtud del Eros. El sufrimiento del ser, en su soledad por el mero hecho de existir, pues nadie escapa de su existencia, es la imposibilidad de la Nada. «Soledad que irradia, vacío del cielo, muerte diferida: desastre»[442], escribió Maurice Blanchot. En esa soledad uno busca el acompañamiento: «La conversación muda que, sosteniendo la mano "del prójimo que muere", "yo" prosigo con él, no la prosigo sencillamente para ayudarlo a morir, sino para compartir la soledad del acontecimiento que parece su posibilidad más propia y su posesión incompartible en la medida en que ella lo desposee radicalmente»[443]. Compartir soledad, atomizar la soledad y repartir sus esquirlas, paliar el dolor. Seres del sufrimiento. Tal fue el lamento de Cioran, ser un ser de sufrimientos: «¿Cómo dejar de sufrir? Sólo he podido resolverlo por escapatorias, es decir que no lo he resuelto en absoluto. Seguramente he sufrido mucho por diversas dolencias, pero la razón esencial de mis tormentos se ha debido al ser, al ser mismo, al puro hecho de existir, y por eso no hay sosiego para mí»[444]. Seres cuyos tormentos se deben a su existir. Seres cuya vida es humillada por la trágica presencia de la muerte afincada en el ineluctable destino de cada ser.

El dolor pregona, pues, un acontecimiento. «Lévinas sitúa la muerte en este dramático punto doloroso donde el yo activo se deshace en una pasividad radical. La muerte no es por tanto un simple final del "ser", una mera "nada"»[445], puso en claro Han. Un pilar de carga en la filosofía tanática levinasiana es su tesis sobre la muerte como el «acontecimiento del que el sujeto no es dueño,

442 Maurice BLANCHOT, *La escritura del desastre*, Monte Ávila, 1990, p. 124.
443 Maurice BLANCHOT, *La comunidad inconfesable*, Arena, 1999, p. 31.
444 Emil CIORAN, *Cuadernos. 1957-1972*, Tusquets, 2000, p. 175.
445 HAN, *Muerte y alteridad, op. cit.*, p. 139.

un acontecimiento respecto del cual el sujeto deja de ser sujeto»[446]. Esto es, la muerte como la imposibilidad de poder ser sí mismo, la muerte como *imposibilidad de toda posibilidad*.

En una comparativa suplementaria, para Heidegger, es *mi* muerte la auténtica muerte; adelantarse a la muerte produce el despertamiento denominado y señalado por Han debidamente «resolución» «en la que el Dasein retorna a sí mismo»[447]. Para Lévinas, en contraste y en palabras de Han, «ante la muerte no es posible mantener ninguna *posición*. Deshecho en lágrimas, el yo se derrumba al suelo»[448]. Para el pensador franco-lituano, la muerte arrebata las posibilidades, la posibilidad de ser, y derrumba al *yo*. La muerte trasciende el propio poder, algo externo y exterior que no nos atañe, y su alteridad origina en mí pasividad, en lugar de actividad. *La muerte hace que no se pueda poder*. La tarea de Lévinas al respecto consistió en la búsqueda de una cura, valga el término, para la soledad con base en el *otro*. La muerte es lo heterogéneo, y por consiguiente es imposible adoptar relación alguna con ella, pero el *otro*, aunque se sitúa (como ocurre con la muerte) fuera del poder, no aniquila al *yo*. Las siguientes palabras de Han son esclarecedoras: «El otro vuelve a *ponerme en pie* desde aquella *posición yacente* absolutamente pasiva en la que me había sumido la muerte. Pero ese otro, igual que la muerte, es inasequible a mi capacidad o a mi poder»[449]. Como es obvio, el *yo* y la muerte son antagónicos. La muerte no me hiere con severidad, sino que me hiere mortalmente. Lévinas, en *Dios, la muerte y el tiempo*, insistió que «expresiones como "El amor es más fuerte que la muerte" (en realidad, el *Cantar de los cantares* dice exactamente: "El amor, fuerte como la muerte") tienen su sentido»[450], tales formulaciones no son florituras ni el resultado de la palabre-

---

446 Lévinas, *El tiempo y el Otro, op. cit.*, p. 111.
447 Heidegger, *Ser y tiempo, op. cit.*, §74, 383, p. 397.
448 Han, *Muerte y alteridad, op. cit.*, p. 141.
449 *Ibid.*, p. 145.
450 Lévinas, *Dios, la muerte y el tiempo, op. cit.*, p. 124.

ría de literatos, muy al contrario, albergan un poder filosófico-metafísico sobrecogedor. La respiración del hombre siempre es contra la muerte. Han aclaró el pensamiento tanático levinasiano sobre la presencia del *otro*:

> Lévinas no reflexiona sobre la relación con el otro expresamente en términos de mortalidad. Más bien, el Eros promete el «triunfo sobre la muerte». El Eros trabaja contra la negatividad de la muerte, que en cuanto tal conduciría a una extinción del yo. El otro representa una especie de isla de salvamento en medio del acontecimiento de la muerte, algo a lo que uno se aferra para pese a todo conservar el yo. Lo que reconcilia el yo con el otro no es la experiencia de la muerte, no es la cercanía de la muerte que se arrima. [...] El otro (*autrui*) o el Eros en cierta manera debilitan la muerte y posibilitan una «vida personal». Así es como Lévinas evoca reiteradamente el «triunfo sobre la muerte»[451].

Al hilo de lo mencionado, ha de agregarse que la relación con el *otro* que el Eros crea no es una «fusión», sino que «en la proximidad del otro se mantiene íntegramente la distancia»[452]. Y esa «distancia», ese distanciamiento, imposibilita precisamente la fusión y la apropiación. Según Lévinas, es posible una relación apropiadora con el *otro*, con el otro hombre (*autrui*), mas no con las cosas y la naturaleza, que sí existe una dominación por parte del sujeto. Las cosas, por ejemplo, presentan una desnudez si carecen de función, así, por decirlo de alguna forma, la función de las cosas sería su «revestimiento». ¿Cómo encontrar la función de la cosa? Dentro del sistema, pues «fuera del sistema se queda desnuda, pero esta desnudez no es la del "rostro", sino la falta de rostro, que hace que la cosa parezca "fea", como un desecho»[453], insistió Han al poner voz a Lévinas. «Fuera del sistema» sólo cabe el *autrui*.

Lévinas, sin embargo, otorgó cierto grado de poder a la relación

451 HAN, *Muerte y alteridad, op. cit.*, pp. 146-147.
452 LÉVINAS, *El tiempo y el Otro, op. cit.*, p. 138.
453 HAN, *Muerte y alteridad, op. cit.*, p. 149.

que mantienen el *yo* (padre) con el niño (hijo), eso sí, en lo referente a la identidad del ser, del *yo* (padre). Lévinas extirpó lo «empírico biológico» de dicha relación. En consecuencia, cabría preguntarse, ¿qué convierte a ese ser en «hijo», en concreto, «mi hijo», si desligamos lo «empírico biológico»? El pensador lituano-francés, en *El tiempo y el Otro*, escribió oportunamente: «Ante un acontecimiento puro, ante un puro porvenir como el de la muerte, en el que el yo nada puede, es decir, no puede ya ser un yo, buscábamos una situación en la que pese a todo le fuera posible seguir siendo yo, situación que llamábamos "victoria sobre la muerte"»[454]. En esta narración, Lévinas se apoyó en una especie de supervivencia mediante la vida del prójimo, que da origen a un sobrevivir a través del otro *yo* que es hijo, y escribió sobre una «victoria sobre la muerte», que, por otro lado, se traduce en una derrota del fin de la existencia humana: el aferramiento al *otro* como garantía o preservación. Entendió Lévinas que el hijo, dicho con mayor énfasis, no deja de ser un *yo en su hijo*, es decir, en sustancia *ser en él*, pero sin ser él, sin que ese *yo* vea plasmada con nitidez su identidad en el vástago. Es por esto que «la posesión del hijo por el padre no agota el sentido de la relación que se lleva a cabo en la paternidad en la que el padre se recobra, no solamente en los gestos de su hijo, sino en su sustancia y su unicidad»[455]. Así, a fin de aclarar la idea, cabría agregar que «la fecundidad incluye una dualidad de lo Idéntico»[456] y que «el yo se libera de sí mismo en la paternidad sin dejar por eso de ser un yo, porque el yo *es* su hijo»[457]. El envejecimiento en el pensamiento levinasiano sería agotamiento y extenuación cuya culminación es la muerte.

En atención a lo escrito, si por el anverso y según Lévinas «la muerte es, para un ser al que todo llega conforme a proyectos,

454 LÉVINAS, *El tiempo y el Otro, op. cit.*, p. 134.
455 Emmanuel LÉVINAS, *Totalidad e infinito. Ensayo sobre la exterioridad*, Sígueme, 2002, pp. 276-277.
456 *Ibid.*, p. 277.
457 *Ibid.*, p. 286.

un acontecimiento absolutamente a posteriori no ofreciéndose a ningún poder»[458] y en consecuencia «el morir es angustia, porque el ser al morir, no se termina simplemente al terminarse»[459], entonces es plausible pensar, por el reverso, que el triunfo sobre la muerte «no es una nueva *posibilidad* que se ofrece después del final de toda posibilidad, sino *resurrección* en el hijo en el que se engloba la ruptura de la muerte. La muerte —asfixia en la imposibilidad de lo posible— abre un pasar hacia la descendencia»[460]. Henos aquí ante uno de los sentidos de la vida, que no resulta carente de significación y no es, en absoluto, absurda. La cristalización del recuerdo en la vida del superviviente, del hijo del *yo*, y el duelo al fallecido bregan en beneficio de la «resurrección». Gracias al hijo, el futuro del *yo* es el futuro del hijo. El *yo* vive a través del hijo. Es la «lluvia de la descendencia»: cada *yo* es una creciente línea vertical, con un principio y un fin, que se relaciona con otras crecientes líneas verticales. El pasado de una línea es una cadena de *otros* que fueron *yo*: padres, abuelos, bisabuelos, tatarabuelos, etcétera. El hijo es el último eslabón de una nomenclatura histórica, la cima del linaje de un sinfín de vidas que fallecieron, pero que perviven en él. Si el hijo pasa a ser padre, entonces, la lluvia de la descendencia no amainará.

En la urdimbre del asunto, Isabel Allende, en su obra *Paula* —tal vez el libro más personal de la autora—, relató un íntimo sentir cuya raigambre se nutre del dolor por la pérdida. A finales de 1991, la hija de la escritora chilena enfermó de gravedad y, con el tiempo, entró en coma. Allende, anegada del amor de una madre hacia su hija, respondió a la muerte del *otro* amado: catástrofe cósmica para el *yo* que pervive. Valiéndose del Eros, la escritora se sinceró: «Estoy asustada. Algunas veces antes tuve mucho miedo pero siempre había una salida de escape, incluso en el terror del

---

458 *Ibid.*, p. 80.
459 *Idem.*
460 *Idem.*

Golpe Militar existía la salvación del exilio. Ahora estoy en un callejón ciego, no hay puertas a la esperanza y no sé qué hacer con tanto miedo»[461]. Es curioso abordar el hecho de cómo la propia escritora mencionó que, en ocasiones, la muerte de su hija genera un dolor y un miedo especial, nada que relacionar con el dolor y el miedo de un Golpe Militar, pues frente a tal situación se hallaban salidas de emergencia. Sin embargo, con la entrada del *otro* amado que es su hija vaga por «un callejón ciego». Por esa razón Allende dijo: «Ahora no hay respuesta. [...] Ahora estoy obligada a permanecer quieta y callada; por mucho que corra no llego a ninguna parte, si grito nadie me oye. Me has dado silencio para examinar mi paso por este mundo»[462]. Quietud, silencio, soledad. «Ahora no hay respuesta», confesó la autora chilena, «la muerte es el *sin respuesta*»[463]. El miedo, la catástrofe, paraliza y se conjura con la muerte para, con una unión insoportable, encender todas las bengalas de socorro. El *amor verdadero* asiste al ser humano como un *exorcismus* contra el miedo y, al final, contra la muerte. El *desastrum*, por milagro, se metamorfosea en salvación. «No sólo el amor dice no al no de la muerte, sino que es capaz, por amor, de decir sí a ese no»[464].

El amor posee una fuerza colosal que sirve de trampolín para saltar sobre la muerte. Diríase que, en lo esencial, promete una guarida en la que esconderse a fin de sobrevivir a la muerte, y promete además la posibilidad de derrotar el heideggeriano ser-para-la-muerte. El lema del pensamiento levinasiano que recuperó Han es cristalino: «No se debe mirar a la muerte a los ojos, pues de lo contrario no se percibe el "rostro" del otro»[465]. Así, un proceder más pulido y metafórico de sobrellevar la vida de uno con la del *otro* sería, por ejemplo, el acto de abrazar, la

461 Isabel ALLENDE, *Paula*, Debolsillo, 2003, p. 216.
462 *Ibid.*, p. 215.
463 LÉVINAS, *Dios, la muerte y el tiempo, op. cit.*, p. 19.
464 JANKÉLÉVITCH, *La muerte, op. cit.*, p. 403.
465 HAN, *Muerte y alteridad, op. cit.*, p. 170.

calidez de la caricia o la pasión y la sinceridad de fina piel habida en el beso. Máxime si resulta ser el *otro* amado. El amor es unión, y amar es adunarse: promesa de eternidad[466]. En sintonía con la idea asentada en el poso de lo escrito en estas hojas, Zambrano formuló una oración que resulta, a la luz de la vida, esperanzadora: «La unidad del amor consigue su eternidad y con ello se han disipado de una vez el horror del nacimiento y el horror de la muerte, que junto con la injusticia son los elementos de la pesadilla de la existencia»[467].

---

466 «Eternidad» según lo acuñó Boecio, como permanencia rigurosamente real, como lo que está *fuera del tiempo*, como «la posesión total y perfecta de una vida interminable. [...] Todo ser que vive en el tiempo está de continuo yendo desde lo pasado a lo futuro, siendo incapaz de abarcar de una sola vez toda la duración de su existencia. No ha alcanzado aún el día de mañana, cuando ya ha perdido el día de ayer. En vuestra vida actual sólo vivís el momento presente, rápido y fugaz» [BOECIO, *La consolación sobre la filosofía*, Aguilar, 1955, pp. 182-183].

467 María ZAMBRANO, *La Confesión: Género literario*, Siruela, 2001, p. 51.

CAPÍTULO 18

UN HOMBRE CONTRA LA MUERTE

Eres el orden personificado, no has absorbido *nada* del caos, te escondes cobardemente en tu concha de caracol, no sabes nada, no eres nada, nunca has vivido, algún libro has leído en la oscuridad, a veces has persuadido a una mujer pusilánime y la has instalado a mil millas de distancia de ti, no has procreado a ningún hijo, no has sustraído a nadie de la *muerte*, pronto te extinguirás y de ti quedarán unas cuantas letras bien ordenadas[468].

El lector tropezará en los libros de Canetti con escritos o con «unas cuantas letras bien ordenadas» que el propio autor derramó sobre sí, como la cita leída instantes antes. En ésta, el escritor búlgaro asumió que no fue nada, que nunca vivió, que nada supo o que jamás sustrajo «a nadie de la *muerte*». Casi la totalidad de las letras que bien ordenó acentúan una constante: él contra la muerte, un hombre contra la muerte en una lucha interminable. En su obra aforística *El corazón secreto del reloj*, se lanzó una pregunta que de inmediato respondió con clara rotundidad: «¿Escribir sin brújula? Siempre tengo en mi interior la aguja,

---

468 CANETTI, *El libro contra la muerte, op. cit.*, p. 139.

siempre señala su polo norte magnético: el final»[469], ¿y qué otro final le aguarda al hombre sino la muerte? Canetti, que se supo explorador de la inmortalidad, como «Enemigo de la muerte»[470] manifestó un odio perenne al final que su aguja señalaba. Resáltese, ahora bien, la curiosidad habida en la duda que le surgió a Han: «¿Pero qué "muerte" "odió" en realidad Canetti? No hay una única muerte, sino varias muertes. Mi muerte no es idéntica a la muerte del otro. El rechazo de la propia muerte puede correr parejo con una producción masiva de la muerte de otros»[471], que Canetti aspiró a encarar. Del temor por la muerte de uno no se deduce el temor por la muerte del *otro*, mas gracias a (o por culpa de) la muerte del *otro*, nuestra muerte carece de importancia. El rechazo es moral, pues su preocupación no reside en su tiempo de vida ni en lo angustioso que pudiera ser su muerte. Más bien se asienta en «lo otro». Aquí entra en juego el gozo. Habló Lévinas sobre el gozo de la forma que sigue:

> La vestimenta sirve para proteger el cuerpo o para adornarlo la casa para abrigarlo, el alimento para restaurarlo. Pero se lo goza o se lo sufre, estos son los fines. Los útiles que son en vista de... llegan a ser objetos de gozo. El gozo de una cosa aunque sea una herramienta, no consiste solamente en relacionar esta cosas con el uso para el cual está fabricada —la pluma con la escritura, el martillo con el clavo para clavar— sino también para afligirse

---

469 Canetti, *El corazón secreto del reloj, op. cit.*, p. 88.
470 «Desde hace muchos años nada me ha inquietado ni colmado tanto como el pensamiento de la muerte. El objetivo serio y concreto, la meta declarada y explícita de mi vida es conseguir la inmortalidad para los hombres. Hubo un tiempo en el que quise prestar este objetivo al personaje central de una novela al que, para mis adentros, llamaba el "Enemigo de la Muerte". Pero durante esta guerra me he dado cuenta de que es preciso expresar directamente y sin disfraces las convicciones de este tipo, que constituyen propiamente una religión. Por eso ahora voy anotando todo lo que guarda relación con la muerte tal y como quiero comunicárselo a los demás, y he dejado totalmente de lado al "Enemigo de la Muerte"» [Canetti, *El libro contra la muerte, op. cit.*, pp. 34-35].
471 Han, *Muerte y alteridad, op. cit.*, p. 218.

o para gozar de este ejercicio. [...] Gozar sin utilidad dando pura pérdida, gratuitamente, sin buscar nada más, siendo puro gasto: esto es lo humano[472].

La principal característica del gozo es, por tanto, la despreocupación: «puro gasto» es «lo humano». El ser que goza ejerce un regocijo en lo que es posible llamar «lo otro». Sin embargo, en el imaginario canettiano el gozo no aparece, como sí ocurre en el levinasiano, más bien éste se encuadra en el marco del poder. «Todo lo que se come es objeto de poder»[473]. Iguales movimientos emplea uno al comer que al reír, razón por la que se vincula en sus orígenes la risa con lo animal: «Uno ríe *en lugar de* comer»[474]. Así, reír sería devorar simbólicamente «lo otro» y así es como Canetti imaginó un mundo de culpas y vergüenzas donde las personas comen a escondidas. El premio Nobel desarrolló una fenomenología de la corporalidad harto pertinente e interesante cuando menos. La boca como una cárcel o las manos como definición del comercio son ejemplos de ello.

El «uno impersonal» heideggeriano es un superviviente, visto a través de Canetti, pues la supervivencia no se queda en una conservación pasiva de la existencia, viaja más allá. El maná, entonces, aparece en escena en el pensamiento canettiano estudiado como un deseado y enriquecedor poder sobrenatural e impersonal que se transmite cuando una persona acaba con la vida de otra. Al matar, un ser se refuerza: «El superviviente mata para hacer que el poder crezca en él, para *crecer* como *yo*. Capitaliza la muerte de otros. El incremento de poder se experimenta como disminución de la muerte. El superviviente acumula el poder como un capital para librarse de la muerte propia, de la finitud propia»[475], aclaró Han. El crecimiento del *yo*, mediante el poder que otorga-

472 LÉVINAS, *Totalidad e infinito, op. cit.*, p. 152.
473 CANETTI, *Masa y poder, op. cit.*, p. 274.
474 *Ibid.*, p. 279.
475 HAN, *Muerte y alteridad, op. cit.*, p. 226.

ría el matar, provocaría una disminución de la muerte. *Aut neca aut necare.* El vivo, como superviviente, busca una acumulación que le salve de morir.

Visto así, Han, rondando el pensamiento canettiano, escribió que, «sin una dietética moral, que sería más patológica que la kantiana, también la eliminación de la muerte carecería de sentido y legitimación. Así pues, la superación de la muerte tiene que venir mediada moralmente. Lo prioritario es superar la supervivencia»[476]. Esa *dietética moral* o, en otros términos, esa dietética regida por la moral es vital, valga la palabra, pues sin su «vigilancia» eliminar la muerte sería un sinsentido. Y sería un sinsentido enceguecedor porque, en concreto, la finitud del ser humano lo ubica espacio-temporalmente. Joan-Carles Mèlich anotó que en virtud de esa finitud «la vida humana es biografía, vida narrada, identidad narrativa. Una vida humana, o una vida vivida humanamente, es una identidad (heredada) en búsqueda de un sentido»[477], anegada por el horror de una amenaza del sinsentido. Justamente esa amenazante aparición del sinsentido es constante y sorpresiva. Si se materializara la amenaza, «en la ausencia de sentido, la vida resulta invivible, por eso ha de ser narrada. Para ser fuente de sentido tiene que ensamblarse en un relato»[478]. *Escribir* es escribir el sentido de la vida, narrar y relatar es describirlo. El sentido es una dimensión vital de la existencia del hombre. El sinsentido, por consiguiente, es lo invivible. La ética y la moral son edificios de sentido por los cuales regirse.

Si se desea la superación de la muerte, subrayó Canetti, debe arbitrar la moral. Inmortalidad literaria con sus móviles morales. La preocupación por la muerte del *otro*. Uno debe *ser el muerto,* ponerse *en su lugar,* para revivirlo, con el noble fin de hacerle renacer. El énfasis del *yo* desaparece entre los deseos de Canetti.

---

476 *Ibid.*, p. 227.
477 Joan-Carles Mèlich, *Filosofía de la finitud*, Herder, 2012, p. 36.
478 *Idem.*

Así, la veneración hacia el muerto se convierte en un *deber*, propiamente dicho. La veneración se posterga en el tiempo, se alarga y se estira, pero siempre es continua e incesante, como los movimientos pulmonares que permiten la respiración o los viajes de la sangre a través del cuerpo gracias al bombeo del corazón. El duelo que extirpa de raíz el *yo* impera en esta filosofía tanática. Es palmario el acercamiento de Canetti a la filosofía del *otro* levinasiana. En vida, él permaneció a merced del *otro*, una desnudez sensible al *otro*. Parafraseando a Lévinas, una «hipersensibilidad» que queda expuesta hasta el sufrimiento y por la cual uno se «despelleja», se desquita de su piel. Canetti se desmarcó de Heidegger y se acercó a Lévinas. El miedo a la muerte propia a uno lo espabila, claro está, pero el miedo en realidad no es por la muerte de uno, sino por la del *otro*. El miedo, que entra en escena con papel protagonista, es miedo a la violencia del *otro*. Explicó Lévinas que «el miedo por mi ser que es mi relación con la muerte, no es el miedo de la nada, sino el miedo de la violencia (y así se prolonga en el miedo del Otro, de lo absolutamente imprevisible)»[479]. Esta sentencia hace que se contemple la muerte en el *otro*, reviste a la muerte con un cariz de imprevisible violencia, algo impersonal. Sin embargo, en defensa de Lévinas y su postura con respecto al miedo a la violencia del *otro*, uno es capaz de horrorizarse ante la posibilidad de ser asesinado por manos ajenas, a manos del *otro*. El miedo define la *no-indiferencia*, hay «referencias» y no fracasa el «coexistir con los otros», hay *referencialidad*. La muerte, así pues, es la muerte del *otro*. «Lo más importante es hablar con desconocidos. Pero hay que ingeniárselas para que *ellos* hablen, y el papel de *uno* es hacerles hablar. Cuando *a uno* esto le resulta imposible, ha empezado la muerte»[480], pero no mi muerte, sino la muerte de los *otros*, he ahí por qué Canetti puso empeño en «escuchar» desmesuradamente qué tienen que decir los *otros*.

479 LÉVINAS, *Totalidad e infinito, op. cit.*, p. 249.
480 Elias CANETTI, *La provincia del hombre*, Taurus, 1986, p. 284.

El literato de Ruse rechazó desde las profundas aguas de su corazón la muerte, y no tanto por su propia muerte, que se estanca en un segundo plano de importancia —e incluso carece de ésta: «Tal vez no estaría mal del todo que muriéramos contentos, con tal de que jamás nos hubiéramos alegrado de la muerte de otro»[481]—, sino por la muerte de los *otros*. Y si rechaza la muerte, rechaza la totalidad de doctrinas defensoras del «crimen»:

> Es difícil no sucumbir a las teorías que abominan de la vida, que le niegan todo valor. [...] Siempre habíamos hablado *en favor de* la vida, que debía ser más y más larga hasta acabar siendo eterna. Condenábamos a quienes querían evadirse. Despreciábamos a quienes defendían paraísos vacíos. Mirábamos y escuchábamos, respirábamos: y nunca era suficiente. Ahora, la respiración entrecortada se ve infestada por la proximidad del crimen. [...] El hombre es un leño que se arroja él mismo al fuego. ¡Detenedlo![482].

Es la vida del *otro*, tal vez mejor escrito: la *responsabilidad* por la vida del *otro*, lo que conduce a Canetti a repudiar sobremanera la muerte[483]. Quien osara amar la muerte sería, pues, y según la óptica del escritor búlgaro, un *asesino*. ¿No fue Mantegazza

---

481 *Ibid.*, p. 188.
482 Elias CANETTI, *Apuntes 1992-1993*, Anaya / Mario Muchnik, 1997, p. 75.
483 «Mi injusticia fundamental frente a los hombres se deriva de mi postura respecto a la muerte. No puedo amar a nadie que reconozca la muerte o cuente con ella. Amo a todo aquel, quienquiera que sea, que la deteste, que no la admite y nunca, en ninguna circunstancia, la utilizaría como medio para alcanzar sus fines. De ahí viene que no pueda aceptar a ninguna persona que hoy en día trabaje como físico o técnico nuclear; a nadie que siga voluntariamente una carrera militar; pero tampoco a ningún clérigo que utilice una vida futura como consuelo por la muerte mientras que a él mismo ni se le ocurre morir pronto; y a nadie que considere el fallecimiento de un pariente o amigo como acertado en el tiempo, como una suerte de cumplimiento de esa vida concreta; a nadie que no sienta vergüenza en vez de satisfacción por la muerte de un enemigo; a nadie que haya puesto el ojo en una herencia...» [CANETTI, *El libro contra la muerte, op. cit.*, p. 82].

quien dijo que «la tanatofilia se encuentra siempre en la base de un proyecto homicida, porque amar la muerte significa despreciar la vida»[484]? Canetti soñó con una religión de la desnudez del alma, una religión preocupada por la muerte del *otro*. Su admiración por Confucio y su celebérrima máxima es rescatada por él y, ahora, por un servidor. En el Libro XI, el número VIII de los florilegios reza:

> Cuando Chin Lu preguntó acerca de sus deberes para con los espíritus, el Maestro respondió: —Si aún eres incapaz de cumplir con tus deberes para con los vivos, ¿cómo puedes cumplir tus deberes para con los muertos? Cuando el discípulo se aventuró a preguntar acerca de la muerte, Confucio respondió: —Si aún no comprendes la vida, ¿cómo puedes comprender la muerte?[485].

El breve escrito vale para ser conscientes de la magnitud que entrañan las preguntas que orbitan cerca de la muerte. Sin embargo, el deber para con los espíritus no se sitúa después o detrás del deber para con los vivos, así como el número dos sucede al uno. Ocurre algo semejante con la pregunta del discípulo sobre la muerte. Ambas son «dimensiones» apreciadas por el hombre y situadas de tal forma que atenderlas no sólo es posible, sino necesario. No consiste, pues, en aparcar los deberes para con los espíritus y las preguntas sobre la muerte hasta resolver los deberes para con los vivos y sentir que se comprende la vida, pues ¿quién comprende la vida en su totalidad y quién cumple todos sus deberes para con los vivos? Recorrer ese camino conduciría a un descuido nocivo de la muerte y la mortalidad. Al final, tanto Canetti como Lévinas incurrieron en un parcial olvido de la mortalidad humana. El segundo de ellos comentó que, «en la muerte de los otros, en su rostro que es una exposición a la muerte,

---

484 MANTEGAZZA, *op. cit.*, p. 23.
485 CONFUCIO, *Las analectas. Conversaciones con sus discípulos*, Libro XI, VIII, Adiax, 1982, p. 101.

no sólo se anuncia el paso de una cualidad esencial a otra; [...]
Es preciso pensar en todo lo que hay de asesinato en la muerte:
toda muerte es asesinato, es prematura, y hay una responsabilidad del superviviente»[486]. La muerte natural entra en juego y es
una factible posibilidad.

Insístase repetidas veces en que, tal vez, sería más apropiado
o inteligente aceptar, consentir, abrirse a la muerte. Estar en
constante rechazo a ciegas de la muerte es, como poco, agotador
e innecesario. El reconocimiento de la muerte propia, reconocer
ser mortal, no debe entenderse como algo negativo y enloquecedor. En el fondo, Canetti descuidó la entidad positiva de la muerte
humana. No obstante, se acercó cauteloso a la filosofía de Adorno,
quien afirmó que «no solo el placer, que según la iluminada palabra
de Nietzsche quiere la eternidad, se rebela contra la desaparición. Si la muerte fuera ese absoluto que la filosofía en vano
evoca positivamente, todo sería nada en absoluto, incluso todo
pensamiento se pensaría en el vacío, ninguno podría pensarse
de ningún modo con verdad»[487]. Entretanto, es consabido que la
mortalidad humana, la finitud del hombre, lo impulsa, lo «eleva».
Como se dijo, la muerte es el acicate de la existencia. El tiempo,
entonces, emerge de la negatividad y aparenta ser un don, una
dádiva. Aunque, según pensó Canetti, «el hombre no es lo bastante
frágil. Con su mortalidad no se resuelve nada. Tendría que ser
frágil»[488]. Dicha fragilidad es inconcebible separada de la mortalidad humana. Uno ansía más *yo* y más poder justamente por su
condición mortal, por su incansable lucha contra la muerte. No
obstante, para que esa frágil existencia se dé «habrá que asumir
otra postura hacia la muerte. El ciego rechazo de la muerte
conduce a una "terrible hipertrofia del yo" que lo oprime»[489].

---

486 LÉVINAS, *Dios, la muerte y el otro, op. cit.*, p. 89.
487 Theodor W. ADORNO, *Dialéctica negativa. La jerga de la autenticidad. Obra
completa 6*, Akal, 2005, p. 304.
488 CANETTI, *La provincia del hombre, op. cit.*, p. 315.
489 HAN, *Muerte y alteridad, op. cit.*, p. 260.

EL CEMENTERIO EN EL CORAZÓN

CAPÍTULO 19

EL MÁS ALLÁ Y EL SUEÑO TRANSHUMANISTA

No, no quiero morir. Aún ignoro el canto de muchos pájaros; y para saberlo necesito tiempo, mucho tiempo. ¿Pero cuánto tiempo me dejará vivir mi destino?[490].

Paul de Kruif narró heroica y románticamente en *Hombres contra la muerte* un sentir común al resto de mortales. El rosario de respuestas que podrían darse cabida alrededor de la pregunta «¿Quieres morir?» sería de una complejidad afilada. No obstante, y aun sabiéndome ignorante de la estadística, después de sopesar el precio de la inmortalidad, la contestación de la inmensa mayoría sería «Sí, quiero». Sin embargo, otra pregunta harto más compleja y espinosa se presentaría: «¿Cuándo?». Demasiado simplista quizá, pero «Jamás» sería la más común de las respuestas. Si las condiciones de vida son óptimas, favorables, nadie verá un porqué de peso para querer morir. No, al menos, en el momento justo en que se le pregunte si desea emprender su viaje «al otro mundo». Siempre se rogará una pizca más de tiempo, de vida. Y la minúscula minoría que responda asintiendo con la cabeza será

---

490 Paul DE KRUIF, *Hombres contra la muerte*, Plaza & Janés, 1961, p. 7.

porque verá paz en la muerte, porque ésta les concederá descanso a sus dolores incurables y eliminará, de un golpe, toda condición dañina que la persona soporte. De lo dicho se infiere la aparente obviedad de que nunca es el momento de morir. La cita de Todd May al respecto es esclarecedora porque es evidente que ese

> *nunca es el momento* no vale en todos los casos. Para algunas personas, las que sufren un terrible dolor emocional o físico, y especialmente las que padecen una enfermedad al mismo tiempo debilitadora y terminal, sería mejor morir cuanto antes. Pero incluso para muchos de ellas, el hecho de que hayan de morir desempeña un papel en su decisión de morir antes. Para ellos no hay un futuro en el que proyectar sus vidas. No se trata sólo de vivir sufriendo un gran dolor, sino de vivir sufriendo un gran dolor y sin tener la oportunidad de participar en el tipo de proyectos que hacen que una vida humana tenga sentido[491].

Querer morir es un deseo tortuoso, engañoso cuando menos, pero cristalino si un grave dolor anega el cuerpo. Vivir con un grave dolor vitalicio es terrorífico. En la vida del día a día hay incrustada una pieza invisible, la del dolor. Una incógnita endiablada es el no saber si un sufrimiento inhumano acabará con las ganas de vivir, pero ¿cómo saber qué le depara a cada cual su destino? ¿Es mejor, entonces, no vivir y arrancarse el dolor de súbito? La muerte, sea o no indolora, es una Espada de Damocles sobre la persona, una amenaza constante, sin fisuras, indeseada por su persistencia y por el sobrepeso de la crudeza pendida únicamente de un pelo de crin de caballo. Georges Bataille, por ejemplo, escribió que «nuestra vida está completamente cargada de muerte... Pero, en mí, la muerte definitiva tiene el sentido de una extraña victoria. Me baña con su resplandor y abre en mí la risa infinitamente alegre: la de la desaparición...»[492]. Una desapa-

491 Todd MAY, *La muerte. Una reflexión filosófica*, Biblioteca Buridán, 2010, p. 106.
492 Georges BATAILLE, *Breve historia del erotismo*, Calden, 1970, p. 237.

rición definitiva, terror palpable de la Humanidad, tampoco correría parejo con lo deseado. Contra viento y marea, perdura el sueño inmortal humano. ¿Desea el hombre ser inmortal? Tal vez, la auténtica pregunta sea la que Jean Rostand formuló: «¿La humanidad, con cien mil años de edad, aproximadamente, durará aún mucho tiempo sobre la tierra?»[493]. Desconocido es el tiempo restante que mantendrá en pie a los hombres, por ello sembraron y siembran sueños, para atemperar el horror de morir.

La reencarnación, la creencia o la fe en la transmigración (metempsícosis) de las almas, se halla fuertemente afincada en algunas religiones y filosofías de naturaleza teológica, al fin y al cabo, en el libro de la Historia. Aunque su origen exacto se desconoce, Platón pensó en la peregrinación del espíritu una vez concluyese su separación carnal. En su obra *República*, narró un mito escatológico de gran calado en su época y en los siglos venideros, en especial, por sus caracteres éticos y cosmológicos. El Mito de Er[494] relata el periplo de las almas separadas del cuerpo al morir, cómo éstas son juzgadas según obraron en vida. Durante el viaje, las almas son escoltadas por los psicopompos (del griego, ψυχοπομπός). A lo largo de los tiempos, culturas alejadas geográficamente entre sí se dejaron acompañar por la figura del psicopompo:

> En el Rostau, el reino de Osiris para los egipcios, el responsable de custodiar las almas era Anubis. Las valquirias guiaban a los guerreros nórdicos muertos en batalla hasta la Valhala. Dentro de la mitología griega, contaban con Caronte, que era el barquero del Hades hijo de la indulgencia, encargado de guiar las sombras de los difuntos. Los celtas tenían a Anku y al hada Morrigain. Xolótl para la cultura mexica era el garante de la tutela de las almas hasta el Mictlán, tierra de los muertos, en náhuatl[495].

---

493 Jean ROSTAND, *El hombre*, Alianza, 1968, p. 184.
494 Véase PLATÓN, *Diálogos IV. República*, 614a-621d, Gredos, 1986.
495 Begoña BENEITO, *El gran libro de la muerte*, Almuzara, 2022, p. 82.

El psicopompo, pues, ejerce de guía del umbral que presta su servicio a la hora de acompañar el alma del difunto. En los imaginarios humanos, especies de animales como la serpiente, el pájaro o el perro han simbolizado la muerte. El perro, por ejemplo, amigo fiel del hombre, ha sido simbolizado como aliado y escudero de las almas en el Más Allá, como un curandero y guardián de los difuntos.

En Egipto, el dios Anubis con cabeza de chacal es en realidad el portador de la resurrección, y en la creencia azteca un perro amarillo o rojo, Xolotl, trae de nuevo a la vida a los muertos que están en el más allá. También en India, Shiva, el destructor y dios de la muerte, se llama "Señor de los perros". La diosa de la muerte Nehalenni se representaba con un cesto de manzanas [...] junto con un perro lobo, y Virgilio dice en la *Eneida*, que el perro de los infiernos Cerbero es en realidad la tierra que absorbe a los muertos[496].

Han madurado los frutos del árbol de las representaciones y simbolizaciones de la muerte. Con todo, los hombres no han echado el cerrojo ante la irrupción de la reencarnación y del Más Allá. Es más, en diversos escenarios religiosos y en algunas doctrinas de origen filosófico-teológico la reencarnación es admitida sin disputa al otorgar solidez en el andamiaje y una explicación existencial plausible, como ocurre, por ejemplo, en el imaginario hindú. Sin embargo, en la reencarnación entraña un profundo olvido. Ramas de la cultura occidental han sido objetoras de la reencarnación basando su principal objeción en no poseer recuerdos de las vidas anteriores. La literatura hindú respondería que la reencarnación no descansa en la memoria, sino en la naturaleza inquebrantable del espíritu. En la mitología griega, beber del Leteo significaba borrar todo recuerdo del mundo terrenal y del mundo celeste. Olvidaban cuanto habían

---

496 Marie-Louise VON FRANZ, *Sobre los sueños y la muerte*, Kairós, 2007, p. 100.

vivido, sus biografías. No obstante, Mircea Eliade aclaró que ese «"olvido" ya no simboliza la muerte, sino el retorno a la vida. El alma que ha cometido la imprudencia de beber de la fuente del Leteo ("trago de olvido y de maldad", como lo describe Platón) se reencarna y se ve proyectada nuevamente en el ciclo del devenir»[497]. Tal vez, un psicopompo nos advirtió de ese olvido en alguno de sus acompañamientos.

Así las cosas. En la vasta obra de Fraile se indica que «las almas, de procedencia celeste, si viven bien y alcanzan su purificación, se reintegrarán después de la muerte a su estado primitivo. Pero si han vivido mal, volverán a reencarnarse indefinidamente en cuerpos de animales o en plantas hasta conseguir su purificación»[498]. Dos elementos son claves en la teoría de la reintegración de las almas: por un lado, el origen celeste que respaldaría las preexistencias de las almas y, por otro lado, la unión de éstas con el cuerpo. Tales ideas cobraron un protagonismo predominante en la Grecia del siglo VII en adelante, y se encuentran en comunión con el orfismo y el pitagorismo. Sin embargo, las reencarnaciones presentan, según Platón, un orden a seguir:

> La primera encarnación se realiza siempre en cuerpos de hombres; pero, en conformidad con su conducta, las encarnaciones sucesivas se verifican en cuerpos de mujeres o de animales. De esta manera trata de explicar Platón el hecho de que los animales tengan alma, con una especie de evolución a la inversa, por degradación[499].

De tal modo, impera en la reencarnación la pugna entre el bien y el mal. A ojos de un gran número de occidentales, la idea de la reencarnación no resulta tan suculenta como el sueño de una

---

497 Mircea ELIADE, *Historia de las creencias y las ideas religiosas. De Gautama Buda al triunfo del cristianismo. Volumen II*, Paidós, 1999, p. 229.
498 FRAILE, *op. cit.*, p. 161.
499 *Ibid.*, p. 381.

vida supraterrenal. En el reencuentro en la cíclica rueda de la vida se hallan los budistas, «en el que la reencarnación es el destino común del hombre»[500]. Lo cual no quiere decir que el budista niegue la muerte, sino que, más bien, «es el reconocimiento de la muerte lo que se convierte en el centro de toda fe y la reflexión a propósito de ella en una forma de arte»[501]. Visto así, diríase que el budista se despreocupa de la muerte y que el sufrimiento que contrae el pensarla se margina. No obstante y por ejemplo, «los budistas tailandeses manifiestan tanta preocupación por su destino en futuras reencarnaciones como antaño lo hacían los cristianos por el infierno»[502]. Ahora bien, dicho lo cual, no está de más reconocer que la reencarnación eleva el desafío y la seriedad del pensar la muerte, pues ésta asume la idea de morir y renacer como algo digno de las más arcanas e inexploradas magias.

El Más Allá, la vida supraterrenal, ha sido históricamente imaginada de múltiples maneras y está fervientemente presente desde tiempos pretéritos en religiones y filosofías de Oriente como el budismo, el hinduismo y el taoísmo; en tradiciones de África, América y Occidente; y de las religiones judeocristianas como el cristianismo, el judaísmo y el islamismo. Se encuentran paraísos como el Edén del *Génesis*, del *Tanaj* judío y de la *Biblia* cristiana; la Yanna del *Corán* musulmán; el Suargá —*Swarga*— hindú; los celestiales Campos Elíseos de la mitología griega; el magnánimo «Salón de los caídos» o Valhalla —*Valhǫll*, en nórdico antiguo— en la ciudad de Asgard, reino de la mitología nórdica; etcétera. Mundos «vivos» *post morten* repletos de placeres fantásticos que harían de la vida humana la mejor de todas las posibles y por los que vale la pena soportar el peso del sufrimiento físico, pues, como afirmó Evandro Agazzi, «para un auténtico creyente, cualquier sufrimiento, incluida la muerte física, resulta un precio aceptable

---

500 BARLEY, *op. cit.*, p. 205.
501 *Idem.*
502 *Ibid.*, p. 206.

a fin de ganar la vida eterna»[503]. Sin embargo, ¿cómo sería la vida eterna? Savater sospechó acerca de esas «vidas» tras la muerte respaldadas por algunas religiones y filosofías. Al sopesar cómo sería la vida en la ultratumba sentenció que vivir es el modo de existir del cuerpo en el mundo y que «en el más allá no tendremos ni cuerpo ni mundo, por lo que difícilmente podremos considerarnos "vivos" en ningún sentido inteligible del término»[504]. Al fin y al cabo, gran culpa de esa niebla que nubla la creencia en otra vida de ultratumba mejor reside en el miedo a la muerte, en qué esperar una vez se «presencie» y cómo escapar a su «hachazo invisible y homicida». El padre del humanismo ateo contemporáneo, Ludwig Feuerbach, cargó críticamente con argumentos contra la religión y el mundo del Más Allá. En relación con la espacialidad y la temporalidad sugirió:

> Los individuos, que aún existieran después de la muerte, deberán tener, para existir como individuos, un espacio común donde existir. Pero aquí surgen ahora naturalmente algunas circunstancias y discordancias que dan que pensar. La vida de los individuos después de la muerte sucede en un lugar [...] separado del lugar de los vivos [...]. Es, en consecuencia, sencillamente imposible que el lugar de los individuos del más allá no tenga que estar en el espacio, dentro del cual está contenida también esta naturaleza sensible, nosotros, los vivos; sólo que nosotros, los vivos, esta tierra, este cielo, esta naturaleza, somos todos antes de la muerte, constituimos juntos la vida antes de la muerte. Nuestra vida, antes de la muerte es ser espacial, sensible, el espacio pertenece esencialmente a nuestra vida misma, el espacio es, por decirlo así, la propiedad de la vida sensible; [...] y puesto que, en razón de todo lo dicho, los individuos inmortales existen en un lugar, y su lugar está por consiguiente dentro del espacio, de esta manera y consecuentemente la vida después de

---

503 Evandro AGAZZI, *El bien, el mal y la ciencia. Las dimensiones éticas de la empresa científico-tecnológica*, Tecnos, 1996, p. 271.
504 SAVATER, *La vida eterna, op. cit.*, pp. 69-70.

la muerte debe recaer en la vida antes de la muerte. Y si pues existen los mismos espacialmente después de la muerte [...] existen también con todos los atributos y propiedades sensibles, que corresponden a esta vida temporal[505].

La vida del Más Allá sería la vida del «Más Acá», por así decirlo, debido a que el espacio y el tiempo son inseparables el uno del otro. El descanso eterno en la vida terrenal sensible. El Más Allá en la vida corriente que cada cual vive a su modo más propio. ¿Es, acaso, posible? Ahora piénsese en los utópicos —o distópicos, en cualquier caso— sueños transhumanistas y posthumanistas cuyas máximas son embaucadoras en tanto que demasiado edulcoradas se saben. El desconocimiento del Más Allá ha pervivido con gran brío hasta la actualidad y más lo hará en el futuro en consonancia con los postulados de las esperanzadoras y puede que utópicas nuevas «religiones»: el transhumanismo y el posthumanismo. Uno está obligado a preguntarse lo que Diéguez se preguntó:

> ¿Es la inmortalidad un objetivo supremo por el que merece sacrificarlo rodo? ¿Vale la pena vivir indefinidamente una ida sin dar ni recibir amor sincero, rodeados de personas con las que los vínculos más profundos —hasta los de paternidad o maternidad— hace tiempo que se perdieron, por muchos sustitutos emocionales que puedan proporcionarse mediante procedimientos tecnológicos?[506].

El transhumanismo, más alejado del mundo onírico que el posthumanismo, ansía un mejoramiento biotecnológico de los seres humanos con la principal meta puesta en acelerar la marcha de la evolución. Tal corriente o movimiento en su mayoría se debe a que el hombre occidental de hoy «ve la muerte como algo

---

505 Ludwig FEUERBACH, *Pensamientos sobre muerte e inmortalidad*, Alianza, 1993, pp. 122-123.
506 Antonio DIÉGUEZ, *Transhumanismo. La búsqueda tecnológica del mejoramiento humano*, Herder, 2017, p. 199.

obsceno y escandaloso y pone sus esperanzas en los progresos de la ciencia y de la técnica que podrán un día acabar definitivamente con ella»[507]. El germen transhumanista se inspiró en las tesis sobre el mejoramiento humano que en nuestro tiempo se fusionan con la ciencia. No está de más afirmar que, en la actualidad, «el transhumanismo es una filosofía de moda; la utopía del momento»[508]. *Grosso modo*, es la arriesgada «convicción de que el ser humano está en un soporte inadecuado (su cuerpo biológico, tal como nos ha sido legado por la evolución por selección natural) y que la tecnología puede por fin remediar esa deficiencia»[509]. El transhumanismo engloba algunas de las grandes preocupaciones del presente que, sin duda, ocuparán —polémica aparte, claro está— numerosos debates en materia de Filosofía de la Ciencia.

Aunque con graduaciones puntuales, tanto transhumanistas como posthumanistas respaldan un estado más allá del humano, un estado transhumano y posthumano, al alcance del acuciante avance de la tecnología. Tesis que han conducido los teóricos a pensar en un nuevo eslabón evolutivo de la especie humana. Amparan la infranqueable necesidad de una nueva y deseable condición humana como salvoconducto en el camino hacia *el mañana*, hacia un nuevo ser, una nueva naturaleza: la transnatural, una nueva condición humana de mayor complejidad y perfección que la hasta ahora (re)conocida. A juzgar por las observaciones de Nick Bostrom, el transhumanismo será crucial, entonces, en los cercanos tiempos futuros. Sobre todo y por ejemplo, el mencionado progreso transhumano advertirá —si no los advierte ya— revolucionarios, innovadores y sofisticados adelantos como

---

507 Thomas, *La muerte, op. cit.*, p. 57.
508 Diéguez, *Transhumanismo, op. cit.*, p. 20.
509 Antonio Diéguez, *Cuerpos inadecuados. El desafío transhumanista a la filosofía*, Herder, 2021, p. 10.

la realidad virtual; el diagnóstico genético pre-implanta-
cional; la ingeniería genética; los medicamentos que mejoran
la memoria, la concentración, la vigilancia y el humor; drogas
mejoradoras del rendimiento; cirugía estética; operaciones
de cambio de sexo; prótesis; medicina anti-edad; interfaces
humano-ordenador más cercanas: estas tecnologías están ya
aquí o puede esperarse que lo estén en las próximas décadas. [...]
La agenda transhumanista, que es la de hacer tales opciones de
perfeccionamiento seguras y disponibles para cualquier persona,
se hará cada vez más relevante y práctica en los años venideros,
conforme lleguen éstas y otras tecnologías anticipadas[510].

Justamente el transhumanismo es motivo de esperanza. No
morir ni ver morir a los seres amados, beber de la fuente de la
eterna juventud, borrar del mapa los dolores provocados por las
insuficiencias del cuerpo, etcétera. ¿No sería milagrosamente
beneficioso ese progreso? Me llevan los diablos por el sinnúmero
de transhumanistas que se refugian únicamente en el aspecto
prometedor de ese movimiento —como del movimiento en torno
a la Inteligencia Artificial (IA) y su estridente avance— y, sobre
todo, por su férrea defensa que articula un futuro mejor y próspero
de la Humanidad. Abóguese por caminar hacia la renovación
de nuestra condición humana para transcribirla en términos de
mejoramiento biotecnológico —human enhancement— o, dicho
con otras palabras, de tecnoventaja evolutiva, siempre y cuando,
el avance sea deseable, constructivo en el mejor de los sentidos,
y su rechazo inadmisible. Para ello, una pregunta sobresale de
entre el resto: ¿cuál es, entonces, el lienzo sobre el que trabajar
para alcanzar el objetivo transhumanista? O sea, ¿cómo remodela
o muda el transhumanismo la condición natural humana? La
mesa de operaciones no sería otra que el envoltorio corporal del
yo, que adolece, enferma, envejece y, al final del recorrido, muere.

---

510 Nick Bostrom, «Una historia del pensamiento transhumanista», *Argumentos
de Razón Técnica*, 14, 2011, p. 170.

El nivel físico-biológico es el que posibilita la metamorfosis y la potenciación del cuerpo humano.

¿Es descabellado, pues, pensar en una vida tan biotecnológicamente mejorada como inmortal? En las últimas décadas, y por encima de todo con el poderoso padrinazgo de la industria cinematográfica, se ha hablado de hombres-máquinas, humanos robotizados o robots humanoides; de vertidos de la mente o la consciencia en plataformas físicas o virtuales que sirvieran en bandeja la ansiada inmortalidad; de mundos paralelos creados por la mano humana en el que «vivir» sin temor al paso del tiempo; de reemplazos de miembros y órganos cultivados artificialmente sin más fin que ser las piezas de recambio para las averías del cuerpo; de la modificación genética, la clonación, la criogenización, la regeneración celular; etcétera. Escenarios dignos de una seria fantasía. Dudó sobre la legitimidad del sueño transhumanista Pilar Pedraza al escribir que la «unión del cuerpo biológico y la máquina en un solo ser —cyborg—, al que la medicina actual ha llegado hace tiempo con el progreso de la biomecánica, es un viejo sueño del hombre, tan viejo como las prótesis»[511]. Además, estos sueños sobremanera edulcorados ponen en liza teorías como la mencionada paradoja del «Barco de Teseo». Con fina moderación, reconoció Diéguez que «una vida de duración indeterminada podría muy bien conducir a un zigzagueo sin finalidad ni propósito definido que acabara con la propia identidad personal. [...] Y es que la inmortalidad no ofrece garantía alguna de la preservación de la mente. No envejece el cuerpo, pero inevitablemente envejece la mente, y cambiar de vida no la rejuvenece»[512]. Dicho sea, el cuerpo no es sino un envoltorio semisólido capaz de ser modelado según el antojo, pero la memoria y la mente humana guardan un misterio muy vívido en nuestro tiempo que

---

511 Pilar Pedraza, *Máquinas de amar. Secretos del cuerpo artificial*, Valdemar, 1998, p. 240.
512 Diéguez, *Transhumanismo, op. cit.*, p. 202.

quita el sueño. Las nuevas rutas del hombre abrazan al respeto por la razón y las ciencias, a la promesa de un progreso traducido en prosperidad y a la estimación de la vida que vivimos en sustitución del sobrenatural Más Allá. Los seres humanos han pasado de anhelar una muerte en la calidez del hogar a rogar ser inmortal. ¿Dónde quedó la concepción de muerte como vara de medir la vida, como elemento para valorar la existencia? En *La comisión para la inmortalización*, John Gray plasmó la tenaz voluntad humana de transcender su propia condición:

> La búsqueda de la inmortalidad a través de la ciencia sólo es incidentalmente un proyecto destinado a derrotar a la muerte. En el fondo es un intento de escapar a la contingencia y al misterio. La contingencia significa que los humanos siempre estarán sujetos al destino y a las probabilidades, el misterio significa que siempre estarán rodeados de lo que no se puede conocer[513].

Irresoluble misterio intolerable para la gran parte de la raza humana. Ni que decir tiene que el fin de la vida, el ser conscientes de la muerte y la mortalidad, es una característica humana determinante. Vivir una vida inmortal eliminaría el sentido de ésta, restaría importancia a cuanto se llevara a cabo, el valor de la existencia se minimizaría ridículamente. No obstante, y pese a no resultarme del todo convincentes ni sólidos los cimientos sobre los que descansa el sueño transhumanista, he de confesar que en gran medida coincido con Diéguez en que «no creo que carezca por completo de legitimidad la esperanza de extender la duración de la vida, incluso de forma radical, a través de la biotecnología»[514], claro está, a condición de que esa plasticidad de la longevidad respete, sí o sí, la calidad y el valor inherente a la existencia humana y jamás la observe por el lado opuesto

513 John GRAY, *La comisión para la inmortalización. La ciencia y la extraña cruzada para burlar la muerte*, Sexto Piso, 2014, p. 198.
514 DIÉGUEZ, *Cuerpos inadecuados, op. cit.*, p. 67.

del telescopio. El triunfo transhumanista en la lucha contra el envejecimiento sería como poco problemático, especialmente si careciera de filtro ético. Al final,

> vivir más representa un valor ansiado por muchos, aunque la extensión de la vida tiene poco sentido si supone también prolongar sus injusticias, carencias y miserias, pues a lo que aspiramos es a una vida plena, en la que cada individuo pueda desplegar sus posibilidades, conocidas o ignotas, y donde las cadenas que aún atan a un número intolerable de personas cedan progresivamente el testigo a una civilización de la libertad. Más vida, sí, pero de mejor calidad para el máximo número de individuos, por lo que si no somos capaces de perfeccionar realmente la vida y de incrementar el acceso a estos nuevos beneficios tecnológicos, un principio de mínima y sensata prudencia nos obliga a abstenernos de modificar la naturaleza humana[515].

El comentario de Carlos Blanco inquiere en el presumible desafío que se habrá de encarar en los próximos años. El avance acuciante de esos milagros, no exentos de errores por corregir, sitúan a la biogerontología como una apuesta firme de cara al futuro. La experimentación en dicho campo se viene impulsando en los últimos años y marcha a pasos agigantados; «los "biogerontólogos" han conseguido incrementar de modo artificial la duración de la vida de determinadas especies de animales»[516]. No obstante, hasta la fecha, es un reto desprovisto de una solución confiable que convenza a la comunidad científica. En consonancia con estos postulados, se insinúa que la muerte ataca sin ser vista como un halcón se abalanza sobre su presa: desgarrando la dinámica autónoma del organismo humano. Según lo dicho, el hombre fallece porque su organismo, su plano biológico, tiene fecha de caducidad y se ve forzado a cesar.

---

515 Carlos Blanco, *Más allá de la cultura y la religión*, Dykinson, 2016, p. 248.
516 Klarsfeld y Revah, *op. cit.*, p. 125.

Capítulo 20

EL ELIXIR INMORTALIZADOR DE LAS ARTES

Manténganse las religiones clásicas y las novedosas revelaciones transhumanistas en segundo plano. Como quiera que sea, hoy por hoy son sueños que aspiran a ser revelados algún día. El futuro, qué gran verdad, es desconocido. Tal vez sea posible imaginarlo y predecirlo, pero en el fondo es un terreno inexplorado. La Historia de la Humanidad ha tejido su propia tela inmortalizadora, aunque el *yo*, el individuo, *stricto sensu*, no sobreviviera para contarlo o maravillarse de ello. «Demasiado muertos para vivir y demasiado vivos para morir»[517]. Las artes han auxiliado al ser humano en ese afán mítico de inmortalidad.

> Tu regalo, tu cuaderno, está dentro de mi mente,
> todo escrito con memoria imperecedera,
> que quedará por encima de aquellas vacías páginas,
> más allá de toda fecha, aún hasta la eternidad:
> o, por lo menos, tanto como la mente y el corazón
> tengan por naturaleza la facultad de subsistir;
> hasta que al frágil olvido no ceda cada cual su parte
> de ti, tu recuerdo nunca se podrá borrar[518].

---

517 Byung-Chul HAN, *La salvación de lo bello*, Herder, 2019, p. 68.
518 William SHAKESPEARE, *Poesía Completa*, Ediciones 29, 1992, p. 359.

La memoria, que brilla por su rol *vital*, y el recuerdo de aquellas huellas, inapreciables o ilustres, se graban en la memoria, pero hasta ésta resbala en el tiempo. William Shakespeare, quien poetizó en sus *Sonetos* la belleza de (sobre)vivir en el recuerdo, dio voz a esa forma de enlutar las huellas de lo vivo y hacerlo (re)vivir en la memoria, pues es, discusiones aparte, bella *eo ipso*. Así, como el diario que una persona escribe día a día y con el noble fin de recordar, las vivencias nos forjan y pervive la huella que al caminar por la vida terrenal queda grabada. El dramaturgo inglés escribió con tinta perenne una alabanza al recuerdo del ser humano, que se apoya ocasionalmente en las artes para seguir perpetuándose.

La escritura, por ejemplo, es un homenaje a los muertos que toma la forma de un cementerio de letras. Miles de millones de libros escritos a lo largo de los siglos sirvieron para prestar una suerte de inmortalidad excepcional a sus autores y para labrar las mentes de quienes invirtieron su tiempo —pérdida irrecuperable— en el progreso personal y global, pues «los libros nos ayudan a sobrevivir en las grandes catástrofes históricas y en las pequeñas tragedias de nuestra vida»[519], escribió Irene Vallejo. Esta inmortalidad, que se arrodilla ante el recuerdo, ante lo biográfico y lo escrito, es un nítido ejemplo de cómo el ser humano, aun después de muerto, *vive*. Savater escribió que, en

> *Memorias de ultratumba*, Chateaubriand menciona a dos ancianas parientes o vecinas suyas que vivían modestas y retiradas en una residencia campestre; en una página conmovedora, como tantas de ese libro magistral, describe esa existencia de insignificante placidez y melancolía, para concluir: "cuando yo desaparezca, nadie recordará a estas mujeres y se borrarán para siempre". Pero precisamente esta mención inolvidable en su libro les asegurará una sostenida memoria en todos los lectores:

---

519 Irene VALLEJO, *El infinito en un junco. La invención de los libros en el mundo antiguo*, Siruela, 2021, p. 242.

esas damas poco notables compartirán la inmortalidad parcial aunque no desdeñable (tan larga al menos como la perduración de la lengua francesa) del propio vizconde[520].

Diríase que escribir es dar luto, símbolo de luto. Escribir es guardar en la memoria, guardar(se) y grabar(se) a sí en el recuerdo: otorgar presencia a la ausencia. Jacques Rancière respaldó con contundencia que «aquel que testimonia a través de un relato lo que ha visto en un campo de la muerte hace acto de representación, al igual que aquel que ha elegido registrar una huella visible de aquello»[521], como, además, ocurre en otras artes. La escritura inmortaliza, testimonia, *escribe* la realidad. La tradición escrita ha incubado una muerte metamorfoseada, posteriormente, en vida. La promesa de inmortalidad de la que hacen gala las Bellas Letras es una protección frente a la desaparición, ésta promete una trascendencia, un «existir» una vez se fallece. Una vez, por servir un ejemplo cristalino, en su obra *Cervantes y el Quijote*, Jorge Luis Borges dijo: «Escribe Cervantes que todas las cosas tocan alguna vez a su acabamiento y su fin, y que don Quijote no estaba exento, por privilegio alguno, de esa mortalidad. Esto, desde luego, no es cierto, ya que don Quijote no es un hombre de carne y hueso, un hombre sujeto a la muerte, sino un sueño de Cervantes, un sueño que pudo haber sido inmortal»[522]. ¿Hay muerte *letal*, que en verdad aniquile, en el universo novelístico o de la escritura? Unamuno se sinceró y trascendió la barrera de la «realidad real», como él mismo escribió, y ya «sea hombre de carne y hueso, o sea de los que llamamos ficción, que es igual. Porque Don Quijote es tan real como Cervantes; Hamlet o Macbeth tanto como Shakespeare, y mi Augusto Pérez tenía acaso sus razones al decirme [...] que tal vez no fuese yo sino un pretexto para que su historia y las de

520 Fernando SAVATER, *La peor parte. Memorias de amor*, Ariel, 2019, pp. 55-56.
521 Jacques RANCIÈRE, *La imagen intolerable*, Manantial, 2010, p. 91.
522 Jorge Luis BORGES, *Cervantes y el Quijote*, Emecé, 2005, p. 62.

otros, incluso la mía misma, lleguen al mundo»[523]. El personaje de la novela *Niebla* caviló profundamente esa resurrección al alcance los entes, sean de «carne y hueso», sean de «ficción de carne y de ficción de hueso»:

> —Sí, a un ente de ficción, como a uno de carne y hueso, a lo que llama usted hombre de carne y hueso y no de ficción de carne y de ficción de hueso, puede uno engendrarlo y lo puede matar; pero una vez que lo mató no puede, ¡no!, no puede resucitarlo. Hacer un hombre mortal y carnal, de carne y hueso, que respire aire, es cosa fácil, muy fácil, demasiado fácil por desgracia... matar a un hombre mortal y carnal, de carne y hueso, que respire aire, es cosa fácil, muy fácil, demasiado fácil por desgracia... pero ¿resucitarlo?, ¡resucitarlo es imposible!
> — ¡En efecto —le dije—, es imposible!
> —Pues lo mismo —me contestó—, exactamente lo mismo sucede con eso que usted llama entes de ficción; es fácil darnos ser, acaso demasiado fácil, y es fácil, facilísimo, matarnos, acaso demasiadamente demasiado fácil, pero ¿resucitarnos?, no hay quien haya resucitado de veras a un ente de ficción que de veras se hubiese muerto. ¿Cree usted posible resucitar a Don Quijote? —me preguntó.
> —¡Imposible! —contestó.
> —Pues en el mismo caso estamos todos los demás entes de ficción[524].

La «inmortalidad unamuniana» en la escritura y en las Letras es tal que no precisa de resurrección, pues jamás muere nada por entero. Cierto es que nada resucita porque es no imposible, sino clamorosamente «¡Imposible!». No hay una *muerte mortífera*, ni nada muere totalmente, ni autor, ni obra ni personajes. Ni «realidad real» ni ficción. Ser de carne y hueso trae consigo la mortalidad, cosida a su piel, a su envoltura corpórea, no *letal* tal

523 Miguel DE UNAMUNO, *Tres novelas ejemplares y un prólogo*, Calpe, 1920, pp. 13-14.
524 Miguel DE UNAMUNO, *Niebla*, Espasa-Calpe, 1935, pp. 258-259.

vez, pero el ser que es sueño de un ser de carne y hueso siempre puede «resistir» si, por mala fortuna, «muere». Hacer «acto de representación», aunque sea de «un campo de la muerte», es dar cuerpo a lo incorpóreo, fabricarlo. Hacer visible lo invisible, como ocurre en otras Artes, por ejemplo, con la fotografía o el teatro.

El teatro, ancestral arte, ahora sí, de carne y hueso, se nutre de la observación, de un público observador para sembrar sus semillas en éste. El término «teatro» proviene del griego théatron (θέατρον), y su significado es «lugar para la contemplación». El lugar, a menudo, es visto como un cementerio viviente, un escenario donde se producen renacimientos: autores clásicos y modernos, vivos y fallecidos, célebres y desconocidos, cobran vida y «renacen» al momento. A la luz de los focos y en virtud de sus movimientos, sus diálogos, su escenografía, su música, lo muerto cobra vida y luce como un espectáculo resucitador. Entonces, ¿qué se contempla? La vida, la muerte. Entre los guiones y las historias, la protagonista es la vida, en tanto que el teatro vivifica y hace revivir, pero también lo es la muerte, pues es superación del fin final de las personas y, en especial, del creador de la obra, y es cobijo de un recuerdo imponente que perdura a través de los tiempos. El espectador, entonces, toma consciencia de la obra; se hace consciente de la supervivencia de ésta, de cómo el teatro, de alguna manera, también vence la letalidad de la muerte. Barthes escribió sobre la relación del teatro con la muerte, y cómo, por ejemplo, «maquillarse suponía designarse como un cuerpo vivo y muerto al mismo tiempo: busto blanqueado del teatro totémico, hombre con el rostro pintado del teatro chino, maquillaje a base de pasta de arroz del Katha Kali indio, máscara del Nô japonés»[525].

Existe una abundante literatura acerca de la máscara y su historia, de su papel, por ejemplo, en el teatro. «La máscara podía ocultar el semblante anónimo de la muerte con un rostro alterna-

---

525 Roland BARTHES, La cámara lúcida. Notas sobre la fotografía, Paidós, 1990, p. 72.

tivo perteneciente a una persona con nombre e historia, utilizando la imagen como un freno para la disolución de la identidad. Por otro lado, también pudieron haber sido utilizadas por bailarines, que revivían con ellas escenográficamente a los muertos»[526]. La máscara es un artilugio camaleónico ocultador, un ardid para la ocultación y la tergiversación de la identidad. No obstante, se ha de agradecer el poder de revivir «escenográficamente a los muertos», pues la rigidez de las máscaras representa la muerte y el bailarín, en el caso de la danza, la vida. Con atuendo inmortalizador, el teatro y la danza bailan el vals de la vida y la muerte. Y Barthes, justamente, habló de cómo esa relación originaria del teatro con el culto a los muertos y de sus actores con papeles de difuntos guardaba relación con la fotografía:

> Por viviente que nos esforcemos en concebirla (y esta pasión por "sacar vivo" no puede ser más que la denegación mítica de un malestar de muerte), la Foto es como un teatro primitivo, como un Cuadro Viviente, la figuración del aspecto inmóvil y pintarrajeado bajo el cual vemos a los muertos[527].

La fotografía es terroríficamente intrigante. Diríase que acoge y encoge el corazón allá, en aquel «lugar», donde yacen a merced del tiempo los restos óseos y la sangre y vísceras del hombre con una única finalidad: que la «presencia» de lo fotografiado permanezca enclaustrada y, así, sea hecha recuerdo que esquiva la muerte letal. «Todas las fotografías son *memento mori*. Hacer una fotografía es participar de la mortalidad, vulnerabilidad, mutabilidad de otra persona o cosa»[528], dijo Sontag, y esa participación que roza lo macabro se debe a la rigidez cadavérica de la imagen, es decir, de su no-movimiento. La fotografía es un recordatorio de la muerte. «Las fotografías declaran la inocen-

---

526 Hans BELTING, *Antropología de la imagen*, Katz, 2007, p. 190.
527 BARTHES, *La cámara lúcida*, op. cit., p. 72.
528 Susan SONTAG, *Sobre la fotografía*, Alfaguara, 2006, p. 32.

cia, la vulnerabilidad de las vidas que se dirigen hacia su propia destrucción, y este vínculo entre la fotografía y la muerte lastra todas las fotografías de personas»[529].

«Si pudiéramos forzar a las fotografías, a fin de que dejen de representar la muerte en ellas...»[530], se lamentó Fueyo. No obstante, podría replicársele que «poder, se puede» y que no es menester «forzar» nada. La fotografía desprende un halo sanador, auxiliador, que el superviviente en ocasiones es capaz de captar. La fotografía representa la muerte, pero —según qué fotografía— el observador posee la capacidad de nimbarla de tal modo que represente lo vivo, o lo que vivió y se mantiene *vivo*. Y aunque que la fotografía sería como una zona radiactiva —aun cuando aparenta vida y retorno del bienestar, permanece oculta la radiación, que es la muerte—, por ejemplo, «las fotos de guerra sirven no solamente para informar, sino también para "consolar"; más allá de los cadáveres que muestran, tienen una función de purificación y contribuyen a un trabajo de reparación esencial para los supervivientes y, de forma más general, para los seres vivos»[531]. Inmortalizar vida y muerte es una de las labores de la fotografía, que no únicamente informa, sino que libera sentimiento. Las personas ganan consolación gracias a la fotografía: la reparación de la persona «dañada» por la muerte de lo amado siente paz al contemplar la imagen. La imagen congelada, al margen del tiempo, se asemeja a lo muerto, sin embargo, la fotografía es capaz de hacer *(re)vivir*, pues si bien la imagen es estática, el recuerdo de ningún modo es inmóvil y con la ayuda del recuerdo uno escapa a lo auténticamente muerto. He ahí su poder vivificador, la vida habida en la fotografía.

El cine, por ejemplo, es puro *movimiento*. El arte de lo audiovisual alberga un poder descomunal ligado a los sentimientos. Es

---

529 *Ibid.*, p. 105.
530 FUEYO, *op. cit.*, p. 20.
531 Michela MARZANO, *La muerte como espectáculo*, Tusquets, 2010, p. 65.

evidente que tal arte es capaz de conceder movimiento a la idea, pero también de conferir movimiento y sentimiento a lo que, *per se*, no tiene. Gilles Deleuze escribió que «en el mismo momento de aparición del cine, la filosofía se esfuerza en pensar el movimiento. [...] quiere introducir el movimiento en el pensamiento, como el cine lo introduce en la imagen»[532]. El universo cinematográfico ejerce un claro dominio ante la realidad que se nos presenta (como) «muerta». El *movimiento*, y escríbase sin ambages, nos faculta para vivir de los sueños y desearlos con vívida y vibrante intensidad. El movimiento, pues, es clave, pero ese movimiento, dijo Slavoj Žižek, es una imagen muerta «puesta en movimiento» de tal forma que se presente como *viva*:

> En los albores del cine se consideró que el nuevo invento era "imagen en movimiento", imagen muerta que, milagrosamente, cobraba vida; [...] en cambio, la imagen en movimiento es un objeto muerto e inmóvil, que cobra vida por arte de magia. En ambos casos se transgrede la barrera que separa lo vivo de lo muerto. El cine es "imagen en movimiento", flujo de imágenes muertas que da la impresión de vida cuando discurre a la velocidad adecuada[533].

Es innegable e inaceptable aseverar que, por ejemplo, los personajes de una novela escrita no tengan sentimientos o movimiento, pero en contraste con lo escrito, la *magia* del arte de lo audiovisual coloca en una privilegiada posición al espectador ofreciéndole, por así decir, el sentimiento en bandeja. Aunque brinda tanto imaginación como sentimiento, de ningún modo sirve más de lo primero que de lo segundo, pues *uno siente más que imagina*, como sucede con la escritura. «El cine es joven, pero la literatura, el teatro, la música, la pintura son tan viejos como la historia. De la misma manera que la educación de un niño

532 Gilles Deleuze, *Conversaciones*, Pre-Textos, 1999, p. 95.
533 Slavoj Žižek, *El acoso de las fantasías*, Akal, 2011, pp. 99-100.

queda determinada por la imitación de los adultos que le rodean, la evolución del cine ha estado necesariamente influida por el ejemplo de las artes consagradas»[534]. La apreciación de André Bazin fue rotunda: a pesar de la juventud, el Séptimo Arte ha tomado ejemplo del resto de artes que nacieron antes y se ha hecho hueco en el podio. Abstraer y sumir por completo al espectador colocándolo como protagonista de la obra, como el lector que lee y mueve lo leído y juega con la imaginación e imagina, ha revelado su poder vivificante de lo muerto. En el arte de lo audiovisual, se siente con mayor vibración el dolor ante una muerte filmada, ante un deseo desenfrenado de amor y pasión o ante la tristeza y los llantos rotos del más bondadoso de los personajes.

La verdad sea dicha: la escritura, el relato testimonial, la poesía —según García Lorca, «Poesía es lo imposible / hecho posible. Arpa / que tiene en vez de cuerdas / corazones y llamas»[535]—, la danza, el teatro, el arte de lo audiovisual, el cine, la pintura, la música, la escultura, etcétera, son capaces de acudir a la memoria y voltear el pasado hasta hacerlo presente, de rememorar y «traer a la vida» lo muerto y el recuerdo de las personas fallecidas. La vida, y la vida recordada, la vida de ultratumba, claro, ¿quizá sólo sean «un reflejo de nuestra memoria», como puso en solfa Chateaubriand, en pos de un delicado consuelo? ¿Qué seríamos sin memoria? Las artes humanas dieron buen ejemplo de tener aprehendida la lección de cómo inmortalizar a las personas. Sí hay en éstas un auxilio al fallecido, al cadáver que *es más* para los seres queridos de aquel que vivió, a la cristalización del recuerdo como puente hacia la laxa inmortalidad.

---

534 André Bazin, *¿Qué es el cine?*, Rialp, 1990, p. 104.
535 Federico García Lorca, *Canciones. Poemas sueltos. Varia*, Espasa-Calpe, 1973, p. 139.

CAPÍTULO 21

CRISTALIZACIÓN DEL RECUERDO

¡Pero morir es viajar,
morir es trascender;
y tú estás trascendiendo
—recordarte sería acompañarte—,
en las noches de estrellas,
en las auroras puras,
en las altas puestas de sol,
vivo tú, vivo tú, vivo y ardiente,
sobre la pobre paz de nuestro seco olvido![536].

En su poema *La muerte*, Juan Ramón Jiménez cantó la «poética inmortalidad» que habita en el recuerdo. A pesar de ser mortales, se sueña en cuánto más prolongaríamos nuestra historia personal, nuestra biografía. Si fallecemos, al menos seamos imperecederos de algún modo. A su vez, escribió Canetti que, para los seres humanos, «sería más fácil morir si de uno no quedara *absolutamente nada*, ni un recuerdo en otra persona, ni un nombre, ni una última voluntad, *ni siquiera un cadáver*»[537]. Morir sin dejar

---

536 Juan Ramón JIMÉNEZ, *Selección de poemas*, Castalia, 1987, p. 152.
537 CANETTI, *El libro contra la muerte, op. cit.*, p. 41.

rastro, morir desvalijados de nuestro caduco ser. Ser uno (más) en la estantigua de los vivos moribundos: morir e ir muriendo hasta desaparecer, *tout court*. Al leer a Primo Levi, un espectro desangelado e impertérrito puebla las parcelas de mi alma y las arrasa con su fuego fatuo, en apariencia débil, pero altamente calcinador. Imagino su voz vencida al denunciar los acontecimientos vividos en Auschwitz. En la Alemania nazi se sucedió tal proceso deshumanizador, los campos de concentración y los destinados al exterminio se erigieron como factorías de la muerte y la deshumanización de lo humano. Así lo narró:

> Adónde vamos no lo sabemos. Tal vez podamos sobrevivir a las enfermedades y escapar a las selecciones, tal vez hasta resistir el trabajo y el hambre que nos consumen: ¿y luego? Aquí, alejados momentáneamente de los insultos y de los golpes, podemos volver a entrar en nosotros mismos y meditar, y entonces se ve claro que no volveremos. Hemos viajado hasta aquí en vagones sellados; hemos visto partir hacia la nada a nuestras mujeres y a nuestros hijos; convertidos en esclavos hemos desfilado cien veces ida y vuelta al trabajo mudo, extinguida el alma antes de la muerte anónima. No volveremos. Nadie puede salir de aquí para llevar al mundo, junto con la señal impresa en su carne, las malas noticias de cuanto en Auschwitz ha sido el hombre capaz de hacer con el hombre[538].

Nada. Nada significaron los prisioneros acinados en los campos de concentración. Se buscó que nada fueran, extirpar la individualidad de cada cual, una especie desgraciada de muerte: que de estos no quedara *absolutamente nada*. De tanto en tanto, «entrar en nosotros mismos y meditar» suponía una recuperación de la persona, una toma de contacto con uno mismo para, al mismo tiempo, tomar consciencia de lo acontecido alrededor. Ruptura severa de la dimensión humana y del sentido humano equiva-

---

538 Primo LEVI, *Si esto es un hombre*, El Aleph, 2010, p. 90.

lieron los actos atroces del nazismo. Un sistema de engranajes encajados a la perfección que desveló Paz Moreno Feliu en su obra *En el corazón de la zona gris*:

> Cuando los esclavos son iniciados como tales, los rituales suelen concentrarse en dos fases principales: una de separación, externa a la sociedad esclavizante, pero relacionada con la captura o adquisición del esclavo, caracterizada por varios momentos transicionales cuyo propósito es desvincularlo de su medio social (des-socializarlo y des-personalizarlo); otra de agregación para introducirlo en la nueva comunidad como un no-ser social, cuyo reconocimiento se realiza a través del amo[539].

Aquel acontecimiento porta consigo el recuerdo de la frase «Fábrica de cadáveres» y, en realidad, así fue. El ciclo iniciático del no-ser, el método de deshumanización de lo humano. Mas, escrito en sentido figurado, los campos de exterminio no exterminaban, sino que eran cadenas de producción en masa de cadáveres. Pensó sobre ello Agamben: «En cualquier caso, la expresión "fabricación de cadáveres" implica que aquí no se puede hablar propiamente de muerte, que la muerte de los campos no era tal muerte, sino algo infinitamente más escandaloso. En Auschwitz no se moría, se producían cadáveres. Cadáveres sin muerte, no-hombres cuyo fallecimiento es envilecido como producción en serie»[540]. La muerte en Auschwitz diríase que huía casi por horror ante el descorazonador paisaje. Todavía más aterrador que morir era ser un *número* más que engrosaba la lista de «productos» de una factoría de organismos muertos. No había humanos, sólo cuerpos vivos que se tornarían yertos en cualquier momento. Allí la vida humana se malograba. «¿La vida humana? Cuando la muerte se convierte en algo cotidiano te vas acostumbrando, pierdes la sensibilidad;

---

539 Paz MORENO FELIU, *En el corazón de la zona gris. Una lectura etnográfica de los campos de Auschwitz*, Trotta, 2012, pp. 66-67.
540 Giorgio AGAMBEN, *Homo sacer. El poder soberano y la nuda vida*, Pre-Textos, 1998, p. 71.

no piensas en nada que no sea sobrevivir hasta el atardecer»[541], apuntó Georgi Bardarov sobre el sentido de la vida del hombre en tiempos de guerra, pues «la guerra es opio. Cuando matas al primero es terrible, cuando matas al décimo es extraño, cuando matas a cien personas solo quieres más y más. Así es la naturaleza humana: sanguinaria»[542]. En aquel entonces esa guerra se procuró librar en *sotto voce*, desenvolviéndose en campos de concentración y exterminio. Comoquiera que sea la guerra siempre será un demonio devorador de vidas humanas. Ahora sí, la muerte, con suerte, era un término al dolor del proceso de no-ser uno en vida, del proceder deshumanizador y desindividualizador del ser humano. Sí hubo, aunque no siempre, esperanza de volver a ser el que uno fue, de volver a nacer como persona, como individuo, de re-nacer. Relató Viktor Frankl cómo

> cierto día, poco después de la liberación, paseaba por una campiña florida, caminando hacia un pueblo cercano. [...] Me detuve, miré a mi alrededor, después fijé la mirada en el cielo, y finalmente caí de rodillas. Casi sin percibir la consciencia de mí mismo y del mundo, una frase, una única frase, retumbaba en mi cabeza: "Llamé al Señor desde mi estrecha prisión y Él me contestó desde el espacio en libertad".
> No recuerdo cuánto tiempo permanecí allí, así, de rodillas, repitiendo una y otra vez mi jaculatoria. Pero estoy seguro de que aquel día, en aquel instante, mi vida comenzó de nuevo. Fui avanzando, paso a paso, hasta convertirme otra vez en un ser humano[543].

El camino por tales lares es fangoso y es, imagínese, sobrecogedoramente aterrador. La imploración y el rezo a Dios, actúa como bálsamo para la herida reciente, como refugio de la poca y paupérrima esperanza que se salvó de ser desgajada del ser

541 Georgi BARDAROV, *Yo sigo contando los días*, Berenice, 2022, p. 79.
542 *Ibid.*, p. 92.
543 Viktor FRANKL, *El hombre en busca de sentido*, Herder, 2013, p. 113.

humano. La vida, al culminar la liberación, viene de vuelta, germina y florece, y el que era prisionero siente cómo recobra las fuerzas y apetencias por vivir, siente como renace, «paso a paso», hasta convertirse «otra vez en un ser humano». Auschwitz resiste como lección magistral de aquello que jamás, por nada del mundo, debe regresar del pasado; aquel lugar sirve y servirá para el recuerdo de los fallecidos y para tenerlos siempre presentes en las oraciones. ¿Sería más fácil morir, entonces, si de uno no quedara *absolutamente nada*? En el fondo, diríase que sí, pero la realidad es diametralmente opuesta. Sí queda de uno *absolutamente todo*: imborrables recuerdos en las personas, nombres que preservar, últimas voluntades que cumplir, cadáveres que venerar, cementerios (o campos de concentración y de exterminio) a los que viajar con el ánimo de salvaguardar la memoria de los difuntos, historias de ancestros que librar del curso aniquilador del tiempo y de la muerte de las generaciones que las recuerdan, etcétera. Tal vez la víctima 174.517 deseó desconocer ese cruel *viaje a ningún lado* de las mujeres y los hijos, de *lo que queda*, quién sabe si su final hubiera sido otro de «aquel 11 de abril de 1987, cuando, en su piso de la tercera planta de la calle Corso Re Umberto de Turín, donde había nacido sesenta y siete años atrás, Levi se precipitó por el hueco de la escalera»[544]. El propio Levi apuntó que «las excusas para matarse, por muy visibles y precisas que sean, siempre aceptan "una interpretación nebulosa"»[545].

En lo que a mí respecta, desearía quizá ignorar el resonante sobrepeso de la mortalidad y no cargar a hombros la pesantez atronadora de la muerte. Desearía desconocer si mueren los seres más amados. Desearía no presenciar las muertes de aquellos que en vida me acompañaron. Desearía no sentir la muerte zurcida a mi destino y al de cada cual: *como nacer ignorante de nacer,*

---

544 Toni Montesinos, *La letra herida. Autores suicidas, toxicómanos y dementes*, Berenice, 2022, p. 178.
545 *Idem.*

morir ignorante de morir. No obstante, ser conscientes del pasado ocupa un lugar privilegiado. El ser humano es un ser de recuerdos a través de los cuales proyecta su vida. Algo sobrevive, algo no desaparece por completo, sino que resiste. ¿La muerte no es, entonces, desaparición absoluta?

> ¿Por qué aquellos remotos antepasados nuestros creían que *algo* sobrevive, que una persona muerta no desaparece del todo, y que al menos algún rastro suyo permanece? La respuesta es la siguiente: porque no cabe ninguna duda de que algún rastro del muerto sí que permanece. Los muertos se perpetúan sobre todo en el recuerdo y en sus hijos. Muy diferente es el *cómo* se perpetúen[546].

La pregunta de John Bowker es clave y clave es pensar en ésta. Los fallecidos se perpetúan, en el *cómo* está la respuesta. La persona, en su coexistencia, se nutre de la existencia de los *otros* y bien sabe de la muerte que le y les depara. La biografía de un fallecido es amparada por otra persona que todavía respira, como sucedió con el legado de Levi, sin ir más lejos. Tal acontecimiento o fenómeno es un digno y honrado gesto del superviviente que salvaguardia y custodia la *vida* o, en otros términos, la biografía granjeada por el fallecido cuando su nombre no se mencionaba en la misa de difuntos. Y tal gesto recoge lo específicamente humano de éste y le transfiere, dígase así, un cierto *movimiento* a su mismísimo e íntimo ser; un tributo al recuerdo que perdura en la memoria de los despiertos. La rememoración del fallecido es un acto común de las diferentes culturas y en diversas parcelas de éstas, incluso en el deporte[547]. En éstas, la fama,

---

546 John Bowker, *Los significados de la muerte*, Cambridge University Press, 1996, p. 52.
547 Véase el «Capítulo 8. El lado oscuro del fútbol. Dolor, ocaso y muerte» en la obra de Alberto del Campo Tejedor, *El gran teatro del fútbol. Héroes y villanos del deporte que explica nuestro mundo*, La Esfera de los Libros, 2022. El autor repasó cómo opera y qué alcance tiene el poder del recuerdo del difunto en el mundo futbolístico. Acerca de lo dicho, y poniendo como ejemplo el caso del Betis y del sentido fervor verdiblanco, escribió que «el muerto permanece vivo en la memoria y no es infrecuente la creencia en su capacidad para interferir en los asuntos humanos. [...] Así, la *betificación* del

por ejemplo, es una salvaguardia de ese deseo de inmortalidad, «y aunque después de la muerte no se sienten ya las alabanzas que nos hacen en la tierra, [...] semejante fama no es vana, porque los hombres encuentran un deleite presente en la previsión de ella, y en el beneficio que asegurarán para su posteridad; y así, aunque ahora no lo vean se lo imaginan; y toda cosa que es placer en las sensaciones, lo es también en la imaginación»[548], dijo Thomas Hobbes en su obra *Leviatán*. La biografía, así pues, a las veces se imagina como esa *vida auxiliadora* que tras el morir nos aguarda, siquiera le sea al difunto imposible *vivirla*. Y tal vida es recordada por los vivos, que en ocasiones llaman héroes a los muertos cuya biografía o historia bien se conoce y cuyo ejemplo se pregona, porque «toda virtud vital y toda muerte virtuosa a nuestro alrededor nos aleccionan»[549]. Esa vida de los héroes, *verbi gratia*, se sabe inmortal.

Háblase de la "inmortalidad" de los héroes para señalar el hecho de que los grandes hombres de todos los tiempos han labrado surcos profundos a su paso por la vida. [...] Pero esta continuidad, esta llamada "inmortalidad" se reduce al conocimiento y a la comprensión de los sucesos heroicos y de las actividades geniales por una selecta minoría de las poblaciones cultas[550].

---

difunto con emblemas del Betis en las lápidas o sus cenizas en el columbario del estadio recrea y auspicia la continuidad entre los vivos y los muertos, de la misma manera que el aficionado acude al estadio con una camiseta o una bufanda que perteneció a algún pariente ya ausente o que ya no puede asistir al estadio. Manipulando esos símbolos, se anuda la adscripción del difunto a un ente, como es un club, que se considera no sujeto a la muerte» [*Ibid.*, p. 341]. Como forofo de este deporte —y fiel sufridor malaguista— he observado numerosas veces a grandes futbolistas dedicar «goles a sus antepasados, mirando o señalando con el dedo al cielo tras anotar el tanto o dejando ver una camiseta que recuerda a algún familiar, bajo la elástica del equipo» [*Ibid.*, p. 331]. La rememoración del fallecido hace acto de presencia en las más antagónicas, en apariencia, circunstancias.

548 Thomas HOBBES, *Leviatán o la materia, forma y poder de una república, eclesiástica y civil*, Fondo de Cultura Económica, 1992, pp. 80-81.

549 ÁLVAREZ, *op. cit.*, pp. 108-109.

550 Roberto NÓVOA SANTOS, *La inmortalidad y los orígenes del sexo*, Biblioteca Nueva, 1931, p. 164.

Genialidades de magnitud histórica, *vivas* a través de los tiempos y supervivientes de las más atroces épocas, son la actividad de un «espíritu genial», dicho por boca del patólogo gallego. Sin embargo, el espíritu genial no es el único que tras su marcha imprime una huella en el correr del tiempo. «Estas grandes figuras escarbaron huellas imborrables en el ambiente espiritual de la humanidad. Pero no sólo los grandes hombres, sino también los seres más ínfimos, imprimen sus huellas en el ambiente, trazando un rastro perdurable en la infinitud del mundo»[551]. La vida, que es interacción de actividades —recuérdese lo escrito en el capítulo sobre la biología de la muerte—, es *huella de huellas*. La huella baladí, por más baladí que se sea, huella es. La huella jamás se pierde por entera, esa huella ejerció influencia en el ciclo de la vida. Bellas palabras de Victor Hugo: «*Il faut que l'herbe pousse et que les enfants meurent*» —«Ha de nacer la yerba y han de morir los niños»—, y, a propósito de éstas, las de Marcel Proust: «Yo digo que la ley cruel del arte es que los seres mueran y que nosotros mismos muramos agotando todos los sufrimientos, para que nazca la hierba no del olvido, sino de la vida eterna, la hierba firme de las vidas fecundas, sobre la cual vendrán las generaciones a hacer, sin preocuparse de los que duermen debajo, su "almuerzo en la hierba"»[552]. Y si bien el novelista francés escribió que «los muertos se destruyen rápidamente, y en torno a sus tumbas sólo queda la belleza de la naturaleza, el silencio, la pureza del aire»[553] (y acaso un imperdonable olvido), fecundamente capciosa parece ser la idea de la desaparición total. Verdad es que el vivo deja huella, y que sea o no invisible esa huella es un aspecto desdeñable, pues lo invisible —como la muerte misma— no deja de existir. Porque esas huellas jamás se borran, perviven

---

551 *Ibid.*, p. 165.
552 Marcel PROUST, *En busca del tiempo perdido. 7. El tiempo recobrado*, Alianza, 2022, p. 449.
553 *Ibid.*, p. 243.

en el porvenir del universo. Ésta es, o así me digno a denominarla, *la inmortalidad de los desconocidos*. No obstante, «algunos mueren después de haber muerto, otros viven un poco en la memoria de quienes convivieron con ellos y los amaron; otros quedan en la memoria de su propio país y algunos alcanzan la memoria de su civilización; raros son los que abrazan de parte a parte la orilla contraria de las civilizaciones distintas. Pero a todos rodea el abismo del tiempo»[554]. Pessoa, con su característica pluma, interpuso el tiempo en la oquedad habida entre recuerdo y recuerdo. Nadie escapa al «abismo del tiempo».

Mas por la gracia del recuerdo, se confiere al difunto una peculiar «asistencia», venida del bando de los vivos. Un «regalo» envuelto con papel de «memoria imperecedera» que, siempre y cuando «la mente y el corazón» resistan a Thánatos (Θάνατος) y al Titán Cronos (Κρόνος), el «recuerdo nunca se podrá borrar». Arregui meditó sobre el poder indeleble del recuerdo y, rondando la idea, escribió que «es mejor un recuerdo capaz de iluminar toda una vida, que la realidad de una vida en común insípida y aburrida, por cuanto que el aburrimiento destroza eso que al menos el recuerdo conserva»[555]. Razón de peso para aseverar que, a pesar de su poder, es el recuerdo a menudo insuficiente. Si los recuerdos ponen a recaudo nuestra condición humana y el hombre vivo le dona *vida* al fallecido, el culto a los muertos es como un cántaro vacío en el cual verter y dar reposo las biografías de aquellos que fueron; y cada gota que cae dentro de ese cántaro es un nuevo *movimiento* al difunto, un recuerdo inédito que amparar, una brizna de *vida* que hace al muerto *respirar*. Ha de haber, por el bien del vivo y del muerto, un *hilo de Ariadna* que nos reconduzca y auxilie, que repare los quebramientos de la existencia.

Heidegger reconoció que «en el duelo recordatorio, los deudos *están con él* en un modo de la solicitud reverenciante. Por eso, la

---

554 Fernando Pessoa, *Libro del desasosiego*, Alianza, 2021, p. 139.
555 Arregui, *El horror de morir, op. cit.*, p. 286.

relación de ser para con los muertos tampoco debe concebirse como un estar *ocupado* con entes a la mano»[556], siquiera con significativos matices que tal como aparecen, desaparecen. En efecto, el pensador de Meßkirch alude a esa asistencia «reverenciante» dirigida a los difuntos. No obstante, aclárese que, según la analítica existencial heideggeriana, únicamente es posible estar con el vivo. El cadáver, como el ser que falleció y yace muerto, no es poseedor de una existencia y, por correspondencia, ninguna «asistencia» cabe brindarle. El muerto, en tanto que muerto, no recibe «asistencia» del vivo, aunque se rindan honores en un acto especialmente solemne. Es un «acto hueco» no rellenable por la imposibilidad, se dijo, de asistir al cadáver, sin embargo, sí ejerce una esperanzadora función «como un acto de ser, como acción y como esbozo de la existencia que aún vive no permite que aflore aquella amedrentada pregunta del niño "¿qué es eso?", recubre el terrible silencio del muerto, la dramática nada, pues convierte al muerto en un *cuasi-vivo*»[557], en palabras de Han. Familia, amistades, seres cercanos se aglutinan y velan al muerto y lo protegen, le conceden *movimiento*. Así, a través del *movimiento*, el muerto dejará de estar muerto y, laxamente, podrá seguir viviendo de un modo especial. G. W. F. Hegel escribió en la *Fenomenología del espíritu* sobre la salvaguardia que protege al ser humano de malograrse al morir, sobre la asistencia que los vivos, aquellos supervivientes, le brindan al fallecido, sobre la asistencia familiar que rinde honores:

> Los parientes cercanos, los consanguíneos, complementan, pues, este movimiento natural o abstracto, y lo hacen añadiendo el movimiento de la conciencia, la cual conciencia interrumpe la obra de la naturaleza y arranca al consanguíneo de la destrucción, [...] la familia lo convierte con ello en socio de una comuni-

---

556 HEIDEGGER, *Ser y tiempo, op. cit.*, §47, 238, pp. 255-256.
557 HAN, *Caras de la muerte, op. cit.*, p. 21.

dad o en miembro de una comunidad [es decir, la familia] que subyuga así y mantiene así atadas las fuerzas de las materias sueltas y de los seres vivos inferiores, los cuales, si no, quedarían libres contra él y querrían destruirlo[558].

De las palabras del filósofo de Stuttgart se infiere el «movimiento de la conciencia» del fallecido, que nos recuerda y remonta a la filosofía canettiana del recuerdo, ayudándose de la familia. La familia alza al muerto y lo toma como socio o miembro de una comunidad que, por así decirlo, *vivo* lo logra mantener. El vivo particular, ser individual particular, posee una marca que ni su nombre ni sus apellidos, es decir, su singularidad, son. «El muerto, digo, es la individualidad [*Einzelnheit*] vacía»[559]. Olvidar la muerte, descuidarla, nos altera. Degradar la muerte sería degradar la vida. Al final, el olvido humano que impacta en la muerte repercute a la sociedad humana. La sociedad mortal, signo de nuestro tiempo, es la marca de agua de los hombres. «Pertenece a la inalienable grandeza humana el pensar la muerte. Una cultura que la encubre, oculta y trivializa está degradando la vida personal [...] La muerte pone al hombre en el borde y ante el límite [...] mostrándole cómo la omnipotencia de su deseo o la infinitud de su imaginación tienen que ser verificadas por el principio de realidad»[560], insistió el sacerdote y teólogo Olegario González de Cardedal. Una sociedad que descuida la muerte, que la encubre, que la higieniza en exceso, que la engulle y que en el estómago se indigesta, que la banaliza, es una sociedad que «vive muerta». Así concibió Françoise Dastur la distancia con que la vida humana «maneja» la muerte, en comparación con la vida animal, que no requiere de ese «manejo».

558 G. W. F. Hegel, *Fenomenología del espíritu*, Pre-Textos, 2009, p. 550.
559 *Idem*.
560 Olegario González de Cardedal, *Sobre la muerte*, Sígueme, 2002, pp. 165-166.

Sólo hay vida humana duradera en la medida en que logra mantener la muerte a distancia, cosa que exige su «banalización», y esto es sin duda lo que distingue naturalmente al hombre del animal, que no *necesita* domar a la muerte ni pactar con ella, justamente porque vive una vida absolutamente viva de la que el ser humano puede sentir nostalgia, pero en la que no sabría participar[561].

Mantener «a distancia» la muerte es, a decir verdad, una quimera harto deseada. ¿La razón? Se oye en el habla popular que los extremos son malos. Pensar sin parar en la muerte, una y otra vez, ya sea un pensamiento rebuscado, alambicado o fácil de digerir, no deja títere con cabeza. En el reino animal no-humano, al parecer, la muerte no pesa lo mismo; los humanos estamos obligados, como quien dice, a «domar» o «pactar» una tregua con la consciencia tanática de cada cual y querer esquivar, además de ser una (re)afirmación de la propia muerte, es un esfuerzo titánico que no suele dar buenos frutos. Es por eso que las personas anhelan la «banalidad» en contadas circunstancias. Tan dañino es olvidarla categóricamente como mantenerla siempre presente. Pensar sin cesar un segundo en la muerte es coronar una vida con hojas de locura y enfermedad. Visto así, obsérvese lo espléndidamente bien que la sociedad aprendió a olvidar. Una *sociedad zombi*[562] por culpa del entretenimiento, que reprime el horror de la muerte, de la mortalidad y del morir y, diríase, los trivializa a fin de zafarse del dolor que acompaña a cada uno de estos. La

---

561 Françoise Dastur, *La muerte. Ensayo sobre la finitud*, Herder, 2008, p. 163.
562 A propósito de las sociedades «*zombies*», Han mencionó que «la vida nunca ha sido tan efímera como hoy. No hay nada que pueda prometer duración y consistencia. Como consecuencia de esta falta se genera nerviosismo. La hiperactividad y la aceleración del proceso de vida pueden entenderse como un intento por compensar el vacío en el que se anuncia la muerte. Una sociedad gobernada por la histeria de la supervivencia es una sociedad de *zombies*, que no son capaces de vivir ni de morir» [Byung-Chul Han, *Topología de la violencia*, Herder, 2017, pp. 38-39]. El olvido inmisericorde de la muerte no es la solución.

banalización de la muerte y el empeño que se pone en mantenerla a una distancia prudente revelan un denodado esfuerzo por hacer domable la muerte. En boca de Rosi Braidotti, quien pensó en cómo el entretenimiento influye (negativamente) en la creación de la *sociedad zombi*, mencionó que

> la cultura popular y la industria del infoentretenimiento están listas para recoger la tendencia contradictoria que refleje las transformaciones de la relación entre cuerpo humano y cadáver, en fenómenos como la enfermedad, la muerte y la extinción. El cadáver no es sólo una presencia cotidiana en los medios de comunicación globales y en los telediarios, sino también un objeto de entretenimiento de la cultura popular, como demuestra sobre todo el éxito del género policíaco-investigativo[563].

El cadáver queda desprovisto y se le despoja de su condición de persona fallecida. No hay persona, hay un cuerpo. Se trivializa el morir. La trivialización de la muerte a través de la industria del entretenimiento es una paupérrima treta que justo por ser paupérrima, según parece, funciona. «Solo una humanidad a la que la muerte le resulta tan indiferente como sus propios miembros, una humanidad que ya ha muerto para sí misma, puede decretar administrativamente la muerte sobre innumerables»[564], escribió Adorno en *Minima Moralia*. «No-morir» sería el objetivo, pues la muerte «constituye un fenómeno que se ignora y se niega en la sociedad contemporánea, tal como si se tratara de otra enfermedad que puede ser conquistada, asegurando la perpetuidad en lo más profundo de nuestro inconsciente»[565]. Un no-morir utópico, o acaso distópico. La muerte siega el futuro y, análogamente, lo otorga y lo posibilita, lo sirve en bandeja. «La industria del entretenimiento produce la risa a costa de la muerte y de los

---

563 Rosi Braidotti, *Lo Posthumano*, Gedisa, 2015, p. 137.
564 Theodor W. Adorno, *Minima Moralia*, Taurus, 2001, p. 264.
565 Augusto León, *La muerte y el morir*, Lagoven, 1980, p. 10.

muertos. Por eso, esta risa tiene algo de siniestro o de histérico, porque en ella se transparenta un horror reprimido. Lo histérico de esta risa es la represión de la muerte»[566]. Tal fenómeno sale a la luz, y de nuevo en armonía con Baudrillard, porque «la experiencia espectacular y televisada no tiene nada que ver con ella. La mayoría no tiene nunca la ocasión de ver morir a alguien. Esto es algo impensable en cualquier otro tipo de sociedad»[567] que escape de la sombra cultural enmascaradora del morir.

Se sirve el finado como un desguace del que echar mano en busca de piezas y recambios para la carne disfuncional, pero viva, a fin de cuentas. Y se sirve como algo digno de mofa. Se extirpa de ellos su historia, se olvidas los nombres de los muertos, sus historias singulares, sus vidas de puertas para adentro. Al final, tristemente se cosifican: se tornan cosa, diríase que se vacían, que su «relleno» se extravía al morir, se pierde el *yo* (que se consideraba) que fue y emerge la cosa (que se considera) que es. Mas «el hombre no se convierte en cosa, sino en alma muerta»[568]. Henos aquí, cara a cara con la vital relevancia de la biografía como cualidad humana. Max Horkheimer y Adorno, en *Dialéctica de la Ilustración*, escribieron: «La relación anormal hacia los muertos —el que sean olvidados y embalsamados— es uno de los síntomas de la enfermedad que ha sufrido la experiencia. [...] la vida del individuo es definida ahora sólo por su opuesto, la destrucción, y ha perdido toda armonía y coherencia, toda continuidad de recuerdo consciente y memoria involuntaria; ha perdido todo sentido»[569]. Así, sentencian, «los hombres desahogan sobre los muertos su desesperación por no acordarse

566 HAN, *Caras de la muerte*, op. cit., p. 32.
567 Jean BAUDRILLARD, *El intercambio simbólico y la muerte*, Monte Ávila, 1980, p. 215.
568 LÉVINAS, *Entre nosotros*, op. cit., p. 39.
569 Max HORKHEIMER y Theodor W. ADORNO, *Dialéctica de la Ilustración. Fragmentos filosóficos*, Trotta, 1998, p. 257.

ni siquiera de sí mismos»[570]. Por el olvido no únicamente del fallecido, sino del sí-mismo de cada uno la Humanidad vierte su desesperación sobre los muertos. Una relación torpe, fuera de lo común, con la muerte y los difuntos nubla la visión de los hombres que mal ven a los muertos despojados de su biografía. La seriedad con respecto a la muerte ha de darse, «tomar en serio la muerte de un hombre significa darse cuenta de su irremplazabilidad, de su singularidad»[571].

Canetti, irónica e injustamente fallecido mientras escribía sobre la inmortalidad de los hombres, tuvo como noble cometido acabar con la muerte. Así, con la ayuda del recuerdo, con la ayuda de la vida biográfica, quiso superarla. A ninguno se le arrastraría al abandono. A los fallecidos hay que *escucharlos*, con ellos y por ellos, *ser todo oídos*, prestar nuestra más honesta atención a cada muerto, a cada uno en particular, en su singularidad y su irremplazabilidad. De estos, quizá más que de ningún otro ser sobre la faz de la tierra, demasiado se ha de aprender. Según Cheng, los muertos

> tienen que repensar y vivir la vida de otro modo, juzgar la vida bajo el rasero de la eternidad. Pueden velar por nosotros como ángeles de la guarda. A condición de que no seamos tan ingratos como para abandonarlos al rincón del olvido, pueden hacer algo por nosotros. Sí, pueden, a su manera, protegernos. [...] No olvidar a los muertos es, en un sentido más universal, aprender a sentir gratitud hacia ellos y, a través de ellos, hacia la vida[572].

Nuestros difuntos nos protegerán si y sólo si jamás se les abandona. Marías avisó sobre la cabezonería humana de olvidar la muerte y, por consiguiente, a los difuntos. Sin necesidad de

---

570 *Ibid.*, p. 258.
571 Han, *Caras de la muerte, op. cit.*, p. 37.
572 Cheng, *Cinco meditaciones sobre la muerte, op. cit.*, pp. 26-27.

sufrir en vano: imposible es ignorarla, en el fondo es un esfuerzo estomagante, «el que olvida la muerte sabe que la está olvidando, que la está dejando fuera, que se está desentendiendo de ella, tapándose los ojos para no verla»[573]. Mas el querer no ver la muerte involucra al recuerdo del difunto, que se menoscaba y se mengua hasta emborronarse. Por esa noble razón, se refuerza la creencia de que, con el culto, con la remembranza, con la tumba o el legado, se rebelan ante el olvido los muertos que atesoramos en la memoria, acomodados. Saberse mortal y saber de la mortalidad (de unos y de otros) acrecienta el valor de la vida y se torna ésta, la muerte, como su acicate. El muerto *actúa*, juega un papel vital en la vida de los vivos. Tener y hacer presente al ser que falleció, guardar y honrar la memoria del difunto, mimar «el perdurable recuerdo del difunto fue la base para que se supusieran otras formas de existencia; le dio la idea de una pervivencia después de la muerte aparente»[574].

Vienen a mí los versos de uno de los más notables poetas del siglo de oro de la literatura rusa, Vasili Zhukovski, que refrescan un mensaje, a primera vista cuasiolvidado, que rompe la costra funesta de la muerte y libera los aromas del recuerdo:

De aquellos que el camino supieron alumbrar,
que nos han animado y nos han comprendido,
no digas con pesar: «no están»,
mas di con gratitud: «han sido»[575].

El bardo del siglo XIX instó a pensar que, por mucho que un corazón humano se tizne del color más desagradable jamás imaginado con la muerte de un ser amado —aun aquel que no

573 MARÍAS, *La felicidad humana*, op. cit., p. 325.
574 FREUD, *Obras completas. Volumen 14*, op. cit., p. 295.
575 Joaquín TORQUEMADA (ed.), *Antología bilingüe de la mejor poesía rusa*, Berenice, 2022, p. 75. Traducción del ruso: «О милых спутниках, которые наш свет / Своим сопутствием для нас животворили, / Не говори с тоской: *их нет*; / Но с благодарностию *были*».

siendo amado dejó una gran impronta—, no han de reunirse en él sólo las lamentaciones, sino que debe florecer ante todo una actitud de gratitud. He aquí, una vez más, la huella del *otro*. Los *otros*, máxime los más cercanos y amados, dejan a su paso imborrables huellas en uno, en aquellos que siguen y persiguen la estela ya marcada por las vidas pasadas. Y a los *otros* que donaron «vida» a nuestra vida una única cosa cabe: el agradecimiento.

CAPÍTULO 22

LA TUMBA COMO MEMORIAL

La muerte es vida vivida,
la vida es muerte que viene;
la vida no es otra cosa
que muerte que anda luciendo[576].

La brumosa atmósfera de la muerte se halla contaminada. Poetizó Borges el «aire sucio» que el hombre respira al vivir, y déjese en claro por si hubiera errancias que tal comentario es una lectura personal. Que la vida sea «*muerte que viene*» resulta atrozmente angustiante en tanto que conlleva tomar consciencia de ese poner rumbo a la «*muerte que anda luciendo*», y en tanto que dicha toma de consciencia causa un traumatismo pavoroso. No obstante, que comience el escritor argentino con «*La muerte es vida vivida*» es esperanzadoramente verdadero, y porque hay verdad en ello hay, además, consuelo. Que la muerte, al fin y al cabo, sea vida vivida da origen a una promesa de inmortalidad, como rechazo de un morir definitivo, letal. La formulación de la teoría de la triple

---

576 Jorge Luis BORGES, *Obras completas 1923-1972*, Emecé, 1974, pp. 90-91.

constante antropológica[577], que brilló por su lógica y simpleza, mantuvo prendida la llama del interés en la lectura de la obra *El hombre y la muerte* de Morin. El filósofo francés emplazó al miedo como razón de nuestra creencia en la vida eterna, entre la consciencia de nuestro morir y la inmortalidad, pues en la autoconsciencia es donde uno «se siente aludido por la muerte; ésta deja de significar una simple ausencia o una detención en la idea de movimiento o de vida; entonces, correlativamente surgen la angustia de la muerte y la promesa de la inmortalidad. Así pues con la afirmación de la individualidad, simultáneamente, se manifiesta la triple constante de la muerte»[578]. Consciencia de la muerte, consciencia de la mortalidad, consciencia de ser mortal. Luego, junto con la angustia, emerge la creencia en la promesa de inmortalidad. Y quizá sea el angustioso terror a la muerte la razón por la cual «la empobrecida liturgia funeraria actual tiene la estructura de los tanatorios, diseñados por los arquitectos para que el muerto esté ausente de su propio entierro, arrinconado y

---

577 El ser humano toma consciencia de la muerte, posteriormente se genera el traumatismo de la muerte y, al final, surge con fuerza la creencia en la inmortalidad, la utópica inmortalidad soñada, «puesto que la conciencia de la muerte llama al traumatismo de la muerte, el cual a su vez llama a la inmortalidad; puesto que el traumatismo de la muerte hace más real la conciencia de la muerte y más real el recurso a la inmortalidad; puesto que la fuerza de la aspiración a la inmortalidad es función de la conciencia de la muerte y del traumatismo de la muerte» [MORIN, *El hombre y la muerte, op. cit.*, p. 34]. Según Arregui y Carlos Rodríguez Lluesma, la muerte humana, entre otras dimensiones, se correspondería «con algunas constantes de las reacciones psicológicas del hombre ante la muerte; por ejemplo, lo que Edgar Morin ha llamado la triple constante antropológica ante la muerte —el horror a morir, la creencia en la inmortalidad y las prácticas mortuorias—, sin que pueda determinarse ni qué modalidad adopta el horror, ni en qué inmortalidad se cree, ni cuáles son tales prácticas mortuorias» [Jorge V. ARREGUI y Carlos RODRÍGUEZ LLUESMA, *Inventar la sexualidad: sexo, naturaleza y cultura*, Rialp, 1995, p. 46]. El sufrimiento que acompaña el conocimiento que se atesora sobre la muerte causa un peculiar pavor que, en ocasiones, es críptico e ilegible.

578 MORIN, *El hombre y la muerte, op. cit.*, p. 34.

fuera del campo de visión para no importunar a los visitantes»[579], reconoció, a mi juicio acertadamente, Higinio Marín.

El ser humano se codea con un ideal de inmortalidad, de permanencia vibrante, con un prometido sueño de vida eterna que las religiones ampararon y, en la medida en que les es posible, hoy amparan. Recuérdese también que el amor a la vida es fuerza motriz de la inmortalidad. «Los egipcios, en los tiempos más antiguos, creían en una pervivencia del espíritu del muerto en relación con el cuerpo. Sería una creencia en una vida ultraterrena, parecida a la de los babilonios, los fenicios, los etruscos, los iberos, y otros pueblos de la Antigüedad»[580]. El muerto accedía a esa vida ultraterrena y «lograba una nueva vida, una vez que el cuerpo se hubiera descompuesto totalmente, o sea, después que se ha integrado a la tierra»[581]. Ciclo vital. La comunidad egipcia creía con fervor que tras morir la vida se prolongaba, valiéndose uno del cuerpo que en vida tuvo como lazo con lo terrenal, justamente en un Egipto divino de mayor perfección que el país de la tierra en el que vivían. Los egipcios amaban la vida, escribió Lewis Mumford, y la amaban tanto «que hasta abrazaban la muerte: utilizaron todos los materiales y recursos mágicos concebibles para mantener a los muertos vivos en su forma corporal y para asegurarles todas las comodidades y alegrías familiares de la existencia terrenal»[582]. En el imaginario egipcio, a menudo, el paraíso mitológico recibía el nombre de «El Campo», «Campiña de las Felicidades», «"Campos de Iaru", o "Campos de Juncos", y era el dominio del dios Osiris. [...] Allí el fallecido, una vez declarado *maa jeru*, "hombre justo", podía vivir durante toda

---

579 Higinio Marín, «Muerte y mortalidad. El destierro de los vivos y de los muertos», en VV. AA., *Qué aporta la muerte a la vida. Perspectiva interdisciplinar*, Ideas y Libros, 2022, p. 283.

580 *El libro de los muertos*, Editora Nacional, 1984, p. 10.

581 *Ibid.*, p. 11.

582 Lewis Mumford, *La ciudad en la historia. Sus orígenes, transformaciones y perspectivas*, Pepitas de calabaza, 2012, p. 104.

la eternidad en comunión con los dioses»[583]. En contraste con la tradición occidental, la cultura egipcia rompía con la angustia de la muerte. Cabría, pues, aplaudir la idea que culpa a la muerte de robar a los seres amados de la vida terrenal. Y no se alejaría uno de la más ingrata verdad. Antes que la muerte, como tal, es menester refrescar que es la vida la que no sólo roba al ser amado, sino su recuerdo —como ocurre con los olvidos o, en casos de triste severidad, la demencia senil o la enfermedad del alzhéimer—. Así se vuelve cristalina la expresión «*Memoriam Mortuorum*» que catapulta al ser humano viviente, además, a pensar la biografía de otro ser humano tras su fallecimiento.

«El humano es el ser *que* entierra sabiendo *qué* entierra», escribí una vez. Se ritualizan los enterramientos por *ser personas* tal vez, por la *condición personal* del que inhuma, que se vale de un simbolismo que le respalda. Los objetos fúnebres que participan en los enterramientos, funerales, velatorios, etcétera, son obsequios litúrgicos de la muerte, recordatorios indeseados que, sin embargo, se perfilan como necesarios. El ataúd, por ejemplo y en opinión de Mann, «evoca aún más la muerte misma, el féretro y la lobreguez del funeral, así como el silencioso viaje final»[584], mas ese objeto fúnebre guarda en sí un simbolismo auxiliador que debe preservarse justamente por buscar la preservación. Como inciso, recuérdese que a las personas fallecidas, a los antepasados, «se dirige el primer culto conocido de la humanidad. De modo que los primeros ritos habrían sido ritos funerarios, los primeros sacrificios habrían sido ofrendas de alimentos destinados a satisfacer las necesidades de los difuntos, los primeros altares habrían sido tumbas»[585], según Durkheim. El resguardo y la protección del difunto es vital para el vivo y el desapare-

---

583 Salima IKRAM, *Muerte y enterramiento en el Antiguo Egipto. El camino hacia la eternidad*, Almuzara, 2022, p. 36.

584 MANN, *op. cit.*, p. 41.

585 Émile DURKHEIM, *Las formas elementales de la vida religiosa*, Alianza, 1993, p. 106.

cido. Ofrendar al difunto, por ejemplo, en su lugar de descanso es un gesto sanador, como sanador es el efecto que producen los rituales humanos. En particular, «el ritual es una de las formas en que los oprimidos —lo mismo hombres que mujeres— pueden responder a las ofensas y al desprecio que sufren en la sociedad, y, más en general, los rituales pueden hacer soportables los sinsabores de la vida y de la muerte»[586], explicó Sennett. En el ritual se acoge y recoge lo humano y en él no hay discordia, sino unión. Se anudan los lazos, no se cortan. El ritual desbroza las malezas de los hombres y siembra concordia. Acerca del origen de los enterramientos, de las inhumaciones, Juan Luis de León Azcárate escribió que, al parecer,

> el hombre del Paleolítico antiguo veneraba a sus muertos. Las reliquias físicas, indestructibles. de sus muertos, sobre todo los cráneos, quizá les hacían sentirse solidarios con sus antiguos poseedores, por cuyo motivo los trataban con cariño. Debían estar convencidos de que los cráneos, y en menor escala también las otras partes del esqueleto, perpetuaban entre los vivos la presencia de los seres queridos difuntos[587].

Los primeros andares de la Humanidad —sin certeza de ello—, se dieron en el período del Paleolítico Inferior. Sin embargo, no es hasta el período del Paleolítico Medio, cuando se descubren claras muestras de inhumaciones, «aunque se ha cuestionado que hubiera auténticos enterramientos neandertales y se ha dicho que, simplemente, el hombre de Neandertal se retiraba a ciertos lugares, al fondo de las cuevas, a morir, al igual que lo hacen los paquidermos en los "cementerios de elefantes", las evidencias de enterramientos intencionales son abrumadoras»[588]. El hombre

---

586 SENNETT, *op. cit.*, p. 86.
587 Juan Luis DE LEÓN AZCÁRATE, *La muerte y su imaginario en la historia de las religiones*, Universidad de Deusto, 2000, p. 24.
588 *Ibid.*, p. 26.

de Neandertal sepultaba, tomando (cierta clase de) consciencia y conciencia del acto de sepultar. Las excavaciones fechadas como sucedidas en el período del Paleolítico Superior han zanjado las sospechas, corroborándose, como se citó de Durkheim, un paso y una evolución de cara a un culto tanático que en los siglos futuros echaría raíces y sería determinante.

Es evidente que el difunto *vive* en la memoria del vivo, *vive* adoptando otra forma de existencia. La tumba, entonces, es abrazada tanto por el vivo como por el muerto —entiéndase la frase: la tumba aspira a ser la prístina referencia al recuerdo, *lo subsistente de lo ausente que subsiste gracias al vivo*, y agradecido de ser recordado se encontraría el fallecido[589]— y si se descuida o abandona ese recuerdo des-aparece el muerto en el ocaso letal del *yo* propio. Ariès describió esa belleza de forma magistral:

> Si la tumba designaba el lugar necesariamente exacto del culto funerario es porque también tenía por objeto transmitir a las generaciones siguientes el recuerdo del difunto. De ahí su nombre de *monumentum*, de *memoria*: la tumba es un memorial. La supervivencia del muerto no sólo debía estar asegurada en el plano escatológico por ofrendas o sacrificios; dependía también de la fama que alimentaban en la tierra, bien las tumbas con sus *signa*, y sus inscripciones, bien los elogios de los escritores[590].

---

589 Véase como ejemplo cristalino de ello el completo recopilatorio, cuya labor de traducción, introducción y notas corrió a cargo de M.ª Luisa del Barrio Vega, *Epigramas funerarios griegos*: «¿Por qué lloras por mí, padre? Amarga es la divinidad para los mortales. Vive y olvida. Ya no podré serte de ningún provecho» [*Epigramas funerarios griegos*, 115 (GV 1195), Gredos, 1992, p. 131], «En este lugar piadosamente me han enterrado mis hijos, a Eutiquia, la esposa de Agatón. Esta gran merced he recibido de los inmortales: morir entre el amor de mis hijos y de mi esposo vivos» [*Ibid.*, 237 (GV 306), p. 202] o «No he bebido en el Hades la postrera agua de Lete. Por ello, incluso entre los muertos te envío mi consuelo. Teo, tú eres más desdichado que yo, porque, privado de una casta esposa, lloras la soledad de tu lecho» [*Ibid.*, 375 (GV 1874), III, p. 279]. Sirvan tales epigramas como bellos ejemplos de lo escrito entre guiones largos.

590 ARIÈS, *El hombre ante la muerte, op. cit.*, p. 173.

El rito funerario y la tumba alcanzan a *hacer presente* lo no-presente. Sin embargo, también se recupera el pulso de la pérdida en las ceremonias fúnebres y en los entierros, que son «un punto de conjunción entre vivos y muertos»[591], para las culturas africanas que el antropólogo y africanista Jack Goody estudió y, desde luego, para el ser humano con independencia de su cultura. Tales encuentros interconectan a los vivos con los muertos, los acercan, los «reviven», los ubican. El lugar de descanso de los difuntos, el cementerio o camposanto, vincula al vivo y al muerto, estrechando el canal que los separa. La localización, por lo tanto, es esencial: una filosofía de la tumba que respetar. En los *Diálogos* de Platón, en concreto, Leyes XII, se escribió que «no debe haber tumbas en ningún lugar de labrantío, ningún monumento funerario grande ni pequeño, sino que deben llenar aquellos sitios en los que el suelo sólo sirve para ese fin y admite cobijar los cuerpos de los que están muertos de la manera que cause menos molestias a los vivos»[592]. Esa «molestia» —entiéndase como perjuicio, incomodidad u opresión— ha de ser, en la medida de lo posible, mínima y la razón es primitiva, es decir, sobremanera antigua. Han, por ejemplo, meditó sobre la «siniestra economía de la muerte» donde la muerte «se ha reprimido a favor de *la vida* efectiva»[593], como se citó con anterio-

---

591 Jack GOODY, *El hombre, la escritura y la muerte*, Península, 1998, p. 106.
592 PLATÓN, *Diálogos IX. Leyes (Libros VII-XII)*, 958d-e, Gredos, 1999, p. 324.
593 HAN, *Caras de la muerte, op. cit.*, p. 28. El filósofo surcoreano escribió: «En *Las leyes* Platón promulga la ley de que en todo terreno cultivable no debe haber ninguna tumba, que las tumbas tienen que estar ubicadas de tal modo que no representen ningún inconveniente para los vivos. La lápida no debe tener tamaño mayor que el que permita inscribir en ella un breve epitafio de alabanza, que sin embargo no puede tener más de cuatro hexámetros. El muerto no debe guardarse en casa más tiempo del necesario, y eso con el único objetivo de descartar una posible muerte aparente, pero nunca más de tres días. Perseverando materialmente en el reino de la vida los muertos no solo hacen recordar la muerte, a duras penas reprimida» [*Ibid.*, pp. 27-28]. Así, no es, por consiguiente, extraña la idea de cómo «la economía de la vida exige que la muerte sea reprimida, capitalizada, y que el muerto sea eliminado

ridad. Tal pensamiento, por cierto, es comprensible a la perfección. Sin embargo, la ley platónica que recoge en los alrededores de la anterior cita una serie de leyes para reservar los terrenos cultivables a los vivos también es comprensible en aras de una «economía de la vida». Y, en cambio, a pesar de las palabras de tinte pesimista para los difuntos de Platón y de Han, se vislumbra el siguiente porqué: no es menester emplear la tierra fértil como emplazamiento de un camposanto, y no conviene porque para el descanso del difunto el cuerpo debe ubicarse en el lugar destinado para tal fin. Al no dar culto, al no ritualizar la muerte y la despedida, el muerto aparece «sin nombre», se *persona* des-nombrado, sin recuerdos ni localización; el muerto «se pierde» en un zumo más de la Nada. Y, para mayor escarnio, el pesimismo de Han no dista en demasía de la injusta realidad. Hoy, las promesas que aseguran una «vida eterna» se olvidan con descaro; las personas que imaginan mundos más allá de éste, mundos del Más Allá, escogen derrumbarlos; quienes oraban por la duración del *yo* tras la muerte dudan cada vez más; etcétera. Si bien de ello no había certeza, cierto grado de esperanza se guardaba y cierto margen para la duda se reservaba. Hoy, las creencias en la *vida* de los muertos, como dijo Badiou sobre el amor, están bastante enfermas. Hoy, rendir culto a la memoria de alguien, diría sin demasiado temor al error, es más bien una actitud humana artificiosa y cuasifingida, poco natural y, a veces, emulada. Hoy,

se han desvanecido por completo todos aquellos símbolos, narrativas o rituales que hacían que la vida fuera más que mera supervivencia. Prácticas culturales como el culto a los antepasa-

---

y expulsado a un crematorio que sirva para la economía de la vida» [*Ibid.*, p. 28]. En la actualidad, tras el periplo pandémico mundial que se inició en 2020, la «economía de la muerte» ha ganado bastante tracción: más que nunca, el muerto es abandonado, desterrado, «expulsado», y cada menos espacios se dedican a rememorar las vidas de nuestros ancestros.

dos dan una vitalidad también a los muertos. La vida y la muerte se asocian en un intercambio simbólico. Como hemos perdido por completo aquellas prácticas culturales que dan estabilidad a la vida, impera la histeria por sobrevivir[594].

Es triste, sí, pero no por tal razón menos cierto. La histeria por sobrevivir «a costa de» arrinconar las creencias y prácticas culturales que bregaban por otorgar *vida* a los muertos es autoprovocada y evitable. «Símbolos, narrativas y rituales» enmudecidos y por poco desaparecidos. Las palabras de Ariès son, cuando menos, esperanzadoras: «La expresión "a la memoria de" no invita solamente a la plegaria, sino al recuerdo, al recuerdo de una vida con sus caracteres y sus actos, una biografía. Este recuerdo no es solamente una voluntad del difunto, también es solicitado por los supervivientes»[595]. El recuerdo debería resurgir como la bella guisa de laxa inmortalidad donde el difunto *(sobre) vive* a la muerte, es decir, el recuerdo como el hermoso *fatum* del fallecido de continuar *viviendo*, nutrido por aquellos que, sin morir, viven. Si el camposanto es un memorial, el recuerdo al difunto es la razón del camposanto.

¡Oh mi rey!, haz memoria de mí, te lo ruego
no me dejes allí en soledad, sin sepulcro y sin llanto[596].

«Haz memoria de mí», escribió Homero en su *Odisea*, sin privar al hombre finado de sepulcro, sin sepultura, porque ésta supone la creencia en una vida trasmundana. La sepultura es una constante desde tiempos antiquísimos. Estas prácticas reforzaron y refuerzan el espíritu de los vivientes y hasta cierto punto son esencialmente respaldas por algunas religiones a fin de dar culto al difunto. Según Giambattista Vico, es de fácil observación ver

594 Han, *La sociedad paliativa, op. cit.*, p. 31.
595 Ariès, *El hombre ante la muerte, op. cit.*, p. 195.
596 Homero, *Odisea*, XI, 71-72, Gredos, 2014, p. 198.

cómo «todas las naciones tanto bárbaras como humanas, aunque fundadas de forma diversa al estar lejanas entre sí por inmensas distancias de lugar y tiempo, custodiaron estas tres costumbres humanas: todas tienen alguna religión, todas contraen matrimonios solemnes, todas sepultan a sus muertos»[597]. No es del todo creíble que el ser humano desee desaparecer por completo y desee, así, cruzar incorpóreo el umbral que separa la vida de la muerte. Y no es, en mi opinión, creíble que el ser humano busque fundirse en la fantasmagórica Nada. El claro ejemplo de los memoriales reluce con fulgor. Ariès avanza en su discurso con el siguiente inciso: «El recuerdo confiere al muerto una suerte de inmortalidad, ajena al principio al cristianismo. [...] Aquellos que no van a la iglesia van cuando menos al cementerio, adonde se ha adoptado la costumbre de llevar flores para las tumbas. Allí se entregan al recogimiento, es decir, evocan al muerto y cultivan su recuerdo»[598].

La tumba del difunto, sin ir más lejos, es un inmaculado ejemplo de subsistencia que subsiste. Y es la añoranza del *otro* una aliada de la *laxa* inmortalidad de la persona fallecida. «Las personas empiezan de inmediato a renombrar las calles, las plazas y los aeropuertos de las ciudades con el nombre de la persona fallecida: es como declarar que será inmortalizada físicamente en la sociedad, a pesar de su muerte física»[599], aseguró, por su parte, Becker. «¿Por qué es tan excepcional encontrar a alguien que se mantenga en pie por sí mismo?»[600], se preguntó el antropólogo de la cultura. La tumba, el acto de dar sepultura, se vale justamente de los *otros* para lograr mantenerse en pie como el crío se mantiene firme ante sus sueños. Tal frase ha sido así escrita porque ese «mantenerse en pie» hace alusión a la «mentira vital» de la que Becker habló. La huida del niño de sus temores y

---

597 Giambattista VICO, *Ciencia nueva*, Tecnos, 1995, p. 158.
598 ARIÈS, *Historia de la muerte en Occidente, op. cit.*, p. 75.
599 Ernst BECKER, *La negación de la muerte*, Kairós, 2003, p. 223.
600 *Ibid.*, p. 89.

la desesperanza que siente al no conseguir huir conducen al crío a tejerse mallas, corazas permeables de fantasía,

> que le permitan tener un sentimiento básico de autoestima, de sentido pleno y de poder. Le dejan sentir que *controla* su vida y su muerte, que realmente vive y obra como un individuo libre y con voluntad, que posee una identidad irrepetible que ha construido a su medida, que es *alguien*, [...] Hemos llamado a nuestra manera de vivir una mentira vital y ahora podemos entender por qué dijimos que es vital: es una *necesaria* y deshonestidad básica sobre uno mismo y la propia situación[601].

Prestos a contar «mentiras vitales», por si no se cayó en la cuenta, se dirá que la inmortalidad soñada es *laxa*: presenta una cruda lasitud y no es, por ende, inmortalidad *stricto sensu*[602]. No fue sino Canetti quien escribió que «las almas de los muertos están en los otros, los que sobreviven, y allí van muriendo del todo lentamente»[603]. Es de bien recordar el sentido general que encierran las prácticas mortuorias y, en concreto, la tumba. Éstas no sólo juegan, a saber, el rol de memoriales, no. Amén de esto y

---

601 *Ibid.*, p. 99.
602 «Quizá haya escritores, artistas, constructores de todo tipo de obras, que buscan ese tipo de "inmortalidad": poder ser "recordados", después de muertos, con admiración y "sobrevivir" en el cariño "nostálgico" de la gente, obviamente mientras dure la gente y permanezca en su memoria histórica la referencia a mi existencia pasada. Sin embargo, para la mayoría, ese tipo de "inmortalidad" no se dará. La historia los va a olvidar rápidamente, y no quedarán "monumentos" de ningún tipo que los mantenga en el recuerdo de quienes no los conocieron» [Antonio BENTUÉ, *Muerte y búsquedas de inmortalidad*, Universidad Católica de Chile, 2002, p. 25]. Es sobrecogedoramente triste y no por ello menos cierto. Tan laxa es esa inmortalidad para los «héroes» de la Historia como susceptible a desaparecer en cuanto la memoria se corrompa, en cuanto la obra escrita sea papel mojado, en cuanto la sociedad despliegue su vileza y se olvide del nombre que en vida a uno le dieron. Y todavía más cruel y repugnantemente laxa es esa inmortalidad para quienes no serán recordados por la Humanidad. El recuerdo juega un papel vital en la vida humana.
603 CANETTI, *El libro contra la muerte*, *op. cit.*, p. 47.

por lo común se comprende que la tumba generaba una inquietud por la muerte y la vida en el Más Allá. Antonio Bentué aclara, a mi parecer, uno de los designios de este capítulo:

> Esa vida de ultratumba no es concebida como "eterna", sino que tiene una duración mayor o menor según la "memoria" que los sobrevivientes puedan mantener del difunto. El país de los muertos coincide con el "recuerdo" que de ellos puedan tener los vivos, de manera que si éstos dejaran de recordarlos, las almas de los difuntos quedarían sumidas en la nada del olvido[604].

Resáltese el mensaje de la película de animación *Coco*, donde Pixar y Disney comunicaron con ejemplar tacto el poder, pero también la lasitud, del recuerdo al difunto. Para Arendt, quien rescató la idea de Heráclito[605], en la memoria y el recuerdo «surge todo deseo de ser imperecedero»[606]. Al comienzo de su obra *La condición humana* y en defensa de la inmortalidad como recuerdo, Arendt arguyó que «por su capacidad en realizar actos inmortales, por su habilidad en dejar huellas imborrables, los hombres, a pesar de su mortalidad individual, alcanzan su propia inmortalidad y demuestran ser de naturaleza "divina"»[607]. A la luz de la condición perecedera humana, es un don el poder crear algo imperecedero. *Mortales fabricando inmortalidades.* Una inmortalidad (casi de origen celestial) que toma como cobijo el recuerdo, el legado custodiado por los vivos. Pensar en los fallecidos supone una denodada pretensión de *reanimación*, es decir, de *devolver a la vida* a aquellos que sus vidas perdieron. A ese *reanimar* se refirió Canetti, quien trazó una hermosa ruta hacia

---

604 BENTUÉ, *op. cit.*, p. 33.
605 «Eligen una sola cosa, por cima de cualquier otra, los mejores: la gloria imperecedera entre los mortales. Los más, en cambio, están cebados como reses» [HERÁCLITO, *Fragmentos*, 95 (29), en *Fragmentos presocráticos. De Tales a Demócrito*, Alianza, 2008, p. 139]; y «A los hombres, tras la muerte, les esperan cosas que ni esperan ni imaginan» [*Ibid.*, 74 (27), p. 137].
606 ARENDT, *op. cit.*, p. 187.
607 *Ibid.*, p. 31.

la inmortalidad que tiene su línea de partida y está, así pues, originada en la memoria de los vivientes, y con especial acento en los más afines. Sobre la unión de la muerte con el recuerdo del difunto escribió acertadamente que

demasiado poco se ha pensado sobre lo que realmente queda vivo de los muertos, disperso en los demás; [...] Los amigos de un hombre muerto se reúnen determinados días y hablan sólo sobre él. Lo matan todavía más si únicamente dicen cosas buenas de él. Más les valdría discutir, ponerse a favor o en contra de él, revelar picardías secretas suyas; mientras puedan decirse cosas sorprendentes sobre él, cambiará y no estará muerto. [...] Para que el muerto, a su manera más tenue, siga viviendo, hay que darle movimiento[608].

Quizá sea el literato búlgaro un vívido y certero ejemplo de cómo «asistir» al muerto otorgándole *movimiento, reviviéndolo* con el poder que encierran los recuerdos —no *ad litteram*, naturalmente— devolviéndolo a la vida y devolviéndole la vida que perdió al morir, es decir, hacerlo *vivir en el vivo*, rescatarlo y convertirlo en un ser *cuasi-vivo*. Rescátese la explicación que aparece en *Muerte y alteridad* de Han a propósito de lograr hacer más cristalino el trasfondo de la cita anterior. Comentó el pensador surcoreano que, en el fondo, la filosofía de la inmortalidad en el cosmos literario de Canetti está cimentada desde

la preocupación por el otro, por su muerte, que se puede deducir sin más de *mi* supervivencia, de la preocupación por *mi* duración. Se trata de preservar de la muerte definitiva todo lo que me rodeaba, "lo menor como lo mayor". Raras veces encontramos en Canetti el énfasis del yo, que estructura el drama de *mi* supervivencia. Su obra literaria queda más bien bajo el signo de la salvación del *otro*[609].

---

608 CANETTI, *El libro contra la muerte, op. cit.*, p. 23.
609 HAN, *Muerte y alteridad, op. cit.*, p. 229-230.

Salvamos a los *otros* en el recuerdo, es ahí donde les privilegiamos con *movimiento*. Del recuerdo nace la (laxa) inmortalidad. Es, finalmente, el propio escritor búlgaro quien poetizó el recuerdo como «el gran milagro del espíritu humano»[610]. Asimismo, y a día de hoy, el recuerdo al difunto es lo más cercano a la inmortalidad, disponer de él y *hacer vivir* al fallecido en la memoria es un hecho de laxo poder. El hombre, siempre que haya hombres, será laxamente inmortal por la gracia del recuerdo. Hágase eco de las palabras de Dante Alighieri en el Canto III de su *Comedia*, pues éstas plasman con excelsa belleza cuán infinita es la hilera de los seres que perecieron:

> Y venía detrás tan largo séquito
> que yo no imaginaba que la muerte
> . hubiese destruido a tanta gente[611].

610 CANETTI, *El corazón secreto del reloj, op. cit.*, p. 185.
611 Dante ALIGHIERI, *Comedia*, Canto III, 55-57, Acantilado, 2018, p. 63.

CAPÍTULO 23

TACITURNIDAD DEL FIN FINAL

Jo, buena te la hacen cuando te mueres. Espero que cuando me muera alguien tenga sentido común suficiente como para tirarme al río o algo así. Cualquier cosa menos meterme en un maldito cementerio. Eso de que venga la gente los domingos a ponerte ramos de flores en el estómago y todo ese rollo. ¿Quién quiere flores cuando ya se ha muerto? Nadie[612].

En *El guardián entre el centeno* de Salinger, el joven Holden Caulfield se jacta de contrariar el solemne convencionalismo tanático que es el respetado culto al difunto. ¿Por qué flores si mi existencia queda sola ante un cuerpo hueco, vacío de existencia? Sobre la tumba duermen las flores que los seres amados se molestan en traer por una razón de peso que debe se comprender: al recuerdo del difunto se le dona amor, un amor de idéntica naturaleza a cuando éste vivía. La ritualización funeraria, «la presencia póstuma de los difuntos en la memoria»[613], es la fuerza motriz que nos hizo humanos, aseguró Zygmunt Bauman. La muerte ha de

---

612 SALINGER, *op. cit.*, p. 207.
613 Zygmunt BAUMAN, *Mortalidad, inmortalidad y otras estrategias de vida*, Sequitur, 2014, p. 78.

observase a través de un objetivo gran angular para reparar en sus inmediaciones, en sus insondables dimensiones. Marcel escenificó a la perfección lo que entraña amar y el peso del amor al escribir, resáltese una vez más, que amar al *otro* es desear su inmortalidad o no desear su muerte. Esa es la misión del amor que trasciende la muerte, que va más allá de unas flores sobre una tumba. Tal declaración de intenciones supone una reclamación intrascendente, quiero decir, es impensable consentir la muerte del otro amado, es inadmisible querer la muerte del otro amado. Jamás. Si bien se desearía la muerte como fin de un tormento inhumano, en el fondo, libre la persona amada de ese tormento, ¿se desearía su muerte? En absoluto. Unos años atrás escribí con el corazón: «Amar significa maldecir cada segundo en que la muerte acecha y asesina a aguijonazos la felicidad que aflora de las entrañas del *otro*, porque a buen seguro nos lo robará. Amar es sufrir y sentir en las profundas aguas del corazón la infatigable presencia de la muerte». Así es el amor, así es amar auténticamente, así es el *amor verdadero*. Amar es sentir fragilidad y resistencia al mismo tiempo.

El amante experimenta, o por mejor decir diríase que *vive*, la muerte del *otro* amado, una muerte en tercera persona como espectador (nada) privilegiado de espectar tal infortunio. Barthes, en su obra *Fragmentos de un discurso amoroso*, diseccionó en clave filosófica una escenografía en un café[614]. En ésta, la ilusión por la

---

614 «Comienza entonces el primer acto; está ocupado por suposiciones: ¿y si hubiera un malentendido sobre la hora, sobre el lugar? Intento recordar el momento en que se concretó la cita, las precisiones que fueron dadas. ¿Qué hacer (angustia de conducta)? ¿Cambiar de café? ¿Hablar por teléfono? ¿Y si el otro llega durante esas ausencias? Si no me ve lo más probable es que se vaya, etc. El segundo acto es el de la cólera; dirijo violentos reproches al ausente: "Siempre igual, él (ella) habría podido perfectamente...", "Él (ella) sabe muy bien que..." ¡Ah, si ella (él) pudiera estar allí, para que le pudiera reprochar no estar allí! En el tercer acto, espero (¿obtengo?) la angustia absolutamente pura: la del abandono; acabo de pasar en un instante de la ausencia a la muerte; el otro está como muerto: explosión de duelo: estoy interiormente *lívido*. Así es

reunión con lo amado evoluciona progresivamente a una angustia que no cesa, causada por la espera del amante a su amada. La situación se tuerce, ahora, hasta lograr pasar de la angustia a un íntimo duelo especial, que si culmina con la aparición y reunión de los enamorados resulta glorioso, y se respira con alivio el «olor de las rosas». El vivo *vive* en sus carnes una «muerte» que no le corresponde *vivir*. Al amar, entonces y sólo entonces, la muerte ya no agrede tanto desde fuera como desde lo más abisal del alma, no es tanto externa como interna. Despertó interés en Keiji Nishitani el enfrentarse cara a cara con la muerte de lo amado. El instante mismo en que las necesidades de la vida «pierden su necesidad y utilidad, aparece con los problemas personales acuciantes como la muerte, la nihilidad o el pecado, o en cualquiera de esas situaciones que suponen una negación fundamental de nuestra vida, existencia e ideales, y privan de arraigo a nuestra existencia poniendo en tela de juicio el sentido de la vida»[615]. Lo útil y necesario en la vida comienza su descomposición si cuanto se amó desaparece. El vacío, la Nada, una extravagante nihilización sucumbe. A los pies del doliente, el abismo existencial que apremia a pensar el sinsentido de la vida. «Nuestra existencia es a la vez una no-existencia, oscila desde y hacia la nihilidad, feneciendo sin cesar y sin cesar recobrando su existencia»[616]. En virtud de la muerte de lo amado, *se siente* y *se vive* una íntima muerte: el *yo* se derrumba con el fallecer del *otro* amado porque destruye el *nosotros*, la unidad, la unión, y parte del *yo* se resiente y siente la muerte enraizada en la vida, *viviéndola, experimentándola*. Así, *vivir la muerte* es el alto precio que pagar por amar verdaderamente. Marcel hizo hincapié

---

la pieza; puede ser acortada por la llegada del otro; si llega en el primero, la acogida es apacible; si llega en el segundo, hay "escena"; si llega en el tercero, es el reconocimiento, la acción de gracias: respiro largamente, como Pelléas saliendo del túnel y reencontrando la vida, el olor de las rosas» [BARTHES, *Fragmentos de un discurso amoroso, op. cit.*, pp. 123-124].

615 Keiji NISHITANI, *La religión y la nada*, Siruela, 1999, p. 39.
616 *Ibid.*, p. 40.

en lo escrito: «Vivir, para el hombre, es aceptar la vida, es decir sí a la vida; o bien, al contrario, condenarse a sí mismo a un estado de guerra interior cuando aparentemente obra como si aceptase algo que en el fondo de sí mismo rechaza o cree rechazar»[617].

En suma, nada se sabría sobre vencer el miedo a la muerte y, aún menos, sobre la «terrible eternidad»[618] del ser. Mas el amor sería un puente hacia el recuerdo y éste nos concedería, en teoría, la «perpetuidad». Dar consistencia y dar recuerdo a una forma conocida de (laxa) inmortalidad es la razón de la cristalización del recuerdo. ¿Cuán vital es que un recuerdo deba cristalizarse? Chateaubriand, otra vez en su *magnum opus*, elogió la memoria, emplazamiento del recuerdo y su proceso de cristalización, tanto como la maldijo al preguntarse

> ¿qué seríamos sin memoria? Olvidaríamos amistades, amores, placeres y negocios; el genio no podría asociar sus ideas; el corazón más afectuoso perdería su ternura si dejase de recordar; nuestra existencia se reduciría a los momentos sucesivos de un presente que se desvanece sin cesar, y el pasado no existiría. ¡Oh miseria! Nuestra vida es tan vana, que sólo es un reflejo de nuestra memoria[619].

---

617 Gabriel MARCEL, *Ser y tener*, Caparrós, 2003, p. 88.
618 Tráigase a colación la cita de Miguel de Unamuno en su novela *Niebla*: «Esta es la revelación de la eternidad, Orfeo, de la terrible eternidad. Cuando el hombre se queda a solas y cierra los ojos al porvenir, al ensueño, se le revela el abismo pavoroso de la eternidad. La eternidad no es porvenir. Cuando morimos nos da la muerte media vuelta en nuestra órbita y emprendemos la marcha hacia atrás, hacia el pasado, hacia lo que fué. Y así, sin término, devanando la madeja de nuestro destino, deshaciendo todo el infinito que en una eternidad nos ha hecho, caminando a la nada, sin llegar nunca a ella, pues que ella nunca fué» [UNAMUNO, *Niebla*, *op. cit.*, p. 71]. Se recorre el camino de vuelta. El ser dejar de ser lo que *es* para ser lo que *fue*, y sin perderse en ese recorrido a la inversa camina hasta dejar de ser, sin más. Sin consuelo. La revelación de la «terrible eternidad» es, como poco, terrible, en efecto. Ese caminar a la Nada, pero «sin llegar nunca a ella, pues que ella nunca fué», es terroríficamente tenebroso.
619 CHATEAUBRIAND, *op. cit.*, pp. 115-116.

La «vida es tan vana» que su armazón descansa sobre la memoria. «¿Qué seríamos sin memoria?», la gran pregunta. La memoria es como esa malla metálica que refuerza la solidez de una estructura de cemento, sin ese reforzamiento, la arquitectura de la persona se derrumbaría. La nitidez de un recuerdo es vital para el difunto y algo revitalizador para el superviviente, pero es tarea del vivo regar de lucidez el recuerdo. Divagar sobre lo que no fue, perder la forma de su rostro, olvidar su voz y su historia, descuidar sus llantos y carcajadas, sus gustos y disgustos, sus glorias y penurias, etcétera, es emborronar y trastocar la *vida* del ser que fue. La cristalización del recuerdo es el esfuerzo del superviviente por esquivar los devaneos que desdibujan la *vida* del difunto. Como cuando se cuentan falsas historias que, por insistencia, se tornan verdaderas[620]. Pessoa poetizó en tres versos hermosos versos la idea que ampara la cristalización del recuerdo y la *vida* del fallecido en la memoria de los vivos:

> ¡Los muertos! ¡Qué prodigiosamente
> y aun con qué horrible reminiscencia
> viven en el recuerdo que de ellos tenemos![621].

---

620 Un ejemplo de distorsión de la memoria y del recuerdo —perfectamente extrapolable— lo expuso George Orwell con su clásica novela *1984*: «Si el Partido podía extender su mano hasta el pasado y decir que uno u otro acontecimiento no había sucedido jamás, ¿no sería eso más espantoso que la tortura y la muerte? El Partido decía que Oceanía nunca se había aliado con Eurasia. Él, Winston Smith, sabía que tan solo hacía cuatro años Oceanía se había aliado con Eurasia. Pero ¿dónde constaban aquellos datos? Únicamente en su propia conciencia, que, de todas formas, pronto sería destruida. Y si todos los demás aceptaban la mentira que el Partido imponía, si todos los documentos contaban el mismo cuento, en ese caso la mentira se incorporaba a la historia y llegaba a ser verdad. "Quien controla el pasado —decía una de las consignas del Partido— controla el futuro; quien controla el presente controla el pasado"» [George ORWELL, *1984*, Alma, 2022, p. 47].

621 Fernando PESSOA, *Poesía III. Los poemas de Álvaro de Campos 1*, Abada, 2012, p. 151. Traducción del portugués: «Os mortos! Que prodigiosamente / e com que horrível reminiscencia / vivem na nossa recordação deles!».

Los muertos no saben de los vivos, sí lo vivos de los muertos. Este acontecimiento extraño que, sin sombra de duda, excede los límites regulares de la naturaleza, es un don de grotesco porte. Yazga la muerte y nazca la inmortalidad. O eso se suele desear. Siglos de historia han empedrado lo que antes eran veredas, miles de respuestas sobre el *cómo* superar el horror a morir y a la muerte han fortalecido las torres vigías desde las cuales los pensadores han pensado en la reencarnación, en las promesas religiosas de inmortalidad, en las vidas allá en el Más Allá, en los esperanzadores postulados trans y posthumanistas, y en un nada prudente etcétera. Navegar por los océanos del misterio de la muerte, y no enclaustrarse en los faros de cada puerto, es fundir las energías vitales. En la vida de hoy reina la generación del cansancio y el desasosiego, la taciturnidad. Tal vez, la única generación que heredó —con perdón de la palabra— la ignorancia como virtud. La piel humana ahora no resiste las caricias, que le hieren sobremanera. Y creen con pasmosa ceguera que esconder la muerte y ocultar la condición mortal de cada cual es un ardid desvaído. ¿Cuál es, entonces, el precio a pagar por tal pronunciamiento? ¿Se sería, por fortuna, siervo de un horror ignorado?

El último capítulo, lejos de cerrar, abre más si cabe la pregunta por la muerte. Estas hojas de flaqueza nada envidiable son de una artificialidad sin precedentes. ¿Escribir sobre la muerte acaso guarda un propósito?, ¿he salvado a alguien de su muerte?, ¿a quién le he evitado el peligro de la letal desaparición? Al hilo de lo anterior, el escritor de diáfana pureza que es Pessoa observó las profundas aguas de su corazón, que bien serían las aguas de cualquier corazón humano, y en una frase resumió mi horror: «el sueño no consuela, pues la vida duele más al despertar»[622]. A vuelapluma y sin ambages, en el esquema vertebral de mi vida se amoldan, con pesar, las palabras de Pessoa que rezan así:

---

622 PESSOA, *Libro del desasosiego, op. cit.*, p. 145.

¡La Muerte es el triunfo de la vida!

Vivimos por la muerte, puesto que sólo somos hoy porque hemos muerto para ayer. Esperamos por la muerte, puesto que sólo podemos confiar en mañana por la confianza de la muerte de hoy. Por la muerte vivimos cuando estamos soñando, puesto que soñar es negar la vida. Por la muerte morimos al vivir porque vivir es negar la eternidad. La Muerte nos guía, nos busca, la muerte nos acompaña. Todo lo que tenemos es muerte, todo lo que queremos es muerte y es muerte todo lo que deseamos querer[623].

---

623 *Ibid.*, p. 149.

ACTA EST FABULA

> Ved de cuán poco valor
> son las cosas tras que andamos
> y corremos,
> que, en este mundo traidor,
> aun primero que muramos
> las perdemos[624].

El lacónico poema de Jorge Manrique encarna un sentir singular. Por el anverso, el hábitat de lo humano traiciona y obliga al hombre a nacer sin ofrecer porqué alguno convincente y arrojándolo a su suerte. Por el reverso, diríase que la muerte roba, arrebata cuanto se atesora y sale triunfadora de cualquier justa existencial en la que sea partícipe. En los versos anteriores, el poeta del prerrenacimiento restó valor a todo cuanto nos rodea; sobrevenida la *hora suprema* nada ni nadie conserva la vida que tal como emergió de la Nada al polvo fue tornada. La muerte es traicionera con el ser humano y le arrebata las más bellas «posesiones», materiales e inmateriales.

---

624 Jorge MANRIQUE, *Coplas a la muerte de su padre*, VIII, Castalia, 1983, p. 51.

El poder pernicioso de la muerte, merecedor de páginas en la obra de Manrique, dibuja un tétrico paisaje en el cual reinan, tal vez a partes iguales, el inseparable sentimiento de lo absurdo y las calamidades que conciernen al hombre (como, por ejemplo, el suicidio o la angustia vital). Lo absurdo, que es por cierto irresoluble asesino de las apetencias por *vivir*, se origina al no contemplarse uno mismo como parte del mundo que le tocó habitar. Camus sentenció que «el hombre absurdo entrevé así un universo ardiente y helado, transparente y limitado en el que nada es posible pero donde todo está dado, y más allá del cual sólo están el hundimiento y la nada»[625]. Y más allá del cual sólo mora el óbito que a todo le concede fin. Léase sin premura la lamentación de Cioran:

> Debemos aprender a pensar contra nuestras dudas y contra nuestras certezas, contra nuestros humores omniscientes, debemos, sobre todo, forjándonos *otra* muerte, una muerte incompatible con nuestra carroña, consentir en lo indemostrable, en la idea que algo existe... La nada era sin duda más cómoda. ¡Qué molesto es disolverse en el Ser![626].

Casi nadie se sensibiliza ni toma consciencia ni conciencia de la muerte y del morir, de su muerte y de su mortalidad. Se escuchan y se leen sin cesar comentarios de igual índole al escrito por Harold Brodkey: «La muerte es un rollo [...] la muerte estuviera preñada de sentido, pero no es así. Está ahí, nada más»[627]. Retumba en las paredes de la cita la filosofía del absurdo y, en consecuencia, un aroma a miedo se libera de las palabras del escritor estadounidense. Mas la muerte es más, infinitamente más.

La majestuosidad de la muerte se afinca en el rodeo contemplativo de la presumible Nada, en la evidencia de las fronteras que

---

625 Camus, *op. cit.*, p. 81.
626 Emil Cioran, *La tentación de existir*, Taurus, 1973, p. 9.
627 Brodkey, *op. cit.*, p. 154.

marcan lo ignorado del conocimiento que los humanos acaparamos. El hombre muere cada instante en que las manecillas del reloj avanzan. Valdría decir sin redundancia que *es humana la existencia del ser humano*, que es irreprimiblemente finita y de cada cual, y que la muerte que con su sello indeleble marca al hombre es un *algo* arrinconado en el futuro, pero cada vez presente en el avance arrollador del tiempo. Heidegger habló sobre la finitud de la vida y la condición mortal del ser humano: «Todas las cosas que comienzan a vivir, también comienzan a morir, a acercarse a la muerte, y la muerte es al mismo tiempo la vida»[628]. En un pueril remedo, escribí antaño que «todo cuanto muere es tácitamente imperecedero, y todo cuanto aflora es fervorosamente mortal». Retumban implacables estas palabras en los hombres, como un *impasse* filosófico, como ese *algo* que no debiera ser meditado, pues se teme ver en ésta una tragedia personal: el *algo* que limita y condiciona, que atormenta, menoscaba y vuelve absurda la vida. Mas encararse a este fatal destino es sinónimo de fortaleza por aceptar la naturaleza de una existencia decrépita.

La cavilación de la muerte le llevó al ser humano un laborioso y, sobre todo, espinoso esfuerzo todavía llameante. Y es deber de diversas disciplinas, como la Filosofía, la Antropología y la Psicología, continuar siendo valiosas y beneficiosas. Hoy, a diferencia de lo ocurrido en siglos pasados, la muerte *se revela* y *se rebela* en su zénit. ¿Cómo encaran estas disciplinas tal rebeldía? El sentencioso pronunciamiento de Adorno sobre la muerte no deja de ser descabellado: «Las reflexiones que le dan un sentido a la muerte son de tan poca ayuda como las tautológicas»[629]. Entonces, ¿cómo ayudar a soportar el sobrepeso de la muerte? Acercándose a los problemas del hombre en relación con la muerte, en este caso, y comunicarlos, darles visibilidad, notoriedad, protagonismo. Escuchando. La trivialización de lo *rumiado*

628 Martin Heidegger, *Introducción a la metafísica*, Gedisa, 2001, p. 123.
629 Adorno, *Dialéctica negativa, op. cit.*, p. 338.

—el conocimiento tanático acumulado—, que se asemeja y se acerca al sentimiento propagandístico de la muerte como tabú, mata el ejercicio de *digestión* —que ansía tolerar la muerte— que la persona lleva a cabo.

Dicen las malas lenguas que ya fue la muerte pensada y que, por lógica, no merece ser repensada porque es un «mal», y es asimismo un esfuerzo en vano que daña la comodidad de la persona. Pero, tal vez, la muerte no encierre mal alguno para uno mismo, para el viviente. Sin embargo, sí contemplo un auténtico mal o un daño irredimible en quienes no osan cavilar la muerte y la *entierran* en un olvido ciego e injusto con la auténtica y vital búsqueda del sentido de la muerte. Sean o no tautológicas las afirmaciones y meditaciones sobre la muerte, sean o no desvalidas las búsquedas de su sentido, despojadas del socorro que merecen, son cuando menos necesarias e irreprimibles, sencillamente vitales, humanas. El ejercicio de pensar la muerte involucra el ejercicio de pensar y, claro, de pensar la vida. «Pensar la muerte implica pensar acerca del pensar mismo como lo propio de cada cual y de lo que, perteneciéndole, no es posesión suya. El privilegio de ser mortal, lejos del patetismo de ciertos lenguajes, procura, de hecho, que *el pensar venga a ser tal*»[630], en opinión de Ángel Gabilondo. Ser mortal es un poético privilegio harto incomprendido. Pensar la muerte, pensarse uno en su mortalidad, es una actividad reveladora. Y todavía más que pensar la muerte es «vivirla». Désele con prudencia la vuelta a la moneda para, así, mostrar su otra cara, «el pensar implica la conciencia de la propia finitud, el saber de la propia y ajena muerte, la conciencia de lo cercana que está la enfermedad y la miseria»[631], según Francisco Rodríguez Valls. Habida cuenta, pues, del pensar que

630 Ángel Gabilondo, *Mortal de necesidad. La filosofía, la salud y la muerte*, Abada, 2003, p. 13.
631 Francisco Rodríguez Valls, *Orígenes del hombre. La singularidad del ser humano*, Biblioteca Nueva, 2017, p. 63.

involucra el pensar la muerte y del pensar la muerte que involucra el pensar. Pensar implica pensar la muerte, de lo contrario, sentenció Han, «la sociedad que pretende prescindir de la muerte se convierte en una sociedad mortal»[632], soporíferamente mortal. El saber acerca de la muerte, como *esfera de esferas*, redunda en provecho de la Humanidad y sus múltiples esferas del conocimiento porque

> los problemas de la muerte atañen a géneros específicos de personajes muy variados: el teólogo y el filósofo, el psicólogo, el psicoanalista y el psiquiatra; el biólogo y el bioquímico; el demógrafo y el sociólogo; el jurista, el criminólogo y el economista; el artista y el crítico de arte; el historiador y el geógrafo; sin olvidar al sacerdote, al médico —ya sea el técnico de la salud o el que se dedica a la medicina legal—, el asegurador, el empleado de los servicios tanatológicos, los enfermeros, los urbanistas. En general, cada individuo percibe a la muerte, la del otro, eventualmente la suya, según una óptica propia que proviene de su profesión (por lo tanto de su código deontológico), del orden de sus preocupaciones intelectuales, de su ideología o de la del grupo al que se integra[633].

He aquí la razón de apodar la muerte como una *esfera de esferas*. En cualesquiera de las esferas mencionadas, por extraño que parezca, hay una suerte de muerte. Por vocación, el estudioso de la muerte escudriña una gigantesca esfera. Sumar, *mutatis mutandis*, el ejercicio del pensamiento es incorporar la unidad de las constelaciones más humanas sobre la muerte y las esféricas parcelas colindantes que la conforman, es velar por la reflexión transcendental y pura del amor a la sabiduría (φιλοσοφία), sin salvedades, es emprender la búsqueda —de ningún modo la posesión— de la verdad. Visto así, la ventaja para cada una de esas esferas se ampliaría notablemente. Dígase, como inquirió

---

632 HAN, *Caras de la muerte, op. cit.*, p. 31.
633 THOMAS, *Antropología de la muerte, op. cit.*, p. 10.

Arregui, que «la vida es misteriosa y la filosofía tiene como objeto el enigma de la vida porque ésta excede siempre a sus productos, porque al profundizar en ella nunca tocamos fondo, siempre hay más»[634].

Conclúyase, ahora sí, sin ser concluyente y rescátese una de las más incómodas preguntas que leí en la obra de Canetti: «¿Hasta dónde has llegado —después de tanto anunciarlo— con los preparativos de tu libro contra la muerte? Intenta lo contrario, su enaltecimiento, y llegarás rápidamente a ti mismo y a tu verdadero propósito»[635]. En cada rincón de estas hojas se ha procurado iluminar diversas dimensiones de la muerte, que no todas, considerablemente relevantes para el curso de la ferina curiosidad humana. Estas páginas, amén de ser una sucesión de contrarréplicas a las cornadas que propina la muerte, diríase que son una apología de índole académica a uno de los enciclopédicos misterios del ser humano en especial y, a fin de cuentas, del ser viviente y de la vida. La muerte juega un papel axial en nuestras vidas. Ese «verdadero propósito» al que alude Canetti, la finalidad de lo aquí escrito, es despertar la reflexión acerca de la muerte y abrir diálogo en torno a ésta; explorar bajo ópticas variadas la muerte, el morir, la mortalidad, la inmortalidad y demás aspectos colindantes; enfatizar la postura que aboga por colocar la muerte en el pedestal que le corresponde; hacer valer el pensamiento tanático para librar a la muerte de ser *propheta in partibus infidelium*. Entonces, el «verdadero propósito» de aquel pensador que se aventura a pensar la muerte es «vivirla»: atomizar cada una de sus esferas y acercarse a éstas con vehemencia, a contracorriente del curso socio-cultural que se afana en ignorarla, con el fin de emprender la labor que los demás esquivan según su particular rosario de impedimentos. Al fin y al cabo, *vivir la muerte* (y la vida) es una especie

---

634 Jorge V. ARREGUI, *La pluralidad de la razón*, Síntesis, 2004, p. 29.
635 CANETTI, *El libro contra la muerte, op. cit.*, p. 249.

de Banda de Möbius, un desafío al sentido común y a cuanto es existencialmente intuitivo por los seres humanos. Las siguientes palabras de Alarcón —poética del *finis vitae*— esconden una mirada medusea que sonrojaría a buena parte del mundo; éstas resumen *grosso modo*, siquiera a mi juicio nada desacertadas, el gran telón de fondo de la presente obra:

> La ciencia, la experiencia y la filosofía han purificado tu corazón, han ennoblecido tu espíritu, te han hecho ver las grandezas de la tierra en toda su repugnante vanidad, y he aquí que huyendo de la muerte, como lo hacías ayer, no huías sino del mundo[636].

---

636 ALARCÓN, *op. cit.*, p. 283.

AGRADECIMIENTOS

Nuestro astro enseñante Miguel de Cervantes escribió en su *Don Quijote de La Mancha* que «de gente bien nacida es agradecer los beneficios que reciben». Levántese, pues, acta del apoyo recibido en la escritura y organización de las teselas del presente libro.

A mi familia, pilar capital de mi educación y eje de mi evolución personal, y a mi amor (in)mortal, Alba N. Martín. En mi haber no encuentro palabras que hagan justicia a cuanto habéis hecho y hacéis por mí. A la Universidad Internacional de La Rioja, por ser la razón de mi metamorfosis académica. A mis amistades de la Universidad de Sevilla, en especial a Francisco Rodríguez Valls y Jacinto Choza; y de la Universidad de Málaga, mención particular a Alejandro Rojas, Antonio Diéguez, David Aguilar Segado, Claudia Fernández-Fernández, Juan A. García, María Jesús Fernández Torres y Pedro J. Chamizo. Jamás me perdonaría olvidaros. A mis queridos Alberto del Campo de la Universidad Pablo de Olavide; Carlos Blanco Pérez de la Universidad Pontificia Comillas; Conrado Giraldo Zuluaga de la Universidad Pontificia Bolivariana; Cristóbal Holzapfel de la Universidad de Chile; Higinio Marín Pedreño de la Universidad

CEU Cardenal Herrera; Lluís X. Álvarez de la Universidad de Oviedo; y Nelson R. Orringer de la *University of Connecticut*. Al profesor Jorge V. Arregui (†), por la póstuma inspiración. Y, con honda admiración, a mi fraternal Alberto Ciria, sabia huella de la que aprender.

No en vano, creo con firmeza que editores y editoriales son, respectivamente, la catapulta y el baluarte de los libros; sin su esencial amparo, la vida de una obra es asediada por un olvido injusto con el tiempo y el esfuerzo mayestático que entraña la labor de creación. Así pues, agradezco de corazón a la editorial Berenice, sello de la gran casa Almuzara, y a mi editor Javier Ortega su confianza en mí tanto como la loable misión no sólo de ayudar a esquivar ese olvido, sino, además, de hacer eco de la voz de los escritores.

Estimo vuestra impronta en todo su valor.

Toda la vida me he sentido un inadaptado incluso en sus cosas más altas y me adaptaba a todas, incluso a las más corrientes. Fue así como logré crear una doble personalidad, de la que ambas ramas son falsas. Por eso no me encuentro.

Fernando PESSOA, *Cuentos de locos.*
Relatos de la monomanía y la perversidad.
(El Paseo, 2018, pp. 93-94)

BIBLIOGRAFÍA

[A]

ABBAGNANO, Nicolás, *Diccionario de filosofía*, Fondo de Cultura Económica, 1963.

ADORNO, Theodor W., *Terminología Filosófica II*, Taurus, 1976.

——*Minima Moralia*, Taurus, 2001.

——*Dialéctica negativa. La jerga de la autenticidad. Obra completa 6*, Akal, 2005.

AGAMBEN, Giorgio, *Homo sacer. El poder soberano y la nuda vida*, Pre-Textos, 1998.

AGAZZI, Evandro, *El bien, el mal y la ciencia. Las dimensiones éticas de la empresa científico-tecnológica*, Tecnos, 1996.

ALARCÓN, Pedro Antonio de, *La comendadora, El clavo y otros cuentos*, Cátedra, 2011.

ALIGHIERI, Dante, *Comedia*, Acantilado, 2018.

ALLAN POE, Edgar, *Poesía completa*, Hiperión, 2010.

ALLENDE, Isabel, *Paula*, Debolsillo, 2003.

ÁLVAREZ, Lluís X., *Estética de la confianza*, Herder, 2006.

ÁLVAREZ TURIENZO, Saturnino, *El hombre y su soledad. Una introducción a la ética*, Sígueme, 1983.

ALVIAR, J. José, *Escatología*, EUNSA, 2007.

AMENGUAL, Gabriel, *Antropología filosófica*, Biblioteca de Autores Cristianos, 2007.

ANRUBIA, Enrique (ed.), *Filosofías del dolor y la muerte*, Comares, 2007.

APULEYO, *Obra filosófica*, Gredos, 2011.

ARENDT, Hannah, *La condición humana*, Paidós, 2009.

ARISTÓTELES, *Metafísica*, Gredos, 1994.

ARIÈS, Philippe, *El hombre ante la muerte*, Taurus, 1983.

——*Historia de la muerte en Occidente. De la Edad Media hasta nuestros días*, Acantilado, 2000.

ARREGUI, Jorge V., «La muerte como acción vital», *Revista de Medicina de la Universidad de Navarra*, 30, núm. 3, 1986.

—— «Sobre la muerte y el morir», *Scripta Theologica*, 22, núm. 1, 1990.

—— y CHOZA, Jacinto, *Filosofía del hombre. Una antropología de la intimidad*, Rialp, 1991.

—— «¿Es la muerte un acontecimiento de la vida?», *Thémata. Revista de Filosofía*, 8, 1991.

——*El horror de morir. El valor de la muerte en la vida humana*, Tibidabo, 1992.

—— y RODRÍGUEZ LLUESMA, Carlos, *Inventar la sexualidad: sexo, naturaleza y cultura*, Rialp, 1995.

——*La pluralidad de la razón*, Síntesis, 2004.

ATTALI, Jacques, *El orden caníbal. Vida y muerte de la medicina*, Planeta, 1981.

[B]

BARDAROV, Georgi, *Yo sigo contando los días*, Berenice, 2022.

BARLEY, Nigel, *Bailando sobre la tumba. Encuentros con la muerte*, Anagrama, 2000.

BARTHES, Roland, *La cámara lúcida. Notas sobre la fotografía*, Paidós, 1990.

——*Fragmentos de un discurso amoroso*, Siglo XXI, 1998.

BATAILLE, Georges, *Breve historia del erotismo*, Calden, 1970.

——*El erotismo*, Tusquets, 1997.

BAUDRILLARD, Jean, *El intercambio simbólico y la muerte*, Monte Ávila, 1980.

——*De la seducción*, Cátedra, 1989.

BAUMAN, Zygmunt, *Amor líquido*, Fondo de Cultura Económica, 2005.

——*Mortalidad, inmortalidad y otras estrategias de vida*, Sequitur, 2014.

BAZIN, André, *¿Qué es el cine?*, Rialp, 1990.

BEAUVOIR, Simone de, *Una muerte muy dulce*, Edhasa, 1989.

BECKER, Ernst, *La negación de la muerte*, Kairós, 2003.

BELTING, Hans, *Antropología de la imagen*, Katz, 2007.

BENEITO, Begoña, *El gran libro de la muerte*, Almuzara, 2022.

BENJAMIN, Walter, *Obras. Libro I/vol. 1*, Abada, 2006.

BENTUÉ, Antonio, *Muerte y búsquedas de inmortalidad*, Universidad Católica de Chile, 2002.

Biblia de Jerusalén, Desclée de Brouwer, 1986.

BLAKE, William, *Antología bilingüe*, Alianza, 2009.

BLANCHOT, Maurice, *La escritura del desastre*, Monte Ávila, 1990.

——*La comunidad inconfesable*, Arena, 1999.

——*El espacio literario*, Editora Nacional, 2002.

Blanco, Carlos, *Logos y Sofos, diálogo sobre la ciencia y el arte*, Dauro, 2020.

——*Más allá de la cultura y la religión*, Dykinson, 2016.

Boecio, *La consolación sobre la filosofía*, Aguilar, 1955.

Bonete, Enrique, *¿Libres para morir? En torno a la tánato-ética*, Desclée de Brouwer, 2004.

——«El dolor y la muerte en Julián Marías», en Anrubia, Enrique (ed.), *Filosofías del dolor y la muerte*, Comares, 2007.

Borges, Jorge Luis, *Obras completas 1923-1972*, Emecé, 1974.

——*Cervantes y el Quijote*, Emecé, 2005.

Bostrom, Nick, «Una historia del pensamiento transhumanista», *Argumentos de Razón Técnica*, 14, 2011.

Bowker, John, *Los significados de la muerte*, Cambridge University Press, 1996.

Boyer, Anne, *Desmorir: una reflexión sobre la enfermedad en un mundo capitalista*, Sexto Piso, 2021.

Braidotti, Rosi, *Lo Posthumano*, Gedisa, 2015.

Brodkey, Harold, *Esta salvaje oscuridad. La historia de mi muerte*, Anagrama, 2001.

Buber, Martin, *Yo y tú y otros ensayos*, Prometeo Libros, 2013.

Bueno, Gustavo, *El sentido de la vida. Seis lecturas de filosofía moral*, Pentalfa, 1996.

——*El mito de la cultura*, Prensa Ibérica, 2004.

Butler, Judith, *Marcos de guerra. Las vidas lloradas*, Paidós, 2010.

[C]

Campo Tejedor, Alberto del (ed.), *Pensar la pandemia. Más allá de la sanidad y la economía*, Dykinson, 2021.

—— *El gran teatro del fútbol. Héroes y villanos del deporte que explica nuestro mundo*, La Esfera de los Libros, 2022.

CAMUS, Albert, *El mito de Sísifo*, Alianza, 1995.

CANETTI, Elias, *Masa y poder*, Muchnik, 1981.

—— *La provincia del hombre*, Taurus, 1986.

—— *El corazón secreto del reloj. Apuntes 1973-1985*, Muchnik, 1987.

—— *Apuntes 1992-1993*, Anaya / Mario Muchnik, 1997.

—— *El libro contra la muerte*, Galaxia Gutenberg, 2017.

CASTILLA DEL PINO, Carlos, *Un estudio sobre la depresión. Fundamentos de antropología dialéctica*, Península, 1966.

CERVANTES, Miguel de, *Don Quijote de la Mancha*, Real Academia Española y ASALE, 2005.

CHATEAUBRIAND, *Memorias de ultratumba*, Alianza, 2018.

CHAUCHARD, Paul, *La muerte*, Paidós, 1960.

CHENG, François, *Cinco meditaciones sobre la belleza*, Siruela, 2007.

—— *Cinco meditaciones sobre la muerte*, Siruela, 2015.

CHESTOV, León, *Las revelaciones de la muerte*, Ediciones SUR, 1938.

CHOZA, Jacinto, *Antropologías positivas y antropología filosófica*, Cénlit, 1985.

—— *Manual de Antropología Filosófica*, Rialp, 1988.

—— *La realización del hombre en la cultura*, Rialp, 1990.

—— *La supresión del pudor, signo de nuestro tiempo y otros ensayos*, EUNSA, 1990.

CHRISTENSEN, Inger, *El valle de las mariposas*, Sexto Piso, 2020.

CICERÓN, Marco Tulio, *Del supremo bien y del supremo mal*, Gredos, 1987.

—— *La república y las leyes*, Akal, 1989.

CIORAN, Emil, *La tentación de existir*, Taurus, 1973.

—— *Silogismos de la amargura*, Tusquets, 1997.

——*Breviario de podredumbre*, Taurus, 1992.

——*Cuadernos. 1957-1972*, Tusquets, 2000.

Confucio, *Las analectas. Conversaciones con sus discípulos*, Adiax, 1982.

Copleston, Frederick, *Historia de la Filosofía. Vol. IX. De Maine de Biran a Sartre*, Arial, 1996.

[D]

Dalferth, Ingolf U., *El mal. Un ensayo sobre el modo de pensar lo inconcebible*, Sígueme, 2018.

Dastur, Françoise, *La muerte. Ensayo sobre la finitud*, Herder, 2008.

Daudet, Alphonse, *En la tierra del dolor*, Alba, 2003.

Dawkins, Richard, *El gen egoísta*, Salvat, 1994.

Deleuze, Gilles, *Conversaciones*, Pre-Textos, 1999.

Derrida, Jacques, *Aporías. Morir —esperarse (en) los «límites de la verdad»*, Paidós, 1998.

——*Dar la muerte*, Paidós, 2000.

——*La pena de muerte. Volumen 1*, La Oficina, 2017.

Dickinson, Emily, *Poemas*, Cátedra, 2010.

Diéguez, Antonio, *Transhumanismo. La búsqueda tecnológica del mejoramiento humano*, Herder, 2017.

——*Cuerpos inadecuados. El desafío transhumanista a la filosofía*, Herder, 2021.

Dillard, Annie, *Una temporada en Tinker Creek*, Errata Naturae, 2016.

Dostoievski, Fiódor M., *Los hermanos Karamázov*, Penguin Clásicos, 2014.

Durkheim, Émile, *Las formas elementales de la vida religiosa*, Alianza, 1993.

——*El suicidio*, Akal, 2012.

[E]

EHRENREICH, Barbara, *Causas naturales. Cómo nos matamos por vivir más*, Turner, 2018.

ELIADE, Mircea, *Historia de las creencias y las ideas religiosas. De Gautama Buda al triunfo del cristianismo. Volumen II*, Paidós, 1999.

ELIAS, Norbert, *La soledad de los moribundos*, Fondo de Cultura Económica, 2009.

El libro de los muertos, Editora Nacional, 1984.

EPICURO, *Obras completas*, Cátedra, 2012.

Epigramas funerarios griegos, Gredos, 1992.

ESPRONCEDA, José de, *Obras completas*, Atlas, 1954.

ESTRADA, Juan Antonio, *El sentido y el sinsentido de la vida*, Trotta, 2012.

[F]

FARRÉ, Luis, *Antropología filosófica*, Guadarrama, 1974.

FERRATER MORA, José, «Muerte e inmortalidad», *Sur*, 10, núm. 80, 1941.

——*El ser y la muerte. Bosquejo de filosofía integracionista*, Planeta, 1979.

——y COHN, Priscilla, *Ética aplicada. Del aborto a la violencia*, Alianza, 1981.

——*Diccionario de Filosofía de Bolsillo*, Alianza, 1983.

FEUERBACH, Ludwig, *Pensamientos sobre muerte e inmortalidad*, Alianza, 1993.

Fragmentos presocráticos. De Tales a Demócrito, Alianza, 2008.

FRAILE, Guillermo, *Historia de la Filosofía I. Grecia y Roma*, Biblioteca de Autores Cristianos, 2010.

FRANKL, Viktor, *El hombre en busca de sentido*, Herder, 2013.

FRANZ, Marie-Louise von, *Sobre los sueños y la muerte*, Kairós, 2007.

FREUD, Sigmund, *Obras completas. Volumen 22*, Amorrortu, 1991.

—— *Obras completas. Volumen 14*, Amorrortu, 1992.

—— *Obras completas. Volumen 21*, Amorrortu, 1992.

—— *Obras completas. Volumen 18*, Amorrortu, 2006.

FROMM, Erich, *Del tener al ser. Caminos y extravíos de la conciencia*, Paidós, 2011.

FUEYO, Pelayo, *La muerte, la poesía*, La Isla de Siltolá, 2019.

[G]

GABILONDO, Ángel, *Mortal de necesidad. La filosofía, la salud y la muerte*, Abada, 2003.

GABRIEL, Markus, *Yo no soy mi cerebro. Filosofía de la mente para el siglo XXI*, Pasado & Presente, 2016.

GADAMER, Hans-Georg, *El estado oculto de la salud*, Gedisa, 1996.

GARCÍA GONZÁLEZ, Juan A., *Introducción a la filosofía de Emmanuel Lévinas*, Cuadernos de Anuario Filosófico, 2001.

—— *El hombre como persona. Antropología filosófica*, Ideas y Libros, 2019.

GARCÍA LORCA, Federico, *Canciones. Poemas sueltos. Varia*, Espasa-Calpe, 1973.

GEVAERT, Joseph, *El problema del hombre. Introducción a la antropología filosófica*, Sígueme, 2003.

GOETHE, Johann W. von, *Fausto*, Espasa-Calpe, 2003.

GONZÁLEZ DE CARDEDAL, Olegario, *Sobre la muerte*, Sígueme, 2002.

GOODY, Jack, *El hombre, la escritura y la muerte*, Península, 1998.

GRAY, John, *La comisión para la inmortalización. La ciencia y la extraña cruzada para burlar la muerte*, Sexto Piso, 2014.

GRONDIN, Jean, *Del sentido de la vida. Un ensayo filosófico*, Herder, 2005.

GUILLÉN, Jorge, *Obra poética. Antología*, Alianza, 1982.

[H]

HAEFFNER, Gerd, *Antropología filosófica*, Herder, 1986.

HAN, Byung-Chul, *La sociedad del cansancio*, Herder, 2012.

—— *Topología de la violencia*, Herder, 2017.

—— *La agonía del Eros*, Herder, 2017.

—— *Muerte y alteridad*, Herder, 2018.

—— *La salvación de lo bello*, Herder, 2019.

—— *Caras de la muerte. Investigaciones filosóficas sobre la muerte*, Herder, 2020.

—— *La sociedad paliativa. El dolor hoy*, Herder, 2021.

HANS, Jonas, *El principio vida. Hacia una biología filosófica*, Trotta, 2000.

HAUSKELLER, Michael, *Better Humans? Understanding the Enhancement Project*, Acumen, 2013.

HEGEL, G. W. F., *Fenomenología del espíritu*, Pre-Textos, 2009.

HEIDEGGER, Martin, *Introducción a la metafísica*, Gedisa, 2001.

—— *Parménides*, Akal, 2005.

—— *Cuadernos negros (1931-1938). Reflexiones II-VI*, Trotta, 2015.

—— *Ser y Tiempo*, Trotta, 2016.

HERNÁNDEZ, Miguel, *Obra poética completa*, Zero, 1976.

HERRÁN GASCÓN, Agustín de la, *Pedagogía radical e inclusiva y educación para la muerte*, FahrenHouse, 2015.

—— y CORTINA SELVA, Mar, *La muerte y su didáctica. Manual para educación infantil, primaria y secundaria*, Universitas, 2006.

HERTZ, Robert, *La muerte y la mano derecha*, Alianza, 1990.

HESSE, Hermann, *El lobo estepario*, Círculo de Lectores, 1988.

HILDEBRAND, Dietrich von, *Sobre la muerte*, Encuentro, 1983.

Himnos homéricos. La "Batracomiomaquia", Gredos, 1978.

HOBBES, Thomas, *Leviatán o la materia, forma y poder de una república, eclesiástica y civil*, Fondo de Cultura Económica, 1992.

HÖLDERLIN, Friedrich, *Poesía completa*, Ediciones 29, 1995.

HOLZAPFEL, Cristóbal, *A la búsqueda del sentido*, Sudamericana, 2005.

——*De cara al límite*, Metales pesados, 2012.

——*Nada. Y un anejo sobre la nada según Max Stirner de Miguel Carmona*, RIL, 2018.

HOMERO, *Odisea*, Gredos, 2014.

HORKHEIMER, Max y ADORNO, Theodor W., *Dialéctica de la Ilustración. Fragmentos filosóficos*, Trotta, 1998.

HORVILLEUR, Delphine, *Vivir con nuestros muertos*, Libros del Asteroide, 2022.

[I]

IKRAM, Salima, *Muerte y enterramiento en el Antiguo Egipto*, Almuzara, 2022.

ILLICH, Iván, *Némesis médica. La expropiación de la salud*, Barral, 1975.

ILLOUZ, Eva, *Por qué duele el amor. Una explicación sociológica*, Katz, 2012.

[J]

JANÍN, Carlos, *Diccionario del suicidio*, Laetoli, 2009.

JANKÉLÉVITCH, Vladimir, *La aventura, el aburrimiento, lo serio*, Taurus, 1989.

——*La muerte*, Pre-Textos, 2002.

——*Pensar la muerte*, Fondo de Cultura Económica, 2004.

JIMÉNEZ, Juan Ramón, *Selección de poemas*, Castalia, 1987.

JÜNGER, Ernst, *Sobre el dolor*, Tusquets, 1995.

[K]

KAFKA, Franz, *Meditaciones*, Busma, 1984.

——*La metamorfosis*, Alianza, 2006.

KANT, Immanuel, *Crítica del juicio*, Espasa-Calpe, 1989.

——*Antropología en sentido pragmático*, Alianza, 1991.

——*El conflicto de las Facultades*, Losada, 2004.

KARDEC, Allan, *El libro de los espíritus*, Kier, 1970.

KIERKEGAARD, Søren, *La enfermedad mortal*, Trotta, 2008.

KLARSFELD, André y REVAH, Frédéric, *Biología de la muerte*, Complutense, 2002.

KLUCKHOHN, Clyde, *Antropología*, Fondo de Cultura Económica, 1981.

KRUIF, Paul de, *Hombres contra la muerte*, Plaza & Janés, 1961.

KÜBLER-ROSS, Elisabeth, *Sobre la muerte y los moribundos*, Grijalbo, 1994.

KUNDERA, Milan, *La inmortalidad*, Tusquets, 2020.

KÜNG, Hans, *Una muerte feliz*, Trotta, 2016.

[L]

LAÍN ENTRALGO, Pedro, *La espera y la esperanza. Historia y teoría del esperar humano*, Revista de Occidente, 1957.

——*Antropología de la esperanza*, Labor, 1978.

——*Antropología médica para clínicos*, Salvat, 1984.

LEÓN AZCÁRATE, Juan Luis de, *La muerte y su imaginario en la historia de las religiones*, Universidad de Deusto, 2000.

LEÓN, Augusto, *La muerte y el morir*, Lagoven, 1980.

LEVI, Primo, *Si esto es un hombre*, El Aleph, 2010.

LÉVINAS, Emmanuel, *El tiempo y el Otro*, Paidós, 1993.

——*De la existencia al existente*, Arena, 2000.

——*Entre nosotros. Ensayos para pensar en otro*, Pre-Textos, 2001.

——*Totalidad e infinito. Ensayo sobre la exterioridad*, Sígueme, 2002.

——*Dios, la muerte y el tiempo*, Cátedra, 2005.

LEWIS, C. S., *El problema del dolor*, Rialp, 1994.

——*Las crónicas de Narnia. El león, la bruja y el armario*, Alfaguara, 1995.

LIMÓN, Raúl, «Las consecuencias de la "higiénica" y "encubierta" muerte por covid», *El País*, 24-4-2021.

LIZZA, John P., *Persons, Humanity, and the Definition of Death*, The John Hopkins University Press, 2006.

LOCKE, John, *Ensayo sobre el entendimiento humano*, Fondo de Cultura Económica, 1999.

LUCRECIO, *La naturaleza*, Cátedra, 2003.

[M]

MACHADO, Antonio, *Poesías completas*, Espasa-Calpe, 1989.

MACHO, Thomas, *Arrebatar la vida. El suicidio en la Modernidad*, Herder, 2021.

MAILLARD, Chantal, *Poemas a mi muerte*, La Palma, 2005.

——*Contra el arte y otras imposturas*, Pre-Textos, 2009.

——*La compasión difícil*, Galaxia Gutenberg, 2019.

MAINLÄNDER, Philipp, *Filosofía de la redención. Antología*, Fondo de Cultura Económica, 2013.

——*Diario de un poeta*, Plaza y Valdés, 2015.

MANN, Thomas, *Muerte en Venecia*, Plaza & Janés, 1999.

MANRIQUE, Jorge, *Coplas a la muerte de su padre*, Castalia, 1983.

MANTEGAZZA, Raffaele, *La muerte sin máscara*, Herder, 2006.

MARCEL, Gabriel, *Ser y tener*, Caparrós, 2003.

——*Homo Viator. Prolegómenos a una metafísica de la esperanza*, Sígueme, 2005.

MARCO AURELIO, *Meditaciones*, Alianza, 2020.

MARÍAS, Julián, *Introducción a la filosofía*, Revista de Occidente, 1947.

——*Obras de Julián Marías V*, Revista de Occidente, 1969.

——*Antropología metafísica*, Revista de Occidente, 1970.

——*La felicidad humana*, Alianza, 1987.

MARÍN, Higinio, «Muerte y mortalidad. El destierro de los vivos y de los muertos», en VV. AA., *Qué aporta la muerte a la vida. Perspectiva interdisciplinar*, Ideas y Libros, 2022.

MARINA, José Antonio, *Anatomía del miedo. Un tratado sobre la valentía*, Anagrama, 2006.

MARQUÉS DE SADE, *Justina o Los infortunios de la virtud*, Cátedra, 2021.

——*Juliette o Las prosperidades del vicio*, Cátedra, 2022.

MARZANO, Michela, *La muerte como espectáculo*, Tusquets, 2010.

MAY, Todd, *La muerte. Una reflexión filosófica*, Biblioteca Buridán, 2010.

McMAHAN, Jeff, *The Ethics of Killing. Problems at the Margins of Life*, Oxford University Press, 2002.

MÈLICH, Joan-Carles, *Filosofía de la finitud*, Herder, 2012.

Montesinos, Toni, *La letra herida. Autores suicidas, toxicómanos y dementes*, Berenice, 2022.

Moreno Feliu, Paz, *En el corazón de la zona gris. Una lectura etnográfica de los campos de Auschwitz*, Trotta, 2012.

Morin, Edgar, *El hombre y la muerte*, Kairós, 2003.

—— *El método. La humanidad de la humanidad. La identidad humana*, Cátedra, 2003.

—— *La Vía. Para el futuro de la humanidad*, Paidós, 2011.

Moro, Tomás, *Piensa la muerte*, Cristiandad, 2006.

Mumford, Lewis, *La ciudad en la historia. Sus orígenes, transformaciones y perspectivas*, Pepitas de calabaza, 2012.

[N]

Nagel, Thomas, *Ensayos sobre la vida humana*, Fondo de Cultura Económica, 2000.

Nietzsche, Friedrich, *El Anticristo. Maldición sobre el cristianismo*, Alianza, 1993.

—— *Crepúsculo de los ídolos o Cómo se filosofa con el martillo*, Alianza, 2002.

Nishitani, Keiji, *La religión y la nada*, Siruela, 1999.

Nóvoa Santos, Roberto, *La inmortalidad y los orígenes del sexo*, Biblioteca Nueva, 1931.

[O]

Ortega y Gasset, José, *Obras completas V*, Revista de Occidente, 1964.

—— *Unas lecciones de metafísica*, Alianza, 1996.

Orwell, George, *1984*, Alma, 2022.

Otto, Rudolf, *Lo santo. Lo racional y lo irracional en la idea de Dios*, Alianza, 2005.

[P]

PEDRAZA, Pilar, *Máquinas de amar. Secretos del cuerpo artificial*, Valdemar, 1998.

PESSOA, Fernando, *Antología poética*, Espasa-Calpe, 1989.

——*Poesía III. Los poemas de Álvaro de Campos 1*, Abada, 2012.

——*Cuentos de locos. Relatos de la monomanía y la perversidad*, El Paseo, 2018.

——*Libro del desasosiego*, Alianza, 2021.

PIEMONTE, Nicole y ABREU, Shawn, *La muerte y el morir*, Cátedra, 2022.

PIEPER, Josef, *Muerte e inmortalidad*, Herder, 1970.

PLATÓN, *Diálogos III. Fedón, Banquete, Fedro*, Gredos, 1988.

——*Diálogos IX. Leyes (Libros VII-XII)*, Gredos, 1999.

POLO, Leonardo, *Quién es el hombre. Un espíritu en el tiempo*, Rialp, 2007.

——*Obras Completas, vol. XXIII*, EUNSA, 2015.

PROUST, Marcel, *En busca del tiempo perdido. 7. El tiempo recobrado*, Alianza, 2022.

[Q]

QUEVEDO, Francisco de, *Obras completas*, Aguilar, 1932.

QUIGNARD, Pascal, *Morir por pensar. Último Reino IX*, El Cuenco de Plata, 2015.

[R]

RANCIÈRE, Jacques, *La imagen intolerable*, Manantial, 2010.

RATZINGER, Joseph, *Escatología. La muerte y la vida eterna*, Herder, 2007.

Ribera, José Manuel, *Reflexiones sobre la propia muerte*, Mezquita, 1982.

Ricœur, Paul, *Vivo hasta la muerte*, Fondo de Cultura Económica, 2008.

Rilke, Rainer Maria, *Elegías de Duino*, Sexto Piso, 2015.

Rodríguez Herrero, Pablo, Herrán Gascón, Agustín de la y Cortina Selva, Mar, *Educar y vivir teniendo en cuenta la muerte. Reflexiones y propuestas*, Pirámide, 2015.

Rodríguez Valls, Francisco, *Orígenes del hombre. La singularidad del ser humano*, Biblioteca Nueva, 2017.

Rostand, Jean, *El hombre*, Alianza, 1968.

Rowlands, Mark, *El filósofo y el lobo*, Seix Barral, 2009.

Ruffié, Jacques, *El sexo y la muerte*, Espasa-Calpe, 1988.

Ruiz, Ana Cristina y Palma, María de las Olas, *Resiliencia en procesos de duelo. Claves de intervención social tras la pérdida de un ser querido*, Gedisa, 2021.

[S]

Sádaba, Javier, *Saber vivir*, Libertarias, 1984.

Salgado, Enrique, *El libro de la vida y la muerte*, Nauta, 1974.

Salinger, J. D., *El guardián entre el centeno*, Alianza, 2010.

Santo-Domingo, Joaquín, *Psicosociología de la muerte*, Castellote, 1976.

Sanz, Marco, *La emancipación de los cuerpos. Teoremas críticos sobre la enfermedad*, Akal, 2021.

Saramago, José, *Las intermitencias de la muerte*, Alfaguara, 2005.

Sartre, Jean-Paul, *El ser y la nada*, Losada, 1993.

Savater, Fernando, *La vida eterna*, Ariel, 2007.

——*La peor parte. Memorias de amor*, Ariel, 2019.

——*Las preguntas de la vida. Una iniciación a la reflexión filosófica*, Ariel, 2021.

Scheler, Max, *Muerte y supervivencia*, Encuentro, 2001.

Schopenhauer, Arthur, *El mundo como voluntad y representación II*, Trotta, 2005.

——*El mundo como voluntad y representación I*, Trotta, 2009.

——*Parábolas y aforismos*, Alianza, 2018.

Schumacher, Bernard N., *Muerte y mortalidad en la filosofía contemporánea*, Herder, 2018.

Segato, Rita, *Expuesta a la muerte. Escritos acerca de la pandemia*, Metales Pesados, 2023.

Séneca, *Epístolas morales a Lucilio I*, Gredos, 1986.

——*Sobre la felicidad. Sobre la brevedad de la vida*, Edaf, 1997.

——*El arte de morir. Un manual de filosofía clásica para el final de la vida*, Kōan, 2023.

Sennett, Richard, *Carne y Piedra. El cuerpo y la ciudad en la civilización occidental*, Alianza, 1997.

Shakespeare, William, *Poesía Completa*, Ediciones 29, 1992.

Simmel, Georg, *El individuo y la libertad: ensayos de crítica de la cultura*, Península, 2001.

Soler Gil, Francisco José, *Al fin y al cabo. Reflexiones en la muerte de un amigo*, Encuentro, 2021.

Sontag, Susan, *La enfermedad y sus metáforas*, Muchnik, 1980.

——*Sobre la fotografía*, Alfaguara, 2006.

Spinoza, Baruch, *Ética demostrada según el orden geométrico*, Trotta, 2000.

[T]

Thomas, Louis-Vincent, *Antropología de la muerte*, Fondo de Cultura Económica, 1983.

——*La muerte. Una lectura cultural*, Paidós, 1991.

Tolkien, J. R. R., *El Silmarillion*, Minotauro, 2002.

Tolstói, Lev, *La muerte de Iván Ilich*, Alianza, 2018.

——*Aforismos*, Fondo de Cultura Económica, 2019.

Torquemada, Joaquín (ed.), *Antología bilingüe de la mejor poesía rusa*, Berenice, 2022.

Turguénev, Iván, *Padres e hijos*, Cátedra, 2004.

[U]

Unamuno, Miguel de, *Tres novelas ejemplares y un prólogo*, Calpe, 1920.

——*Niebla*, Espasa-Calpe, 1935.

——*Del sentimiento trágico de la vida en los hombres y en los pueblos*, Alianza, 1995.

——*Diario íntimo*, Alianza, 2002.

[V]

Vallejo, Irene, *El infinito en un junco. La invención de los libros en el mundo antiguo*, Siruela, 2021.

Varela, Francisco J., *El sueño, los sueños y la muerte. Exploración de la conciencia con S.S. el Dalai Lama*, José J. de Olañeta, 1998.

Vattimo, Gianni, *Introducción a Heidegger*, Gedisa, 1998.

Velázquez Fernández, Héctor, «Transhumanismo, libertad e identidad humana», *Thémata. Revista de Filosofía*, 41, 2009.

Vernant, Jean-Pierre, *El individuo, la muerte y el amor en la Antigua Grecia*, Paidós, 2011.

Vico, Giambattista, *Ciencia nueva*, Tecnos, 1995.

VV. AA., *Qué aporta la muerte a la vida. Perspectiva interdisciplinar*, Ideas y Libros, 2022.

[W]

WEHINGER, Gerardo, *La muerte. El hombre ante su mayor enigma*, Longseller, 2002.

WEISSMAHR, Béla, *Teología natural*, Herder, 1986.

WITTGENSTEIN, Ludwig, *Tractatus Logico-Philosophicus*, Alianza, 1984.

[Y]

YALOM, Irvin, *Mirar al sol. La superación del miedo a la muerte*, Emecé, 2008.

[Z]

ZAMBRANO, María, *Notas de un método*, Mondadori, 1989.

——*Séneca*, Siruela, 1994.

——*La Confesión: Género literario*, Siruela, 2001.

ŽIŽEK, Slavoj, *El acoso de las fantasías*, Akal, 2011.